中国沿海渔港建设

ZHONGGUO YANHAI YUGANG JIANSHE

中国水产科学研究院渔业工程研究所　编

中国农业出版社

北　京

图书在版编目（CIP）数据

中国沿海渔港建设 / 中国水产科学研究院渔业工程
研究所编. -- 北京：中国农业出版社，2024. 10.
ISBN 978 - 7 - 109 - 32567 - 8

Ⅰ. U658.6

中国国家版本馆 CIP 数据核字第 20247T4X11 号

中国沿海渔港建设

ZHONGGUO YANHAI YUGANG JIANSHE

中国农业出版社出版

地址：北京市朝阳区麦子店街 18 号楼

邮编：100125

责任编辑：杨晓改　林维潘

版式设计：王　晨　　责任校对：吴丽婷

印刷：北京通州皇家印刷厂

版次：2024 年 10 月第 1 版

印次：2024 年 10 月北京第 1 次印刷

发行：新华书店北京发行所

开本：787mm×1092mm　1/16

印张：14.25

字数：332 千字

定价：198.00 元

FOREWORD 前言

　　渔业是农业农村经济的重要组成部分，对保障国家粮食安全和重要农产品有效供给、促进渔民增收、服务生态文明建设和服务国家政治外交大局等具有重要作用，而渔港整体建设水平是衡量一个国家渔业发展水平的重要标志。渔港既是渔业安全生产最重要的基础设施，也是开发海洋生物资源的重要基地和枢纽，也是沿海众多小城镇的重要依托。岁月变迁，中国沿海渔港已从最初的"渔人樵客丛居十数家"的渔民栖泊地发展成为现在集避风补给、停泊装卸、保鲜仓储、集散交易、冷链物流、精深加工、海洋药物、休闲渔业、滨海旅游、港城建设等多种产业功能要素于一体，区域产业结构平衡，产业层次较高，辐射效应明显的渔港经济区，我国沿海渔港建设经历了从无到有、从弱到强的光辉历程，取得了历史性变革和重大成效。当前，我国正处于全面推进乡村振兴、加快建设海洋强国的重要历史时期，"十四五"中期，系统梳理总结我国沿海渔港建设经验和成效，为全国沿海渔港建设提供参考借鉴，助推国家渔业高质量发展，正是此书编写出版的意义所在。

　　本书系统回顾了我国沿海渔港建设发展历程，详细介绍了各省（自治区、直辖市）渔港建设现状以及各级渔港建设典型案例，重点阐述了中国沿海渔港未来发展方向及科技创新要求。

　　在《中国沿海渔港建设》的编写过程中，我们得到了各级渔业主管部门和行业内相关单位的大力支持。中国农业出版社对本书的编辑出版给予了很大的支持和帮助。在此，特向所有对本书的编撰和出版工作给予支持的单位和个人表示衷心感谢！

　　本书是自21世纪以来国内首本关于沿海渔港建设方面的参考书，限于我所水平和时间仓促，书中不足之处在所难免，敬请广大读者对本书提出宝贵意见。

中国水产科学研究院渔业工程研究所

2023年12月

CONTENTS 目 录

第三章　渔港建设案例

第四章　中国沿海渔港未来发展方向与对策建议

第一章 绪 论

第一节 渔港概述

一、渔港的定义

渔港，是指具有一定规模的水域、陆域、岸线、设施或装备，供渔船驶入停泊、渔获物装卸集散、保鲜冷藏加工、生产生活补给、网具及渔船维修的重要场所，是拓展休闲渔业及展示渔文化的重要平台，是渔业资源开发利用的重要枢纽和基地。我国一般根据地理位置将渔港分为沿海渔港和内陆渔港两大类，沿海渔港一般建在海湾、河口，主要为沿岸、近海及远洋作业渔船服务；内陆渔港一般建在江河、湖泊、水库沿岸，为内陆水域作业和运输渔船服务。渔港的功能通常与当地渔业发展水平相适应，渔港整体建设水平是衡量一个国家渔业发展水平的重要标志。

二、渔港的特点

（一）卸港量不均衡性

渔港的渔获物卸港量一般集中在鱼汛期。此时，大量渔船集中卸鱼，同时需集中补给冰、油、淡水、网具等渔需物资。

（二）渔获物易腐性

到港的鱼、虾、贝、藻等渔获物极易变质，除加强海上保鲜、冷冻加工外，还需对卸港渔获物进行迅速处理（鲜销、冷冻、加工等）。

（三）服务功能多样性

渔港承担渔船停靠、锚泊、避风，渔获物装卸、交易中转、冷藏加工，生产及生活物资补给，网具修理及渔船修造，渔业资源修复保护，休闲及观光旅游，渔业管理及执法等多元服务功能，故渔港陆上设施复杂多样。

（四）渔船进出港集中性

每年鱼汛期、节假日和休渔期，大量渔船集中进港卸鱼或休整锚泊，特别在躲避台风期间，有时短短几天就要停泊上千艘渔船，而台风一过又竞相出港捕鱼，给航行安全及管理带来挑战。

（五）内涵广义性

伴随渔业文化的发展，渔港文化得以拓展，海鲜美食、渔业休闲旅游等成为其重要内涵。

三、沿海渔港分级及建设标准

目前，我国沿海渔港按其服务范围、来港作业渔船和渔获物卸港量等情况分为中心渔港、一级渔港、二级渔港、三级渔港及其他渔港五级，具体分级标准见表1-1。

表1-1　沿海渔港分级标准

渔港类别	渔获物年卸港量/万 t	有效掩护水域面积/万 m²	满足停泊、避风、补给渔船数/艘	服务范围
中心渔港	≥8	≥40	≥800	为跨省（自治区、直辖市）渔船提供服务
一级渔港	≥4	≥30	≥600	为本省及邻近省（自治区、直辖市）渔船提供服务
二级渔港	≥2	—	≥200	为本省（自治区、直辖市）渔船提供服务
三级渔港	—	—	≥50	为本县（市）渔船提供服务
其他渔港	—	—	—	为传统及自然形成的渔船停泊点（岙口）或避风锚地

中心渔港建设标准：港内有效掩护水域（采用50年重现期标准，设计高水位时，在各向波浪作用下，累计频率为1％的波高 $H_{1\%}$ 在1 m以内）不小于40万 m²，码头长度不小于600 m，陆域面积不小于20万 m²，渔港综合防风最低等级11级。浙、闽、粤、琼、桂地区防波堤工程设计波浪采用100年重现期标准，其他地区采用50年重现期标准。

一级渔港建设标准：港内有效掩护水域不小于30万 m²，码头长度不小于400 m，陆域面积不小于10万 m²，渔港综合防风最低等级11级。浙、闽、粤、琼、桂地区防波堤工程设计波浪采用100年重现期标准，其他地区采用50年重现期标准。

二级渔港建设标准：港内有效掩护水域面积不小于5万 m²，码头泊位长度不小于150 m，陆域面积原则上不小于2万 m²，综合管理中心根据需要建设，可满足200艘以上中、小型渔船的停泊和避风需要，渔港综合防风等级达到11级。

第二节　沿海渔港建设历程

新中国成立以来，我国沿海渔港建设取得了长足的发展，特别是20世纪90年代以来，各级政府通过出台支持政策，加大资金投入，渔港基础设施得到了较大改善，渔港多元化服务功能得到了扩充和完善，基本形成了覆盖沿海重点经济区域、重要渔区和台风路径海域的沿海渔港布局体系，为提高我国沿海渔业防灾减灾能力、保障水产品安全有效供给、促进渔区产业结构调整和经济社会发展发挥了重要作用。

一、起步建设时期

从新中国成立初期到1989年，我国沿海渔港的建设主要是以群众自建为主，逐步恢复避风减灾和生产服务功能，建成了一批基本配套的重点渔港及小型避风港。

新中国成立前，我国没有专用的渔业港口，渔港基础设施十分欠缺。新中国成立后，渔港建设得到了重视和发展，国家对海洋渔业生产在资金、物资上实行扶持，发放渔业贷款，建设渔港、航标等设施。码头、防波堤等水工设施开始在各地渔港配备，生产、生活设施等也得到一定的发展。截至 1957 年，我国已有具备简易码头、防波堤的渔港 100 余处，但有配套设施的渔港（除国有大中型渔业基地外），为数不多，大部分群众渔港没有冷藏制冰、供油、供水及修船等设施。1958—1974 年，海洋捕捞业快速发展，海洋机动渔船数猛增，但有基本配套设施的渔港仅 67 处，渔港的建设步伐比较缓慢，渔业生产前后方不配套的矛盾越来越突出。20 世纪 70 年代中期以后，由于海上机动渔船的增多，渔港建设已成为广大渔民群众的迫切需求，群众积极自建渔港，并逐渐走向规范化。截至 1983 年，全国已建成了一批有基本配套设施的重点渔港及一批分散的小型避风港，有 349 座群众渔港进行了不同程度的建设，其中有基本配套设施的渔港 127 座，沿海各渔港已建码头岸线总长度达 30 700 m，防波堤总长度达 51 000 m。这些渔港的建成，大大扭转了海洋渔业生产前后方不配套的严重被动局面，对于发展渔业生产、改善劳动条件、开展多种经营、提高经济效益、保障渔民生命财产安全具有重要的意义，成为保障中国沿海渔业生产的重要支柱。1985 年后，由于国家投资体制改革，对渔港建设的投资严重不足，除国有渔业基地继续建设外，对群众渔港建设的投资极少。

二、重点提升建设时期

1990—1997 年，我国渔港建设兴起了第一次建设热潮。为了切实加强群众渔港建设，尽快改变群众渔港建设严重不适应捕捞业生产发展的状况，1991 年 5 月 4 日，国务院办公厅转发农业部《关于加强群众渔港建设的报告》，重申了保持渔业附加税"取之于渔、用之于渔"的政策不变，以及群众渔港建设资金仍采取民办公助的方式，中央主要对一级渔港建设给予适当扶持，二级和三级渔港建设则由地方政府给予资助。1991—1997 年，以民办公助的方式重点扶持建设了 83 座群众渔港，每座渔港中央补助 100 万～300 万元。据不完全统计，新建防波堤及拦沙堤 8 020 m、码头岸线 5 400 m、护岸 4 200 m，疏浚港池及航道 425 万 m³，平均每艘船占有码头的长度由 1990 年的 0.25 m 增加到 0.27 m。全国渔港面貌短期内发生了较大变化，渔港硬件设施水平大幅提升。

三、快速发展时期

1998—2015 年，国家渔业主管部门明确了全国沿海渔港的总体布局，加快建设沿海中心渔港、一级渔港，兴起了第二次渔港建设热潮。

1998—2005 年，国家选择基础条件较好、避风能力较强的渔港进行重点投资建设，中央投资 14.49 亿元（含中央转贷地方国债 4 亿元），新建了 36 座沿海中心渔港、38 座沿海一级渔港，从而在我国建设了一批功能配套的重点渔港，成为渔业基础设施建设体系的重要支撑，有效掩护水域面积达到 2 600 万 m²，能够为全国 30％以上的海洋渔船提供服务，可满足 5.2 万艘海洋捕捞机动渔船就近避风需要。

"十一五"期间，《全国渔港建设"十一五"规划》的实施，第一次从行业规划的高度明确了渔港的建设主体、建设内容、建设规模、建设标准、补助方式等，促进了等级以上渔港的建设规范。"十一五"期间，中央投资 9.26 亿元，建设中心渔港 19 座、一级渔港 18 座；建设码头 15 179 m、防波堤 34 832 m、新改建护岸 13 484 m、港池航道疏浚 660 万 m³、港区道路 36.6 万 m²、陆域回填 120 万 m³、综合执法办证用房 3.8 万 m²，以及水电、通信导航等配套设施，有效掩护水域面积达到 3 900 万 m²，渔港综合防风水平达到 9 级，能够为全国近 38% 的海洋渔船提供服务，可满足 7.8 万艘渔船就近避风需要。

"十二五"期间，在《全国渔港建设"十二五"规划》的指导下，中央投资 15.36 亿元，建设中心渔港 12 座（其中一级渔港升级为中心渔港 6 座、中心渔港改扩建 1 座）、一级渔港 32 座；建设码头 21 380 m、防波堤 20 633 m、新改建护岸 8 972 m、港区道路 58.3 万 m²、综合执法办证用房 2.5 万 m²、港池航道疏浚 992 万 m³，以及配套水电、消防、通信导航、环保等设施。

1998—2015 年，中央累计投资 39.11 亿元，带动地方和社会投资近 50 亿元，累计建设中心渔港 66 座、一级渔港 82 座，中央投资渔港形成有效掩护水域面积 5 100 万 m²，渔港综合防风水平提升到 10 级，可满足 10.2 万艘海洋渔船在 10 级以下（含 10 级）大风天气时就近分散避风和休渔期停泊，全国沿海渔船的有效避风率达到 43.7%。全国已初步形成覆盖重点省区、重要渔区和台风路径海域的沿海渔港布局，渔港建设和设施的完善带动了渔区水产品交易流通、冷藏加工、生产补给、休闲渔业等二三产业的发展，提供了 15 万个就业机会，综合经济效益超过 240 亿元，辐射带动了沿海重要渔区经济的发展。

四、系统提升时期

这一时期是"十三五"时期，渔港建设开始注重综合体系的构建。2015 年，农业部办公厅印发《关于印发国内渔业捕捞和养殖业油价补贴政策调整相关实施方案的通知》（农办渔〔2015〕65 号），明确支持渔港航标等公共基础设施建设，重点对沿海二级渔港、避风锚地、内陆渔港和已竣工验收的沿海中心、一级渔港进行升级改造和整治维护，主要支持防波堤、拦沙堤、码头、护岸、港池航道锚地疏浚等公益性基础设施建设。在《渔港升级改造和整治维护规划》（农办渔〔2018〕1 号）的指导下，共安排了油价补贴政策转移支付资金 22.8 亿元，实施沿海渔港升级改造和整治维护项目 114 个，其中整治维护沿海中心渔港 19 座、一级渔港 18 座，升级改造二级渔港 59 座、避风锚地 18 座，有效改善了全国沿海渔港设施条件，在全国基本形成以中心渔港、一级渔港为主体，以二级渔港、避风锚地为支撑的沿海渔港综合体系。

五、高质量发展时期

自 2021 年开始，为贯彻落实党中央、国务院关于推进渔港建设的决策和部署，根据《财政部、农业农村部关于实施渔业发展支持政策推动渔业高质量发展的通知》（财农〔2021〕41 号），我国沿海渔港建设在着眼于渔业安全管理和防灾减灾功能的同时，突破传统渔港的建设模式，促进渔港综合开发，拓展沿海经济社会发展空间，延伸产业链，提升价值链，稳步推进渔港经济区建设。2021 年，农业农村部、财政部计划分三年投资 30 亿元，建设第一批 15 个渔港经济区试点项目，每个渔港经济区中央补助 2 亿元，拉动地方和社会投资 8 亿元以上，累计将带动地方和社会投资 250 亿元以上；2023 年，农业农村部、财政部计划分三年投资 20 亿元，建设第二批 10 个渔港经济区试点项目，每个渔港经济区中央补助 2 亿元，拉动地方和社会投资 10 亿元以上，累计将带动地方和社会投资 100 亿元以上，沿海渔港经济区的建设加速了我国渔港高质量发展的进程。

新中国成立以来，我国沿海渔港从无到有，渔港建设从码头到后方配套，渔港功能从满足防灾减灾及生产服务到集多种功能于一体，我国沿海渔港逐步从数量增长走向追求质量、效益提升的高质量发展阶段，沿海渔港中央投资情况见表 1-2，在带动产业融合发展、拓宽渔业增收渠道、促进渔村振兴方面的作用持续凸显。

表 1-2 沿海渔港中央投资建设情况

建设阶段	年份	中央投资/亿元	建设方向
起步建设	1949—1989	—	国有渔业基地、沿海群众渔港
重点提升建设	1990—1997	—	民办公助扶持 83 座沿海群众渔港
快速发展	1998—2015	39.11	66 座中心渔港、82 座一级渔港
系统提升	2015—2020	22.8	整治维护沿海中心渔港 19 座、一级渔港 18 座，升级改造二级渔港 59 座、避风锚地 18 座
高质量发展	2021—	50	第一批、第二批共 25 个渔港经济区试点项目

第三节　沿海渔港分布

全国沿海现有渔港 1 211 座，其中中心渔港 69 座、一级渔港 79 座、二级渔港 236 座、三级及以下渔港 819 座，按照中心渔港标准建设渔港 5 座、按照一级渔港标准建设渔港 3 座，全国沿海渔港数量见表 1-3，各省（自治区、直辖市）渔港数量见图 1-1。

表 1-3 沿海各省（自治区、直辖市）渔港数量统计表

沿海各省（自治区、直辖市）	沿海渔港数量/座							
	小计	中心	一级	二级	三级	其他渔港	未列入《规划》已建渔港	
							中心渔港	一级渔港
合计	**1 211**	69	79	236	417	402	5	3
辽宁	**260**	6	12	64	41	136	1	
河北	**25**	3	3	9	7	1	2	
天津	**5**					5		
山东	**238**	14	10	9	95	110		
江苏	**22**	6	4	5		5	1	1
上海	**1**		1					
浙江	**204**	11	15	35	48	95		

（续）

沿海各省 （自治区、直辖市）	沿海渔港数量/座							
	小计	中心	一级	二级	三级	其他渔港	未列入《规划》已建渔港	
							中心渔港	一级渔港
福建	**273**	9	13	68	170	10	1	2
广东	**110**	9	11	35	41	14		
广西	**17**	4	4		4	5		
海南	**56**	7	6	11	11	21		

注：1. 上述数据主要结合《全国沿海渔港及避风锚地基础数据手册（2021 年）》统计（不包含避风锚地数量），并考虑了近两年各地渔港建设进展和等级认定情况；

2. 中心渔港、一级渔港数量为已列入《全国沿海渔港建设规划（2018—2025 年）》（简称《规划》）附表中已建的渔港；

3. 未列入《规划》已建渔港指的是各省（自治区、直辖市）虽未列入《规划》，但按中心或一级渔港标准立项建设的渔港。

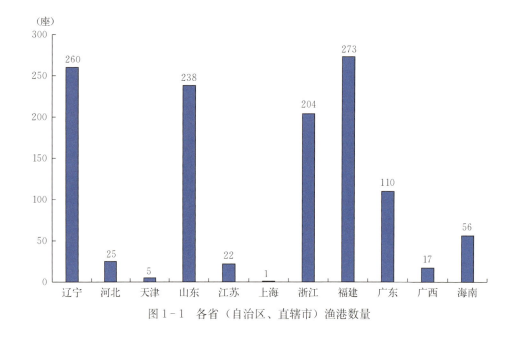

图 1-1　各省（自治区、直辖市）渔港数量

第四节　沿海渔港建设成效

一、沿海渔港布局体系基本形成

多年来，在各级渔业主管部门的发展战略、规划、政策的指导下，中央和沿海各地不断加大对渔港的建设支持力度，一批中心渔港、一级渔港、二级渔港和避风锚地相继建成并投入使用。全国共有沿海渔港 1 211 座，其中，一级以上等级渔港 148 座、二级渔港 236 座、三级及以下渔港共 819 座，按照中心渔港标准建设渔港 5 座、按照一级渔港标准建设渔港 3 座。渔港数量位列前五的省份依次为福建 273 座、辽宁 260 座、山东 238 座、

浙江 204 座、广东 110 座，具体分布见表 1-4。目前，渤海、黄海、东海、南海四大海区 11 个沿海省（自治区、直辖市）17 个主要渔场均分布有中心和一级渔港，全国渔港设施条件总体情况得到有效改善，基本形成了覆盖沿海重点经济区域、重要渔区和台风路径海域的沿海渔港布局体系，为保障渔区安全生产、区域社会经济发展和渔民安居乐业发挥了重要作用。

表 1-4　沿海渔港分布情况一览表

区域	省（自治区、直辖市）	所在渔场	渔港总数/座
黄渤海沿海地区	辽宁	黄海北部、辽东湾	260
	河北	渤海湾	25
	天津	渤海湾	5
	山东	莱州湾、烟威、连青石	238
	江苏	海州湾、吕四	22
	小计		**550**
东南沿海地区	上海	舟山	1
	浙江	舟山、温台	204
	福建	闽东、闽南	273
	广东	粤东、珠江口、粤西	110
	广西	北部湾	17
	海南	北部湾、西南中沙	56
	小计		**661**
合计			**1 211**

二、渔业防灾减灾和生产服务能力大幅提升

随着沿海渔港基础设施的持续建设，全国沿海渔业基础设施条件和防灾减灾及生产服务能力得到了大幅提升，中央投资渔港防灾减灾和生产服务能力情况见表 1-5。据渔港核查数据，目前全国沿海渔港共有码头岸线 45.52 万 m、护岸 61.98 万 m、防波堤 40.62 万 m，有力地改善了渔船"上岸抓岩礁、下船舢板摇、避风到处逃"的局面，渔船停泊和避风条件有了很大改善，有效缓解了渔船回港航程远、避风难、安全保障低的局面。2020 年，中央投资渔港保障了 1 000 万 t 的水产品装卸交易，形成有效掩护水域面积 6 200 万 m^2，渔港综合防风水平提升到 11 级，可满足 11.74 万艘海洋渔船就近分散避风和休渔期停泊，全国沿海渔船有效避风率从"十一五"初期 9 级避风水平的 30% 提升到"十三五"末期 11 级避风水平的 60%。例如，江苏省南通市吕四中心渔港新港区，于 2013 年建成投入使用，拥有人工码头岸线长 7 663 m，港池水域面积 95.4 万 m^2，陆域面积 210.8 万 m^2，可安全停泊渔船 2 300 艘，年水产品装卸交易量达 20 万 t 以上，是国内规模较大的综合性人工渔港；广西壮族自治区北海市电建一级渔港，始建于 1979 年，当时是为安置从越南归国的华侨难民（包括渔民和渔船）而建设，一级渔港项目于 2012 年建成验收，现有岸线

总长 4 758 m，港池面积约 45 万 m²，可安全停泊渔船 1 600 艘，年水产品装卸交易量达 15 万 t 以上，是泛北部湾地区重要的避风港和渔获物交易枢纽港。

表 1-5　中央投资渔港防灾减灾和生产服务能力情况

年份	有效掩护水域面积/万 m²	渔港综合防风水平/级	渔船安全避风容纳量/万艘	满足水产品装卸交易量/万 t
2005	2 600	—	5.20	440
2010	3 900	9	7.80	664
2015	5 100	10	10.20	856
2020	6 200	11	11.74	1 000

三、渔船综合监管能力显著增强

中国是世界第一渔船拥有大国，渔船规模庞大，渔船管理任务繁重，加上渔民操作及知识水平有限，过度捕捞、违法使用不合格网具及虚报马力数等现象仍然存在，过度捕捞对中国沿海渔业资源造成破坏，渔业资源衰退态势尚未得到根本扭转。渔港是实施渔船管理的核心区域和重要依托，通过对传统群众渔港的升级改造，强化渔港安全保障能力建设，改善港内停泊条件，为渔船集中休渔和集中管理提供了有利条件。根据 2021 年全国渔港核查数据，全国有渔政渔港监督管理机构驻港监管的渔港共计 290 座，开通宽带的渔港共计 414 座，部署视频监控系统的渔港共计 610 座，拥有渔业航标数量共计 446 个。渔港综合管理中心、渔港信息化管理平台、航标、消防等一系列设施的配套完善，可拓展和提升渔港管理及服务功能，提升了渔政港监机构综合执法水平，降低了执法成本，特别是加强了休渔期渔船管理和防台减灾指挥调度，为渔业管理与服务实现功能齐全、体制健全、服务有序、运行规范提供了重要的支撑和保障。

四、渔区经济快速发展

渔港建设和设施的完善带动了渔区水产品交易集散、精深加工、生产补给、冷链物流和休闲渔业等二三产业迅速发展，为渔民从事水产品加工业、流通和餐饮服务业创造了条件和就业机会，不仅促进了渔业提质增效、减量增收、绿色发展，还在补短板、调结构、推进渔港渔村振兴等方面发挥了重要的作用。渔港的建设为渔港陆域产业聚集搭建了平台，带动了民间投资和银行融资。1998 年以来，根据渔港和渔港经济区项目的投资测算，渔港的建设带动了地方和社会投资近 200 亿元，每年保障了 1 320 万 t 的水产品装卸交易，综合经济效益超过千亿元。渔港所在地区通过建设多功能现代渔港和渔港经济区，逐步打造成为渔业产业经济发展的新增长点和沿海经济社会发展的新增长极。如位于江苏省连云港市赣榆区的海头中心渔港，拥有水域面积 50 万 m²，配套陆域功能区面积 23 万 m²，可停泊渔船 1 000 艘，渔港的建设带动了海头镇水产品电商交易和冷链物流产业的迅速发展，全镇年销售额达到 65 亿元，带动相关从业人员 2 万余人，倾力打造中国海鲜电商第一镇；位于广东省阳江市海陵岛的闸坡中心渔港是粤西地区的枢纽渔港，拥有岸线 4 449 m、水域面积约 140 万 m²，陆域配套有 3.5 万 m² 的闸坡中心渔港水产品交易物流中心、水产加工企业 35 家、制冰厂、冷冻厂、修船厂等生产服务设施，年渔船进港交易超过 15 000 艘（次），水产品交易量超过 20 万 t，完成了从破旧的小渔港到现代综合性渔港的蜕变。

五、渔港建管体制创新不断深化

改革开放以来，特别是进入 21 世纪以来，农业农村部和地方政府高度重视渔港建设和管理，加强顶层设计，加快制度改革，渔港建设和综合管理改革取得了显著成绩。"十五""十一五"期间，按照"政府主导、社会参与"的原则，渔港建设突出避风防灾功能，以国家投入为主导，利用市场机制，充分调动社会各方投资渔港的积极性，在加强宏观统一管理的前提下，采取"谁投资、谁经营、谁收益、谁承担风险"的原则，逐步放开渔港经营权，吸引不同渠道的资金投入到渔港建设中。"十二五""十三五"期间，渔港建设按照"政府引导、多元投入"的原则，提升渔港多元化功能和现代化水平，继续发挥政府在渔港公益性基础设施建设中的引导作用，积极优化财政支出和信贷投放结构，吸引社会各方投资，加大渔港建设投入。"十四五"以来，渔港经济区建设按照"完善功能、协同发展"的原则，采取政府补助和社会投资相结合的模式，将公益性设施和经营性设施同步规划、同步设计、同步建设、同步验收，政府补助公益性基础设施建设，形成渔港经济区建设的强大合力。在加强渔港建设的同时，渔港管理制度也在不断创新完善。近年来，渔港管理改革积极推进渔港港长制、渔船进出港报告、渔港污染防治等各项管理制度，以渔港为平台和载体，加快构建智慧渔港，充分发挥了渔港在渔业资源管理、安全监管中的特殊关键作用。

第五节 国内外渔港研究进展

一、国外发达国家渔港发展概况

发达国家一直非常重视现代渔港建设，在政府引导、社会参与的模式下，渔港功能已完成从单一的避风装卸向功能多元化转变，港村（港城）一体化的发展模式日趋完善和成熟，充分发挥了彼此相辅相成的优势。在渔港工程领域结合水产学科，广泛开展了现代渔港、渔场、渔村一体化发展战略及相关规划设计技术，渔港渔村防灾减灾相关工程技术，渔港水域生态环境保护修复技术，自然协调型渔港建设技术等方面的研究与开发，为发达国家和地区渔港现代化和渔业可持续发展做出巨大贡献。

日本拥有各类渔港 2 909 座，海岸线总长 3.4 万 km，平均约每 12km 海岸线有一个渔港。水产品是日本国民主要蛋白质来源，40% 的动物蛋白质来源于水产品，所以日本对水产业十分重视，拨出大量资金补助渔港建设，早在 1950 年就制定了《渔港法》，把渔港建设纳入了法治的轨道。日本从 1951 年开始到 2001 年每 5～8 年实施一次新的渔港渔场建设规划，共实施了 9 次，从 2002—2022 年，约每 5 年实施一次，已实施了 4 次渔港渔场建设规划。日本政府对全部 2 909 个渔港都给予资金扶持，日本渔港在不断加强渔港防灾减灾和生产服务能力的同时，将渔港的功能多元化作为渔港规划和建设的长期目标，建设集生产、餐饮、旅游、娱乐休闲和文化科普于一体的现代化渔港渔村，早在 20 世纪 90 年代中后期，渔港功能多元化发展已相当成熟。2001 年以来属于渔港、渔场、渔村一体化建设期，特别是《水产基本法》和《新农政计划》的实施，日本渔业逐步呈现"渔政、渔港、渔场、渔村、渔民"五位一体化"大渔业"建设蓝图，国家投资建设内容已包含渔港渔场建设、水产品流通基础设施建设、水产品供给基础设施保护、渔港设施功能强化、水产资源环境修复、渔港渔村环境整治、渔村振兴等多方面。

日本在持续加强渔港建设的同时，对渔港开展了比较系统和全面的研究，主要集中在渔港发展战略、渔港功能多元化建设、渔港停泊区的泊稳、防波堤安全、渔港防淤减淤及海岸带保护、软弱地基处理、防灾减灾、渔港水域环境保护、自然生态型渔港建设、渔港工程诊断和修复、渔港管理信息化、渔港项目后评价等方面。在渔港发展战略方面，提出了渔港、渔场、渔村一体化的发展战略；在防灾减灾方面，采用多道防波堤以掩护改善港内泊稳，采用防波堤、防潮堤相结合的多重防护模式保护渔港后方渔村的安全；在渔港港内泊稳标准方面，提出航道允许最大波高为 1.2 m，码头作业允许最大波高为 0.4 m，锚地允许最大波高为 0.5 m 的标准；在渔港水域环境保护修复技术方面，研究应用利用波浪能、潮汐能带有海水交换功能的新式防波堤及潜堤式、圆孔式海水导入工程，利用红树林护岸改善港内水质，增设过水闸门等工程技术；在自然生态型渔港建设技术方面，研究提出了自然生态型渔港防波堤藻场的建设，充分发挥渔港外围设施的增殖功能。

韩国拥有各类渔港 2 235 座，进入 21 世纪后，随着渔村的建设发展及休闲渔业需求的增加，韩国渔港已朝着多功能的方向发展。韩国提出的渔港发展方向包括：加强对落后渔港的改善，加快国家投资渔港建设，提高完工率和渔港装备水平；大力开发多功能的综合性渔港，使渔业与休闲、疗养、观光旅游等产业联系起来，进一步提升渔港的综合实力。同时，配合渔港开发，逐步改善渔村生活环境，创造更多的就业机会，增加渔民收入，逐步将城市劳动力引入渔村，进一步推进渔村、渔港文化旅游产业的发展。

美国渔港建设不仅满足了最基本的生产功能，而且充分利用渔港自身和周边的观光资源、自然景观和社会人文活动进行了再发展。美国的旧金山渔人码头是世界著名的休闲渔港，港内设置了直销鱼市场、游艇码头、购物一条街、美食餐厅等多元化设施，开展了海狮观赏和水族馆参观活动，港外又整合了离岛游览、游艇码头、海事博物馆、历史建筑、海军纪念公园、沙滩等观光旅游资源，且配合旧金山市区便捷的交通条件，使渔人码头的发展得天独厚，造就了世界闻名的休闲渔港。美国巴尔的摩（Inner harbor）渔港内设置了游艇码头，港外又整合了科学教育馆、空中走廊、剧场、购物商场、古帆船博物馆、美食餐厅、水族馆、历史建筑、公园广场等观光休闲资源，构成了水域及陆域的游憩观光带，逐步实现了渔港和城市的振兴。

二、国内渔港研究进展

近年来，国家日益重视沿海渔业防灾减灾体系和现代化渔港体系的建设，特别是"十三五"以来，国家提出在全国沿海推动建设 10 大沿海渔港群、93 个渔港经济区，同时在沿海渔港部署开展环境综合整治工作，渔港建设逐步迈进高质量发展阶段。这些政策和工作的推进实施，都需要依托渔港工程领域科技进步的支撑和引领，不断提高渔港工程领域的集成创新能力和引进消化再创新能力，持续助推渔港现代化和促进渔业高质量发展。

在渔港发展战略方面有所突破。渔港功能多样化及渔港渔村一体化，高标准、高质量渔港，多功能生态环保型渔港，多功能现代化渔港等发展模式被不断提出。同时，渔港建设与国家战略结合得更加紧密，渔港经济区构建模式的提出，为助推渔港现代化指引了方向。

在渔港防灾减灾方面成效显著。通过对 202 kW（275 HP*）与 441 kW（600 HP）拖网渔船进行码头作业泊稳物模试验，得出了重现期为 2 年的累计频率为 4% 的波高（$H_{4\%}$）小于 0.5 m 的渔港码头作业泊稳条件；通过对 202 kW（275 HP）拖网渔船进行锚泊泊稳物模试验，研究在风、浪、流单独、两两组合以及共同作用下，渔船艏艉双锚锚泊时运动量的变化规律，给出了允许最大波高小于 1 m 的锚泊泊稳条件，从而初步构建了渔港锚泊泊稳安全标准。通过对登陆我国的强台风等级以上的热带气旋对渔港、渔船及渔民造成损失的实例分析，从防波堤设计标准、避风锚地底质、锚泊方式三方面对避风型渔港的避风因素进行了研究；引入蒙特卡罗（Monte Carlo）方法建立了渔港避风锚地面积计算的随机模拟模型，采用不同的概率分布刻画各相关参数，获得避风锚地面积的概率分布；提出了渔船采用并排搁浅锚泊可有效避强台风或超强台风的关键模式；首次从安全辅助设施、监控指挥设施和后勤保障设施三方面提出了构建渔船避风锚地的工程措施。研究成果应用于行业规划和建设标准的制定，近十年，推动我国沿海渔港的有效避风率从 10 级避风水平的 35% 提升到了 11 级避风水平的 60%，显著改善了全国渔船停泊和避风条件，提高了渔港渔村的避风减灾能力。

渔港工程模拟技术方面不断发展。利用水动力工程分析软件 MIKE21 和第三代海浪数学模型 SWAN 对拟建渔港港内波浪场、潮流场及泥沙运动进行数值模拟分析论证已得到广泛应用，使得渔港建设更加安全、经济；普遍采用不规则波开展防波堤结构波浪模型试验，数据的采集和处理实现自动化和智能化，提高了精度，为优化防波堤结构、堤顶高程、护面块体的安全稳定性以及验证港内泊稳条件提供重要决策依据，很大程度提高了防波堤的安全性和经济性。

在渔港软基处理技术方面，取得了一批成果。开展了"振冲碎石桩复合地基在渔港重力式码头工程的应用研究"，提出了振冲桩处理地基的适用条件、施工工艺、主要设计参数、承载力检测与评价方法，实现了振冲碎石桩处理渔港码头软弱地基零的突破；结合全国沿海渔港多个防波堤工程，开展了爆炸排淤填石处理防波堤软弱地基应用技术研究，突破了置换软基厚度不宜超过 12 m 的适用条件，解决了江苏、浙江、福建沿海台风灾害多发地区防波堤软基厚度大、项目实施难的瓶颈；结合防波堤爆破排淤填石软基处理工程，在内侧利用防波堤堤身开挖基槽建设码头，码头基础处理采用爆破夯实，形成了"堤身爆破排淤填石＋基床水下爆破夯实"的防波堤兼码头基础处理模式，为类似项目提供了应用范例。

在防波堤和码头新结构研究与应用方面，有所进展。为避免由于渔港防护建筑物造成潮流流场的改变而加重港区泥沙淤积，以及港区水流的改变导致港区水体交换不畅使水环境恶化的不利影响，采用透空式、浮式防波堤工程技术，保障了港内泊稳条件和水体交换，避免和减轻了港区的泥沙淤积；为改善码头前作业泊稳条件，消减码头前波高，首次

＊ HP 为非法定计量单位，1 HP≈735 W。

提出了带消浪孔的新型重力式码头结构，通过对该码头结构的消波原理与性能的研究，为改善港内泊稳提供了新的思路和方法。

三、国内外情况对比分析

相比于发达国家尤其是日本，中国存在以下差距：一是总体上国内渔港工程研究顶层设计不足，支持力度不够，缺乏系统的、全面的渔港工程研究方向和研究内容的布局，我国渔港建设技术及综合功能的发挥离发达国家还有一定的差距。二是在现代渔港（渔港经济区）规划建设、港域生态环境保护修复、自然生态型渔港建设等技术的研究方面我国处于研究起步阶段，与国际先进水平有 10 年左右的差距，并滞后于我国渔业经济的发展，一定程度上影响了渔港在沿海社会经济发展中重要功能的发挥。三是中国渔港防灾减灾技术支撑力不足。渔港防灾减灾涉及多学科多领域，首先渔港防灾减灾科学研究和技术创新人员队伍不足，其次在渔港降低台风灾害风险、避风等级评估理论等方面的研究严重滞后于渔业减灾的需求。

第二章 各地区渔港建设现状

第一节 辽宁省渔港建设现状

一、总体情况

辽宁省位于中国东北地区南部，南临黄海、渤海，东与朝鲜一江之隔，与日本、韩国隔海相望，是东北地区唯一的既沿海又沿边的省，也是东北三省及内蒙古自治区东部地区对外开放的门户。全省大陆海岸线长 2 292 km，近海水域面积 6.8 万 km²。辽宁省有海洋岛屿 266 个，面积 191.5 km²，占全国海洋岛屿总面积的 0.24%，占全国总面积的 0.13%，岛岸线全长 628 km，占全国岛岸线长的 5%。

2022 年辽宁省全年水产品产量 489.23 万 t，其中海洋捕捞 46.16 万 t，海水养殖 339.29 万 t。2022 年辽宁省渔业经济总产值 1 332.47 亿元，其中渔业产值 684.52 亿元，渔业工业和建筑业产值 326.55 亿元，渔业流通和服务业产值 321.40 亿元。

辽宁省共有渔港 260 座，其中一级及以上渔港占渔港总数 6.9%，二级渔港占比 24.6%，三级及以下渔港占比 68.5%。有渔政渔港监督管理机构驻港监督的渔港 59 座，驻港率 23%，制定港章的渔港 29 座。

二、渔港数量及分布

辽宁省渔港分布涉及丹东市、大连市、营口市、盘锦市、锦州市、葫芦岛市，沿海共有 260 座渔港，其中中心渔港 6 座，按照中心渔港标准建设渔港 1 座，一级渔港 12 座，二级渔港 64 座，三级渔港 41 座，其他渔港 136 座。全省各等级渔港占比见图 2-1，全省沿海地级市渔港数量见图 2-2，中心渔港、一级渔港位置分布见图 2-3，全省沿海渔港数量见表 2-1，全省

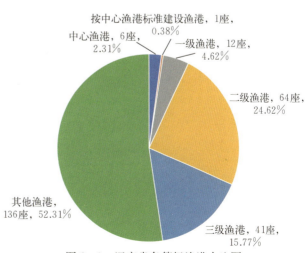

图 2-1 辽宁省各等级渔港占比图

沿海渔港分布见表2-2。

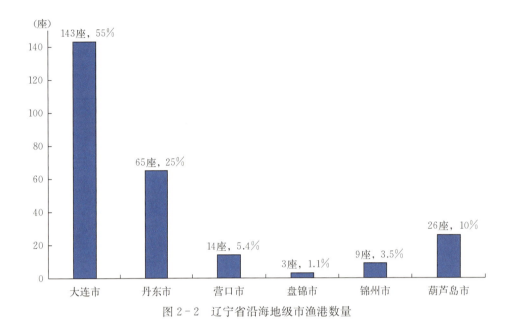

图2-2 辽宁省沿海地级市渔港数量

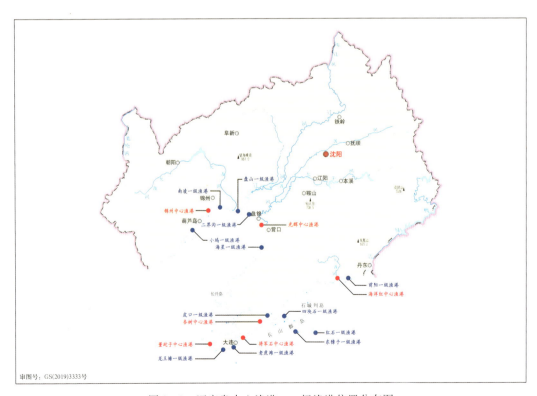

图2-3 辽宁省中心渔港、一级渔港位置分布图

表2-1 辽宁省沿海渔港数量一览表

地级市	县（区）	中心渔港（座）	一级渔港（座）	二级渔港（座）	三级渔港（座）	其他渔港（座）	未列入《规划》已建渔港	
							中心渔港（座）	一级渔港（座）
大连市	中山区		1					
	甘井子区			1		5	1	
	大连高新技术产业园区		1			8		
	大连长兴岛经济技术开发区			1		11		
	瓦房店市	1			2	13		
	旅顺口区	1		10		15		
	庄河市			12	5			
	普兰店区		1	1	5	1		
	长海县		3	9	10	9		
	金普新区	1		1	11	3		
	小计	3	6	35	33	65	1	
丹东市	东港市	1	1	5	5	31		
	振兴区				1	21		
	小计	1	1	5	6	52		
营口市	站前区					2		
	盖州市	1	1			5		
	鲅鱼圈区			1		4		
	小计	1	1	1		11		
盘锦市	盘山县		1					
	大洼区		1			1		
	小计		2			1		
锦州市	开发区	1						
	太和区		1			2		
	凌海市					5		
	小计	1	1			7		
葫芦岛市	兴城市		1	5				
	绥中县			17	2			
	龙港区			1				
	小计		1	23	2			
合计		6	12	64	41	136	1	

表2-2 辽宁省沿海渔港分布一览表

地级市	县（区）	中心渔港	一级渔港	二级渔港	三级渔港	其他渔港	未列入《规划》已建渔港	
							中心渔港	一级渔港
大连市（143座）	中山区（1座）		老虎滩渔港					
	甘井子区（7座）			棉花岛渔港		蟹子湾港、大黑石湾港、西小磨子湾渔港、后牧北海湾渔港、双台沟海底渔港	大连湾渔港	
	大连高新技术产业园区（9座）		龙王塘渔港			栾金渔港、河口渔港、小平岛渔港、山川柳渔港、鲍鱼肚渔港、黄泥川南海头渔港、苇子沟渔港、西沟渔港		
	大连长兴岛经济技术开发区（12座）			通水沟渔港		鲍鱼肚渔港、汤底渔港、何屯渔港、北岛渔港、小礁渔港、小北海湾渔港、东小圈渔港、南海头渔港、南日场渔港、西海头水线渔港、一面山渔港		
	瓦房店市（16座）	将军石港			大西山渔港、望海渔港	车河渔港、盖子滩渔港、盐场渔港、长咀子渔港、王威渔港、王庙渔港、华铜渔港、龙场渔港、大咀子渔港、黄泥洞渔港、西河口渔港、江石底渔港、老渔黄渔港、大孤山渔港		

（续）

地级市	县（区）	中心渔港	一级渔港	二级渔港	三级渔港	其他渔港	未列入《规划》已建渔港 中心渔港	未列入《规划》已建渔港 一级渔港
大连市（143座）	旅顺口区（26座）	董坨子渔港		三嘴子渔港、大嘴子渔港、艾子口渔港、大甸子渔港、西湖嘴渔港、郭家沟渔港、陈家渔港、南湾渔港、北海渔港、柏岚子渔港		小黑石渔港、于家渔港、大口井渔港、山沟渔港、张家村渔港、柏岚子村渔港、解放桥渔港、陈家村渔港、北海村砣前渔港、东北沟渔港、南庙渔港、杨家渔港、盐厂新村渔港、石灰窑渔港、二嘴子渔港		
	庄河市（17座）			南尖子渔港、大圈子渔港、于庄渔港、三家子渔港（北咀子渔港）、后滩渔港、大南岛渔港、寿龙岛渔港、神佛沟渔港、河门渔港、金岛渔港、黑岛渔港、高丽城渔港	银窝渔港、山龙头渔港、潮河沿渔港、端头渔港、于岛渔港			
	普兰店区（8座）		皮口渔港	碧流河渔港	千岛渔港、老龙头渔港、凉水湾渔港、平岛渔港、下姜沟渔港	马牙岛渔港		
	长海县（31座）		东獐子渔港、红石渔港、四块石渔港	三官庙渔港、小耗岛渔港、柳条沟渔港、大耗岛渔港、西獐子渔港	二核沟渔港、哈仙岛渔港、塘洼渔港、寨里渔港、巴哨村渔港、朱家圈渔港、格仙岛渔港、沙包子渔港、尖子渔港、瓜皮岛渔港	吴家盐场渔港、小泡子渔港、庙东渔港、桃树房渔港、小长山盐场渔港、莱园子渔港、金场渔港、三核沟渔港、东炉渔港		

（续）

地级市	县（区）	中心渔港	一级渔港	二级渔港	三级渔港	其他渔港	未列入《规划》已建渔港	
							中心渔港	一级渔港
大连市（143座）	金普新区（16座）	杏树屯渔港		庙上渔港	三官庙渔港、东亮渔港、拉树山渔港、大后海渔港、蚂蚁岛渔港、拉树山屯渔港、荞麦山渔港、碾子屯渔港、段家渔港、葫芦套渔港	石槽渔港、城子渔港、范家渔港		
丹东市（65座）	东港市（43座）	海洋红渔港	前阳渔港	北井子渔港、大孤山渔港、大平渔港、安康渔港、港润码头	海龙渔港、獐岛渔港、安东卫、康东岸、安康港、大平渔港、大鹿岛渔港	万疆二号码头、万赢一号码头、万凤渔港、丹港渔港、利洋码头、云鹏码头、刘健码头、吕胖码头、周刚码头、大圈码头、大鹿岛后口码头、大鹿岛客运码头、大鹿岛口码头、大鹿岛西口码头、小岛村船坞码头、尹洪良码头、日盛码头、昌平码头、星源码头、永安码头、海洋红新港、海盛码头、润增一号、润增二号、獐岛客运码头、灌区、白云大闸、老高船坞、王军均道、鑫洋码头、锦江码头、鸿顺码头		

（续）

地级市	县（区）	中心渔港	一级渔港	二级渔港	三级渔港	其他渔港	未列入《规划》已建渔港 中心渔港	一级渔港
丹东市（65座）	振兴区（22座）					尹洪良码头、成康码头、李刚码头、李勇码头、段老七码头、永平码头、永宝鱼粉厂、汪百胜码头、海宝养殖场、清真渔港码头、石佛沟老姜、石佛沟老范停泊点、老石佛沟老解、老藤码头、老马码头、诚伟码头、连平码头、石马码头、金福码头、陈德福码头、万凤码头、二道沟码头		
	站前区（2座）				安民渔港	营口渔港、四道沟渔港		
营口市（14座）	盖州市（7座）	光辉渔港	海星渔港			田庄北渔港、三孝渔港、仙人岛渔港、归州白沙湾渔港、西河口渔港		
	鲅鱼圈区（5座）			鲅鱼圈珍珠湾渔港		京东渔港、望海渔港、号房渔港（自然港湾）、熊岳河口渔港（自然港湾）		

（续）

地级市	县（区）	中心渔港	一级渔港	二级渔港	三级渔港	其他渔港	未列入《规划》已建渔港 中心渔港	一级渔港
盘锦市（3座）	盘山县（1座）		盘山渔港					
	大洼区（2座）		二界沟渔港			辽滨渔港		
锦州市（9座）	开发区（1座）	锦州渔港						
	太和区（3座）		南凌渔港			上朱家口渔港、后三角渔港		
	凌海市（5座）					何屯渔港、哈达铺渔港、四沟渔港、建业渔港、八支路渔港		
葫芦岛市（26座）	兴城市（6座）		小坞渔港	东翔渔港、台里东渔港、娘娘顶渔港、菊花岛渔港、长山寺渔港				
	绥中县（19座）			二河口新村渔港、大南铺渔港、团山子渔港、小冯渔港、尚家渔港、张见渔港、正锚湾渔港、海大渔港、海洋渔港、照山渔港、申江渔港、南江渔港、天龙寺渔港、龙王庙渔港、洪家渔港、盐滩渔港、赵家渔港	南庙渔港、石河口渔港			
	龙港区（1座）			荒笠头子渔港				

丹东市：分布有大小渔港 65 座，其中，中心渔港 1 座（海洋红渔港）；一级渔港 1 座（前阳渔港）；二级渔港 5 座（北井子渔港等）；三级渔港 6 座（大鹿岛渔港等）；其他渔港 52 座（丹港渔港等）。

大连市：分布有大小渔港 143 座，其中，中心渔港 3 座（将军石渔港等）；按照中心渔港标准建设渔港 1 座（大连湾渔港）；一级渔港 6 座（东獐子渔港等）；二级渔港 35 座（二嘴子渔港等）；三级渔港 33 座（大西山渔港等）；其他渔港 65 座（于家渔港等）。

营口市：分布有大小渔港 14 座，其中中心渔港 1 座（光辉渔港）；一级渔港 1 座（海星渔港）；二级渔港 1 座（鲅鱼圈珍珠湾渔港）；其他渔港 11 座（田崴北海港等）。

盘锦市：分布有大小渔港 3 座，其中，一级渔港 2 座（二界沟渔港等）；其他渔港 1 座（辽滨渔港）。

锦州市：分布有大小渔港 9 座，其中，中心渔港 1 座（锦州渔港）；一级渔港 1 座（南凌渔港）；其他渔港 7 座（何屯渔港等）。

葫芦岛市：分布有大小渔港 26 座，其中，一级渔港 1 座（小坞渔港）；二级渔港 23 座（东翔渔港等）；三级渔港 2 座（南庙渔港等）。

三、中心、一级、二级渔港基础数据

中心、一级、二级渔港基础数据见表 2-3。

表 2-3 辽宁省中心、一级、二级渔港基础数据

序号	渔港名称	渔港所在市	渔港等级	码头长度/m	护岸长度/m	防波堤长度/m	港池水域面积/万 m²	停泊渔船数量/艘
1	大连湾渔港	大连市	按中心渔港标准	374	50	—	180	1 000
2	将军石渔港	大连市	中心	686	—	1 961	99	1 000
3	董砣子渔港	大连市	中心	1 000	600	900	50	500
4	杏树渔港	大连市	中心	1 500	700	5 200	1.2	1 000
5	东獐子渔港	大连市	一级	78	1 250	200	242	550
6	四块石渔港	大连市	一级	80	1 257	405	342	100
7	红石渔港	大连市	一级	565	147	800	22	2 000
8	老虎滩渔港	大连市	一级	80	260	280	7.5	200
9	皮口渔港	大连市	一级	1 000	—	400	1.5	100
10	龙王塘渔港	大连市	一级	2 566	—	1 160	19	1 200
11	二嘴子渔港	大连市	二级	422	280	200	12	150
12	北海渔港	大连市	二级	630	150	80	2	150
13	南尖子渔港	大连市	二级	400	2 000	1 200	50	80
14	南湾渔港	大连市	二级	237	237	430	10	150
15	大嘴子渔港	大连市	二级	683	380	400	5.6	80

（续）

序号	渔港名称	渔港所在市	渔港等级	码头长度/m	护岸长度/m	防波堤长度/m	港池水域面积/万 m²	停泊渔船数量/艘
16	大圈子渔港	大连市	二级	370	837	540	40	200
17	大甸子渔港	大连市	二级	300	300	140	4	90
18	于庄渔港	大连市	二级	400	400	100	0.2	30
19	碧流河渔港	大连市	二级	180	—	—	0.5	30
20	通水沟渔港	大连市	二级	300	106	143	20	100
21	三官庙渔港	大连市	二级	30	50	50	70	—
22	乌蟒岛渔港	大连市	二级	111	111	111	1.5	80
23	小耗岛渔港	大连市	二级	220	630	220	18.2	110
24	庙底湾渔港	大连市	二级	220	220	220	120	1 500
25	柳条沟渔港	大连市	二级	150	1 500	1 650	539	180
26	棠梨沟渔港	大连市	二级	45	400	45	66	300
27	三家子渔港（北咀子渔港）	大连市	二级	50	60	60	0.2	40
28	后滩渔港	大连市	二级	235	100	385	0.3	100
29	大南岛渔港	大连市	二级	180	60	150	0.8	80
30	寿龙岛渔港	大连市	二级	70	100	60	0.4	100
31	神佛沟渔港	大连市	二级	200	220	1 311	1.3	50
32	柏岚子渔港	大连市	二级	970	970	420	4	180
33	棉花岛渔港	大连市	二级	1 200	—	—	16	30
34	河门渔港	大连市	二级	600	600	1 000	6	90
35	艾子口渔港	大连市	二级	800	200	240	5.5	210
36	西湖嘴渔港	大连市	二级	725	650	135	5	150
37	郭家沟渔港	大连市	二级	1 060	800	300	5.8	200
38	金岛渔港	大连市	二级	863	863	1 683	0.6	80
39	陈家渔港	大连市	二级	346	400	156	10	220
40	高丽城渔港	大连市	二级	1 000	600	505	16.8	160
41	黑岛渔港	大连市	二级	4 000	4 500	3 000	2	60
42	大耗岛渔港	大连市	二级	25	400	84	—	—
43	褡裢岛渔港	大连市	二级	25	850	60	—	—
44	西獐子渔港	大连市	二级	20	—	300	11.1	100
45	庙上渔港	大连市	二级	316	400	200	46.4	150
46	海洋红渔港	丹东市	中心	2 000	2 000	2 000	3	300
47	前阳渔港	丹东市	一级	380	—	—	2.3	150
48	大平渔港	丹东市	二级	360	360	360	2.8	180

（续）

序号	渔港名称	渔港所在市	渔港等级	码头长度/m	护岸长度/m	防波堤长度/m	港池水域面积/万 m²	停泊渔船数量/艘
49	港润码头	丹东市	二级	200	150	200	2	30
50	北井子渔港	丹东市	二级	80	240	240	0.4	70
51	安康渔港	丹东市	二级	230	230	230	1.5	220
52	大孤山渔港	丹东市	二级	100	27	100	—	—
53	小坞渔港	葫芦岛市	一级	420	100	1 140	37.8	150
54	东翔渔港	葫芦岛市	二级	1 500	60	100	2.6	100
55	二河口新村渔港	葫芦岛市	二级	966	180	415	6	200
56	台里东渔港	葫芦岛市	二级	920	1 800	1 400	33.3	80
57	团山子渔港	葫芦岛市	二级	796	180	720	3.8	190
58	大南铺渔港	葫芦岛市	二级	900	80	576	3.9	180
59	娘娘顶渔港	葫芦岛市	二级	3 500	150	260	1.9	9
60	小冯渔港	葫芦岛市	二级	715	284	696	4.8	180
61	尚家渔港	葫芦岛市	二级	818	210	684	2.8	180
62	张见渔港	葫芦岛市	二级	1 135	565	930	9.4	400
63	止锚湾渔港	葫芦岛市	二级	850	1 120	850	41	560
64	海大渔港	葫芦岛市	二级	553	504	665	3.6	180
65	海洋渔港	葫芦岛市	二级	404	378	768	2.5	180
66	照山渔港	葫芦岛市	二级	1 213	593	1 045	11.3	200
67	申江渔港	葫芦岛市	二级	1 204	1 077	1 767	13.2	300
68	笊笠头子渔港	葫芦岛市	二级	300	100	500	5	200
69	南江渔港	葫芦岛市	二级	1 065	363	660	2.5	200
70	天龙寺渔港	葫芦岛市	二级	646	188	712	2.6	180
71	洪家渔港	葫芦岛市	二级	832	464	457	19.9	200
72	盐滩渔港	葫芦岛市	二级	832	231	457	4.1	150
73	龙王庙渔港	葫芦岛市	二级	1 012	191	517	5.4	130
74	菊花岛渔港	葫芦岛市	二级	140	50	70	1	35
75	赵家渔港	葫芦岛市	二级	752	297	779	1.9	130
76	长山寺渔港	葫芦岛市	二级	300	650	265	10.3	100
77	锦州渔港	锦州市	中心	1 300	—	—	5	600
78	南凌渔港	锦州市	一级	369	—	—	5	160
79	盘山渔港	盘锦市	一级	421	2 000	1 300	80	500
80	二界沟渔港	盘锦市	一级	2 000	5 000	—	43	600
81	光辉渔港	营口市	中心	820	800	2 000	21	600
82	海星渔港	营口市	一级	1 100	—	—	16	300
83	鲅鱼圈珍珠湾渔港	营口市	二级	1 000	3 500	1 724	12	600

第二节　河北省渔港建设现状

一、总体情况

河北省地处华北、漳河以北，东临渤海、内环京津，西为太行山，北为燕山。拥有大陆岸线长 487 km，海岛 132 个，海岛岸线长 199 km。海岸带总面积 11 379.88 km²，其中潮间带面积 1 167.9 km²，浅海面积 6 455.6 km²。海洋资源丰富，有海洋生物 600 余种。

2022 年，河北省全年水产品总产量（不含远洋）112.44 万 t，其中，海水养殖 58.0 万 t，海洋捕捞 19.06 万 t。2022 年河北省渔业经济总产值 400.05 亿元，其中渔业产值 342.29 亿元，渔业工业和建筑业产值 41.05 亿元，渔业流通和服务业产值 16.70 亿元。

河北省共有渔港 25 座，其中中心渔港 3 座，按中心渔港标准建设渔港 2 座，一级渔港 3 座，二级渔港 9 座，三级及以下渔港 8 座，一级及以上渔港占渔港总数 24%。有渔政渔港监督管理机构驻港监督的渔港 11 座，驻港率 46%，制定港章的渔港数量有 8 座。

二、渔港数量及分布

河北省渔港分布涉及秦皇岛市、唐山市、沧州市，大陆岸线长 487 km，沿海共有 25 座渔港，其中中心渔港 3 座，按照中心渔港标准建设渔港 2 座，一级渔港 3 座，二级渔港 9 座，三级渔港 7 座，其他渔港 1 座。全省各等级渔港占比见图 2-4，全省沿海地级市渔港数量见图 2-5，中心渔港、一级渔港位置分布见图 2-6，全省沿海渔港数量见表 2-4，全省沿海渔港分布见表 2-5。

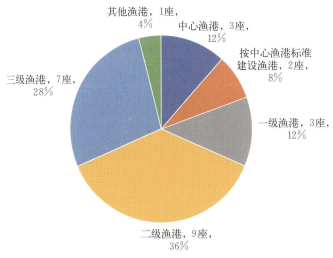

图 2-4　河北省沿海渔港等级占比图

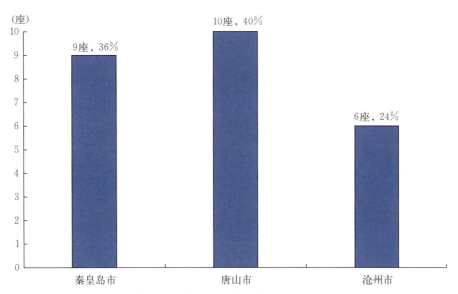

图 2-5　河北省沿海地级市渔港数量

图 2-6　河北省中心渔港、一级渔港位置分布图

表2-4 河北省沿海渔港数量一览表

地级市	县（区）	中心渔港（座）	一级渔港（座）	二级渔港（座）	三级渔港（座）	其他渔港（座）	未列入《规划》已建渔港	
							中心渔港（座）	一级渔港（座）
秦皇岛市	北戴河区			1				
	北戴河新区		1		3			
	海港区			1	1			
	山海关区		1					
	昌黎县					1		
	小计		2	2	4	1		
唐山市	丰南区	1		1				
	滦南县	1						
	曹妃甸区			1			1	
	乐亭县			1	1		1	
	唐山国际旅游岛			1	1			
	小计	2		4	2		2	
沧州市	渤海新区黄骅市	1	1	3				
	海兴县				1			
	小计	1	1	3	1			
合计		3	3	9	7	1	2	

表2-5 河北省沿海渔港分布表

地级市	县（区）	中心渔港	一级渔港	二级渔港	三级渔港	其他渔港	未列入《规划》已建渔港	
							中心渔港	一级渔港
秦皇岛市（9座）	北戴河区（1座）			戴河口渔港				
	北戴河新区（4座）		新开口渔港		洋河口渔港、大蒲河渔港、香溪河渔港			
	海港区（2座）			东港（卸粮口）渔港	秦皇岛渔港			
	山海关区（1座）		山海关渔港					
	昌黎县（1座）					滦河口渔港		

（续）

地级市	县（区）	中心渔港	一级渔港	二级渔港	三级渔港	其他渔港	未列入《规划》已建渔港	
							中心渔港	一级渔港
唐山市（10座）	丰南区（2座）	黑沿子渔港		涧河渔港				
	滦南县（1座）	嘴东渔港						
	曹妃甸区（2座）			西河渔港			曹妃甸中心渔港	
	乐亭县（3座）			浪窝口渔港	滦河口渔港		乐亭县中心渔港	
	唐山国际旅游岛（2座）			新戴河渔港	大清河渔港			
沧州市（6座）	渤海新区黄骅市（5座）	南排河渔港	新村渔港	张巨河渔港、歧口渔港、徐家堡渔港				
	海兴县（1座）				大口河渔港			

秦皇岛市：分布有大小渔港9座，其中，一级渔港2座（新开口渔港等）；二级渔港2座（戴河口渔港等）；三级渔港4座（洋河口渔港等）；其他渔港1座（滦河口渔港）。

唐山市：分布有大小渔港10座，其中，中心渔港2座（嘴东渔港等）；按照中心渔港标准建设渔港2座（曹妃甸中心渔港等）；二级渔港4座（涧河渔港等）；三级渔港2座（滦河口渔港等）。

沧州市：分布有大小渔港6座，其中，中心渔港1座（南排河渔港）；一级渔港1座（新村渔港）；二级渔港3座（张巨河渔港等）；其他渔港1座（大口河渔港）。

三、中心、一级、二级渔港基础数据

中心、一级、二级渔港基础数据见表2-6。

表2-6 河北省中心、一级、二级渔港基础数据

序号	渔港名称	渔港所在市	渔港等级	码头长度/m	护岸长度/m	防波堤长度/m	港池水域面积/万 m²	停泊渔船数量/艘
1	南排河渔港	沧州市	中心	1 400	—	300	25	300
2	新村渔港	沧州市	一级	728	728	—	2.5	100
3	张巨河渔港	沧州市	二级	100	—	—	1.5	50
4	歧口渔港	沧州市	二级	100	—	—	2.5	50
5	徐家堡渔港	沧州市	二级	159	—	—	1.7	203
6	山海关渔港	秦皇岛市	一级	530	300	520	6	300
7	新开口渔港	秦皇岛市	一级	4 000	—	600	30	800

（续）

序号	渔港名称	渔港所在市	渔港等级	码头长度/m	护岸长度/m	防波堤长度/m	港池水域面积/万 m²	停泊渔船数量/艘
8	戴河口渔港	秦皇岛市	二级	588	—	—	3.3	58
9	东港（卸粮口）渔港	秦皇岛市	二级	1 145	—	—	7.8	150
10	嘴东渔港	唐山市	中心	1 550	—	—	7	500
11	黑沿子渔港	唐山市	中心	1 060	1 000	—	30	1 000
12	曹妃甸中心渔港	唐山市	按中心渔港标准	1 430	1 574	1 044	40	800
13	乐亭县中心渔港	唐山市	按中心渔港标准	500	1 100	1 740	45	1 000
14	涧河渔港	唐山市	二级	472	300	—	6.6	200
15	浪窝口渔港	唐山市	二级	1 000	1 000	2 000	18	200
16	新戴河渔港	唐山市	二级	1 420	—	—	9	80
17	西河渔港	唐山市	二级	200	4 480	—	2.4	386

第三节　天津市渔港建设现状

一、总体情况

天津市东临渤海、北依燕山、地跨海河两岸，是北京通往东北、华东地区铁路的交通咽喉和远洋航运的港口，有"河海要冲"和"畿辅门户"之称，对外面向东北亚，是中国北方最大的沿海开放城市。天津市有滩涂资源、海洋生物资源、海水资源、海洋油气资源，已开发利用滩涂面积约 370 km²。

2022 年天津市全年水产品产量 28.119 万 t，其中海洋捕捞 2.379 万 t，海水养殖 0.977 万 t。2022 年天津市渔业经济总产值 73.94 亿元，其中渔业产值 70.46 亿元，渔业工业和建筑业产值 1.56 亿元，渔业流通和服务业产值 1.92 亿元。

天津市目前共有其他渔港 5 座，有渔政渔港监督管理机构驻港监督的渔港 2 座。

二、渔港数量及分布

天津市大陆岸线长 153 km，沿海共有 5 座渔港，分别为东沽渔港、天津中心渔港、北塘渔港、大神堂渔港、蔡家堡渔港等其他渔港。全市沿海渔港数量见表 2-7，全市渔港分布见表 2-8。

表 2-7　天津市沿海渔港数量表

地级市	县（区）	中心渔港	一级渔港	二级渔港	三级渔港	其他渔港
天津市	滨海新区					5

表 2-8 天津市沿海渔港分布表

地级市	县（区）	中心渔港	一级渔港	二级渔港	三级渔港	其他渔港
天津市	滨海新区					东沽渔港、天津中心渔港、北塘渔港、大神堂渔港、蔡家堡渔港

第四节 山东省渔港建设现状

一、总体情况

山东省位于中国东部沿海、黄河下游，濒临渤海和黄海。全省海洋面积 15.96 万 km²，大陆海岸线长达 3 345 km，占全国海岸线 1/6。全省共有海岛 456 个，海岛总面积约 111.22 km²，海岛岸线长约 561.44 km；岸线长 1 km² 以上的海湾 49 个，海湾面积 8 139 km²；潮间带滩涂面积 4 395 km²，—20 m 以内浅海面积 29 731 km²。

2022 年山东省全年水产品产量 881.27 万 t，其中海洋捕捞 168.80 万 t，海水养殖 556.08 万 t。2022 年山东省渔业经济总产值 4 413.06 亿元，其中渔业产值 1 729.70 亿元，渔业工业和建筑业产值 1 418.92 亿元，渔业流通和服务业产值 1 264.44 亿元。

山东省共有渔港 238 座，其中一级及以上渔港占渔港总数 10.08%，二级占比 3.8%，三级及以下占比 86.1%。渔政渔港监督管理机构驻港监督的渔港数量有 44 座，驻港率 18%，制定港章的渔港数量有 118 座。

二、渔港数量及分布

山东省渔港分布涉及滨州市、东营市、潍坊市、烟台市、威海市、青岛市、日照市，沿海共有 238 座渔港，其中中心渔港 14 座，一级渔港 10 座，二级渔港 9 座，三级渔港 95 座、其他渔港 110 座。全省各等级渔港占比见图 2-7，全省沿海地级市渔港数量见图 2-8，中心渔港、一级渔港位置分布见图 2-9，全省沿海渔港具体数量见表 2-9，全省沿海渔港分布见表 2-10。

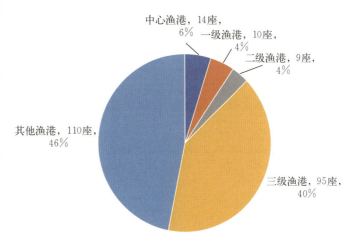

图 2-7 山东省沿海渔港等级占比图

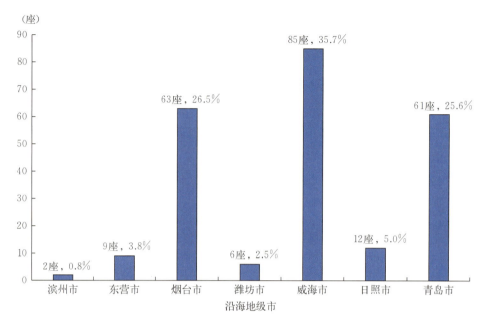

图 2-8 山东省沿海地级市渔港数量

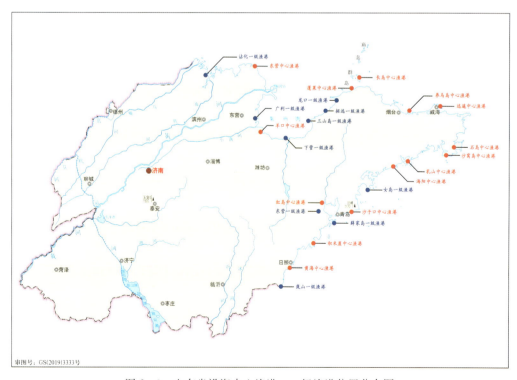

图 2-9 山东省沿海中心渔港、一级渔港位置分布图

表 2-9 山东省沿海渔港数量一览表

地级市	县（区）	中心渔港（座）	一级渔港（座）	二级渔港（座）	三级渔港（座）	其他渔港（座）
滨州市	沾化区		1			
	北海经济开发区			1		
	小计		1	1		
东营市	东营区	1	1			
	垦利区					2
	利津县				1	
	广饶县					3
	河口区					1
	小计	1	1		1	6
烟台市	牟平区	1				
	蓬莱区	1				3
	长岛综合试验区	1		1	17	
	莱州市		1		6	
	招远市		1			
	龙口市		1			
	海阳市	1		3	14	5
	经济技术开发区				3	
	芝罘区				4	
	小计	4	3	4	44	8
潍坊市	寿光市	1			3	
	昌邑市		1			
	滨海区				1	
	小计	1	1		4	
威海市	荣成市	2			31	42
	乳山市	1			2	
	环翠区	1				
	文登区			3		
	南海新区				1	
	火炬高技术产业开发区				1	
	经济技术开发区				1	
	小计	4		3	36	42

（续）

地级市	县（区）	中心渔港 （座）	一级渔港 （座）	二级渔港 （座）	三级渔港 （座）	其他渔港 （座）
日照市	东港区			1		
	经济技术开发区	1				
	岚山区		1		1	3
	山海天旅游度假区				5	
	小计	1	1	1	6	3
青岛市	崂山区	1			3	10
	西海岸新区	1	1		1	20
	胶州市	1	1			
	城阳区					12
	即墨区		1			9
	小计	3	3		4	51
合计		14	10	9	95	110

表 2-10 山东省沿海渔港分布一览表

地级市	县（区）	中心渔港	一级渔港	二级渔港	三级渔港	其他渔港
滨州市 （2座）	沾化区（1座）		沾化渔港			
	北海经济 开发区（1座）			岔尖渔港		
东营市 （9座）	东营区 （2座）	东营渔港	广利渔港			
	垦利区 （2座）					红光渔港、小岛河渔港
	利津县 （1座）				刁口渔港	
	广饶县 （3座）					支脉河渔港、王道渔港、西马楼渔港
	河口区 （1座）					新户渔港
烟台市 （63座）	牟平区 （1座）		养马岛渔港			
	蓬莱区 （4座）		蓬莱渔港			栾家口港渔业港区、湾子口渔港、西山渔港

（续）

地级市	县（区）	中心渔港	一级渔港	二级渔港	三级渔港	其他渔港
烟台市 （63座）	长岛综合试验区 （19座）	长岛渔港		大口塘渔港	乐园渔港、北城渔港、北长山岛渔港、南口渔港、南庄渔港（长岛区）、南隍城渔港、后口渔港、土岛渔港、大濠渔港、小钦岛渔港、山后渔港、岭山渔港、店子渔港、磨石嘴渔港、西口渔港、连城渔港、鹰窝渔港	
	莱州市 （7座）		三山岛渔港		刁龙嘴渔港、土山渔港、朱旺港渔业港区、海北嘴渔港、海庙渔港、虎头崖渔港	
	招远市 （1座）		招远渔港			
	龙口市 （1座）		龙口渔港			
	海阳市 （23座）	海阳中心渔港		凤城渔港、海阳东海渔港、顺鑫渔港	冷家庄渔港、张家庄渔港、横渡渔港、高家庄渔港、丰洪渔港、南岛渔港、南庄渔港、夕阳渔港、富瀚渔港、小滩村渔港、张家庄中渔港、张家庄北渔港、张家庄南渔港、新港渔港	梁家渔港、海头渔港、海顺渔港、环岱庵渔港、辛家渔港

（续）

地级市	县（区）	中心渔港	一级渔港	二级渔港	三级渔港	其他渔港
烟台市 （63座）	经济技术开发区 （3座）				万船口渔港、初旺渔港、芦洋渔港	
	芝罘区 （4座）				东口渔港、东村渔港、海和渔港、烟渔港	
潍坊市 （6座）	寿光市 （4座）	羊口渔港			渤海水产城渔港、顺发渔港、万福渔港	
	昌邑市 （1座）		下营渔港			
	滨海区 （1座）				龙威渔港	
威海市 （85座）	荣成市 （75座）	石岛渔港、沙窝岛渔港			东海渔港、人和渔港、俚岛湾渔港、和兴港渔业港区、大鱼岛渔港、宝马渔港、明东渔港、明鑫渔港、朱家圈渔港、桃园渔港、楮岛渔港、沙口渔港、沙咀渔港、河口渔港、泓运渔港、海成渔港、王家湾渔港、石岛新港渔业港区、荣通渔港、落凤渔港、蒲家泊渔港、蚧叭窝渔港、赤山渔港、鑫弘渔港、镆铘岛渔港、院夼渔港、青鱼滩渔港、马兰湾渔港、马家寨渔港、龙眼港渔业港区、龙须岛渔港	东烟墩南渔港、东霞口渔港、养鱼池渔港、北方水产有限公司渔港、南我岛渔港、后瞳渔港、后神堂口渔港、塘子咀渔港、墩西张家村渔港、大庄许家南渔港、大洋渔港、大连獐子岛荣成分公司渔港、寨前伯口村滩渔港、寻山所村前滩渔港、山西头渔港、峨石山社区渔港、崮山渔港、开发渔港、张家村渔港、德兴养殖渔港、恒旺渔港、北头渔港、海洋渔港、涨蒙渔港、烟墩角养殖渔港、烟墩角渔港、瓦屋石渔港、瓦屋石社区东渔港、瓦屋石社区北渔港、瓦屋石社区大渔港、禾丰渔港、腾达渔港、草岛寨渔港、落凤岗东渔港、陈冯庄村北渔港、青龙嘴渔港、靖海卫村渔港、香山前渔港、高家渔港、鸭子石渔港、龙须水产公司东渔港、龙须水产公司西渔港

（续）

地级市	县（区）	中心渔港	一级渔港	二级渔港	三级渔港	其他渔港
威海市 （85座）	乳山市 （3座）	乳山口渔港			南泓渔港、和尚洞渔港	
	环翠区 （1座）	远遥渔港				
	文登区 （3座）			张家埠渔港、埠口渔港、白云渔港		
	南海新区 （1座）				前岛渔港	
	火炬高技术产业开发区（1座）				小石岛渔港	
	经济技术开发区 （1座）				皂埠渔港	
日照市 （12座）	东港区 （1座）			阜鑫渔港		
	经济技术开发区 （1座）	黄海渔港				
	岚山区 （5座）		岚山渔港		东潘渔港	万泽丰渔港、童海渔港、西潘渔港
	山海天旅游度假区 （5座）				万宝渔港、任家台渔港、大泉沟渔港、张家台渔港、桃花岛渔港	
青岛市 （61座）	崂山区 （14座）	沙子口渔港			南姜渔港、文武渔港、王家麦岛渔港	仰口渔港、会场渔港、后沟渔港、将将湾渔港、小黄山渔港、峰山后渔港、泉岭渔港、长岭渔港、雕龙嘴渔港、黄山渔港
	西海岸新区 （23座）	积米崖港渔业港区	薛家岛渔港		小港渔港	后岔湾渔港、城口子渔港、大湾渔港、山东头渔港、平安渔港、斋堂岛渔港、湖岛渔港、琅琊渔港、甘水湾渔港、竹岔岛渔港、胡家山渔港、董家口渔港、蒲湾渔港、西杨家洼渔港、贡口渔港、连心渔港、陈家贡渔港、顾家岛渔港、鲁海丰渔港、黄岛渔港

（续）

地级市	县（区）	中心渔港	一级渔港	二级渔港	三级渔港	其他渔港
青岛市 （61座）	胶州市 （2座）	红岛渔港	胶州东营 渔港			
	城阳区 （12座）					东大洋东渔港、前海养殖渔港、双埠渔港、宿流东渔港、帅康渔港、永盛养殖渔港、浩阔源渔港、海旺角渔港、润泽渔港、罗家营渔港、西大洋西渔港、金龙渔港
	即墨区 （10座）		女岛渔港			七三渔港、七沟渔港、冯家河渔港、周戈庄渔港、小管岛渔港、栲栳渔港、田横岛渔港、盘龙庄渔港、神汤沟渔港

滨州市：分布有一级渔港1座（沾化渔港）；二级渔港1座（岔尖渔港）。

东营市：分布有大小渔港9座，其中，中心渔港1座（东营渔港）；一级渔港1座（广利渔港）；三级渔港1座（刁口渔港）；其他渔港6座（小岛河渔港等）。

潍坊市：分布有大小渔港6座，其中，中心渔港1座（羊口渔港）；一级渔港1座（下营渔港）；三级渔港4座（万福渔港等）。

烟台市：分布有大小渔港63座，其中，中心渔港4座（养马岛渔港等）；一级渔港3座（三山岛渔港等）；二级渔港4座（凤城渔港等）；三级渔港44座（乐园渔港等）；其他渔港8座（湾子口渔港等）。

威海市：分布有大小渔港85座，其中，中心渔港4座（石岛渔港等）；二级渔港3座（埠口渔港等）；三级渔港36座（东海渔港等）；其他渔港42座（东烟墩南渔港等）。

青岛市：分布有大小渔港61座，其中，中心渔港3座（沙子口渔港等）；一级渔港3座（胶州东营渔港等）；三级渔港4座（南姜渔港等）；其他51座（东大洋东渔港等）。

日照市：分布有大小渔港12座，其中，中心渔港1座（黄海渔港）；一级渔港1座（岚山渔港）；二级渔港1座（阜鑫渔港）；三级渔港6座（万宝渔港等）；其他渔港3座（万泽丰渔港等）。

三、中心、一级、二级渔港基础数据

中心、一级、二级渔港基础数据见表2-11。

表2-11 山东省中心、一级、二级渔港基础数据

序号	渔港名称	渔港所在市	渔港等级	码头长度/m	护岸长度/m	防波堤长度/m	港池水域面积/万 m²	停泊渔船数量/艘
1	沾化渔港	滨州市	一级	478	478	478	14	150
2	岔尖渔港	滨州市	二级	450	400	400	48	640
3	东营渔港	东营市	中心	800	3 000	2 630	233	1 500
4	广利渔港	东营市	一级	997	220	238	68	900
5	沙子口渔港	青岛市	中心	1 430	600	880	40	800
6	积米崖港渔业港区	青岛市	中心	1 416	364	280	21	300
7	红岛渔港	青岛市	中心	410	589	—	36	150
8	胶州东营渔港	青岛市	一级	1 484	1 484	—	22	400
9	薛家岛渔港	青岛市	一级	1 078	—	220	25	300
10	女岛渔港	青岛市	一级	300	900	360	77	50
11	黄海渔港	日照市	中心	1 100	3 252	3 252	84	1 500
12	岚山渔港	日照市	一级	865	700	943	56	560
13	阜鑫渔港	日照市	二级	1 340	1 340	1 072	13	1 000
14	石岛渔港	威海市	中心	1 230	1 230	120	30	2 000
15	远遥渔港	威海市	中心	1 100	448	1 170	53	1 500
16	乳山口渔港	威海市	中心	926	—	—	45	600
17	沙窝岛渔港	威海市	中心	1 849	240	1 782	56	1 000
18	张家埠渔港	威海市	二级	717	500	—	32	200
19	埠口渔港	威海市	二级	447	—	—	19	140
20	白云渔港	威海市	二级	405	100	100	1.5	240
21	羊口渔港	潍坊市	中心	1 337	—	—	29	800
22	下营渔港	潍坊市	一级	827	—	15 000	7	300
23	养马岛渔港	烟台市	中心	1 003	152	110	9	1 200
24	蓬莱渔港	烟台市	中心	780	800	1 000	43	100
25	长岛渔港	烟台市	中心	993	—	310	43	200
26	海阳中心渔港	烟台市	中心	612	89	1 161	84	200
27	三山岛渔港	烟台市	一级	680	1 600	1 600	43	1 005
28	招远渔港	烟台市	一级	880	—	650	—	400
29	龙口渔港	烟台市	一级	1 026	—	650	60	800
30	凤城渔港	烟台市	二级	267	—	—	4	60
31	大口塘渔港	烟台市	二级	1 348	—	500	13	320
32	海阳东海渔港	烟台市	二级	1 343	—	430	10	200
33	顺鑫渔港	烟台市	二级	852	850	790	15	300

第五节　江苏省渔港建设现状

一、总体情况

江苏省海域潮流类型较多，拥有海岸线 954 km，海域面积 3.75 万 km²，绝大部分水域属黄海，南部少量水域属东海；沿岸北部受左旋旋转潮波系统控制，南部主要受东海前进潮波制约，最大潮差达 9.28 m。海洋渔业资源丰富，海区水质良好，饵料丰富，水温、盐度适中，适合海水鱼类的栖息、生长与繁衍，鱼虾贝类品种多达 300 余种，近海有长江口、吕四、大沙、海州湾等国家重点渔场。

2022 年江苏省全年水产品产量 504.86 万 t，其中海洋捕捞 41.23 万 t，海水养殖92.40 万 t。2022 年，江苏省渔业经济总产值 3 823.28 亿元，其中渔业产值 1 856.93 亿元，渔业工业和建筑业产值 639.46 亿元，渔业流通和服务业产值 1 326.89 亿元。

江苏省共有渔港 22 座，其中一级及以上渔港占渔港总数 45.5%，二级渔港占比22.7%，三级及以下渔港占比 31.8%。渔政渔港监督管理机构驻港监督的渔港数量有 18座，驻港率 81.8%，制定港章的渔港数量有 17 座。

二、渔港数量及分布

江苏省渔港分布涉及连云港市、盐城市、南通市、苏州市，共有 22 座渔港，其中中心渔港 6 座，按中心渔港标准建设渔港 1 座，一级渔港 4 座，按一级渔港标准建设渔港 1座，二级渔港 5 座，其他渔港 5 座。全省各等级渔港占比见图 2-10，全省沿海地级市渔港数量见图 2-11，中心渔港、一级渔港位置分布见图 2-12，全省沿海渔港数量见表 2-12，全省沿海渔港分布见表 2-13。

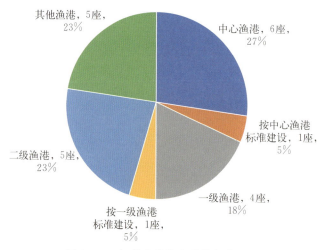

图 2-10　江苏省沿海渔港等级占比图

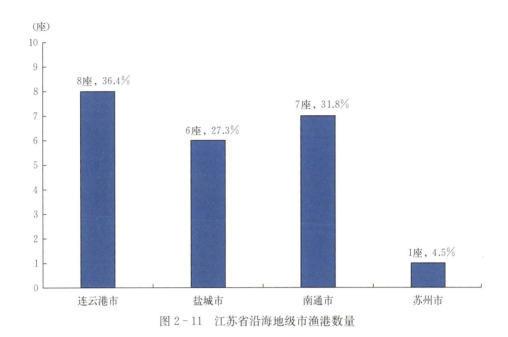

图 2-11 江苏省沿海地级市渔港数量

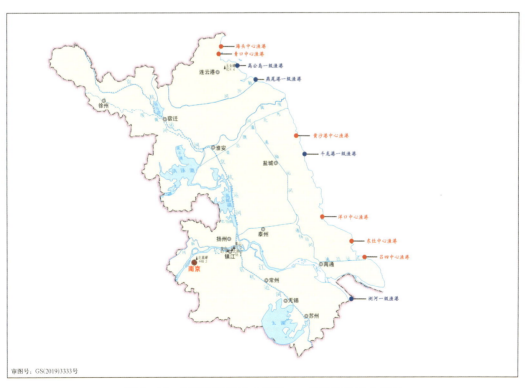

图 2-12 江苏省沿海中心渔港、一级渔港位置分布图

表2-12 江苏省沿海渔港数量一览表

地级市	县（区）	中心渔港（座）	一级渔港（座）	二级渔港（座）	三级渔港（座）	其他渔港（座）	未列入《规划》已建渔港	
							中心渔港（座）	一级渔港（座）
连云港市（8座）	赣榆区	2		3				
	连云区		1				1	
	灌云县		1					
	小计	2	2	3			1	
南通市（7座）	海门市	1						
	启东市	1				2		
	如东县	1						1
	海安市					1		
	小计	3				3		1
苏州市（1座）	太仓市		1					
盐城（6座）	射阳市	1				1		
	大丰区		1					
	响水县			1				
	东台市					1		
	滨海市			1				
	小计	1	1	2		2		
合计		6	4	5		5	1	1

表2-13 江苏省沿海渔港分布一览表

地级市	县（区）	中心渔港	一级渔港	二级渔港	三级渔港	其他渔港	未列入《规划》已建渔港	
							中心渔港	一级渔港
连云港市（8座）	赣榆区（5座）		海头渔港、青口渔港	三洋渔港、柘汪渔港、韩口渔港				
	连云区（2座）			高公岛渔港			连岛渔港	
	灌云县（1座）			燕尾港渔港				

（续）

地级市	县（区）	中心渔港	一级渔港	二级渔港	三级渔港	其他渔港	未列入《规划》已建渔港	
							中心渔港	一级渔港
南通市（7座）	海门市（1座）	东灶渔港						
	启东市（3座）	吕四渔港				协兴港渔港、塘芦港渔港		
	如东县（2座）	洋口渔港						刘埠渔港
	海安市（1座）					老坝港渔港		
苏州市（1座）	太仓市（1座）		浏河渔港					
盐城市（6座）	射阳市（2座）	黄沙港渔港				双洋渔港		
	大丰区（1座）		斗龙港渔港					
	响水县（1座）			陈家港渔港				
	东台市（1座）					弶港渔港		
	滨海市（1座）			翻身河渔港				

连云港市：分布有大小渔港 8 座，其中，中心渔港 2 座（海头渔港等）；按中心渔港建设标准建设渔港 1 座（连岛渔港）；一级渔港 2 座（高公岛渔港等）；二级渔港 3 座（柘汪渔港等）。

盐城市：分布有大小渔港 6 座，其中，中心渔港 1 座（黄沙港渔港）；一级渔港 1 座（斗龙港渔港）；二级渔港 2 座（陈家港渔港等）；其他渔港 2 座（双洋渔港等）。

南通市：分布有大小渔港 7 座，其中，中心渔港 3 座（东灶渔港等）；按一级渔港标准建设渔港 1 座（刘埠渔港）；其他渔港 3 座（协兴港渔港等）。

苏州市：分布有一级渔港 1 座（浏河渔港）。

三、中心、一级、二级渔港基础数据

中心、一级、二级渔港基础数据见表 2-14。

表 2-14 江苏省中心、一级、二级渔港基础数据

序号	渔港名称	渔港所在市	渔港等级	码头长度/m	护岸长度/m	防波堤长度/m	港池水域面积/万 m²	停泊渔船数量/艘
1	海头渔港	连云港市	中心	3 400	2 000	3 400	57	1 000
2	青口渔港	连云港市	中心	960	5 045	6 000	50	1 000
3	连岛渔港	连云港市	按中心渔港标准	64	120	20	2	1 200
4	高公岛渔港	连云港市	一级	139	587	250	32	600
5	燕尾港渔港	连云港市	一级	360	400	400	4.5	126

（续）

序号	渔港名称	渔港所在市	渔港等级	码头长度/m	护岸长度/m	防波堤长度/m	港池水域面积/万 m²	停泊渔船数量/艘
6	三洋渔港	连云港市	二级	1 500	—	—	16	80
7	柘汪渔港	连云港市	二级	80	1 257	405	16	100
8	韩口渔港	连云港市	二级	3 800	3 000	18 474	10	300
9	洋口渔港	南通市	中心	1 280	3 503	—	114	800
10	东灶渔港	南通市	中心	422	280	200	12	150
11	吕四渔港	南通市	中心	630	150	80	2	150
12	刘埠渔港	南通市	按一级渔港标准	981	3 056	—	63	700
13	浏河渔港	苏州市	一级	300	250	—	19	50
14	黄沙港渔港	盐城市	中心	905	900	550	47	1 200
15	斗龙港渔港	盐城市	一级	750	1 050	—	—	150
16	陈家港渔港	盐城市	二级	200	400	400	2	60
17	翻身河渔港	盐城市	二级	1 958	1 353	—	37	600

第六节　上海市渔港建设现状

一、总体情况

上海市位于我国华东地区，地处太平洋西岸，亚洲大陆东沿，中国南北海岸中心点，长江和黄浦江入海汇合处。北接长江，东濒东海，南临杭州湾，西接江苏省和浙江省，是长江三角洲冲积平原的一部分。上海市大陆和有居民海岛岸线长 572 km，共有大小海岛 26 个，其中有居民海岛 3 个，海域面积 1.06 万 km²。

2022 年上海市全年水产品产量 25.466 万 t，其中海洋捕捞 1.004 万 t。2022 年上海市渔业经济总产值 56.08 亿元，其中渔业产值 51.209 亿元，渔业工业和建筑业产值 2.742 亿元，渔业流通和服务业产值 2.129 亿元。上海市目前有一级渔港 1 座。

二、渔港数量及分布

上海市沿海有一级渔港 1 座（横沙渔港）。

三、中心、一级、二级渔港基础数据

中心、一级、二级渔港基础数据见表 2-15。

表 2-15　上海市渔港基础数据

渔港名称	渔港所在市	渔港等级	码头长度/m	护岸长度/m	防波堤长度/m	港池水域面积/万 m²	停泊渔船数量/艘
横沙渔港	崇明区	一级	665	800	800	30	200

第七节　浙江省渔港建设现状

一、总体情况

浙江省位于我国东南沿海、长江三角洲南翼，东临东海，南接福建，西与安徽、江西相连，北与上海、江苏接壤。浙江海域面积 26 万 km^2，面积大于 500 m^2 的海岛有 3 061 个，是全国岛屿最多的省（自治区、直辖市），其中面积 495.4 km^2 的舟山岛（舟山群岛主岛）为我国第四大岛。海岸线总长 6 600 km，居全国首位。

浙江是我国海洋捕捞业最发达的省（自治区、直辖市）之一，在海洋捕捞产值及产量规模方面，浙江已连续多年稳居全国首位。2022 年，浙江省水产品总产量 621.72 万 t，其中海洋捕捞水产品总产量为 257.24 万 t，占全国水产海洋捕捞总产量的 27.1%。2022 年，浙江省渔业经济总产值 2 426.35 亿元，其中渔业产值 1 261.18 亿元，渔业工业和建筑业产值 543.42 亿元，渔业流通和服务业产值 621.75 亿元。

浙江省沿海现有渔港 204 座渔港，其中，一级及以上渔港占渔港总数 12.7%，二级渔港占比 17.2%，三级及以下渔港占比 70.1%。渔政渔港监督管理机构驻港监督的渔港数量有 48 座，驻港率 23.5%，制定港章的渔港数量有 26 座。

二、渔港数量及分布

浙江省渔港分布涉及宁波市、舟山市、台州市、温州市、绍兴市，沿海共有 204 座渔港，其中中心渔港 11 座，一级渔港 15 座，二级渔港 35 座，三级渔港 48 座，其他渔港 95 座。全省各等级渔港占比见图 2-13，全省沿海地级市渔港数量见图 2-14，中心渔港、一级渔港位置分布见图 2-15，全省沿海渔港数量见表 2-16，全省沿海渔港分布见表 2-17。

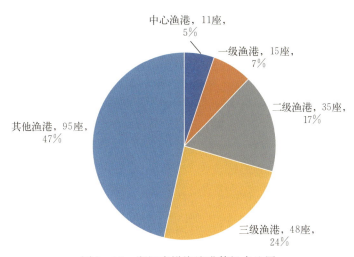

图 2-13　浙江省沿海渔港等级占比图

43

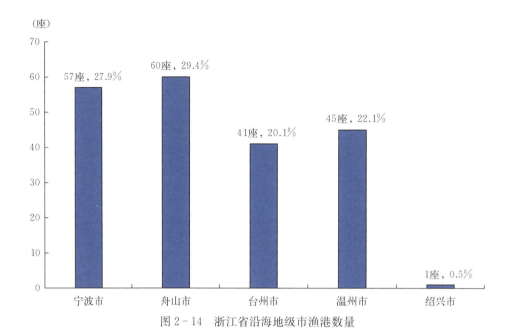

图 2-14 浙江省沿海地级市渔港数量

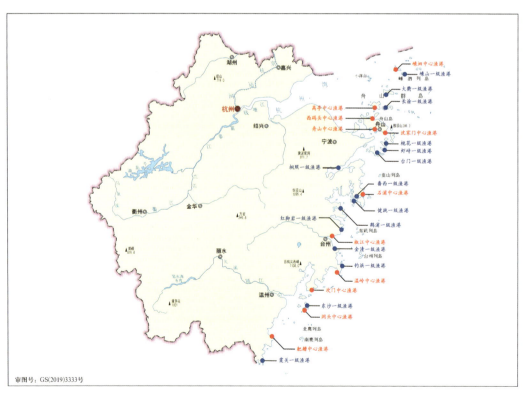

图 2-15 浙江省中心渔港、一级渔港位置分布图

表 2－16　浙江省沿海渔港数量一览表

地级市	县（区）	中心渔港（座）	一级渔港（座）	二级渔港（座）	三级渔港（座）	其他渔港（座）
宁波市	象山县	1	2	4	3	17
	奉化区		1	1	1	6
	宁海县			2	8	9
	余姚市				1	
	鄞州区				1	
	小计	1	3	7	14	32
舟山市	定海区	1		2	5	1
	普陀区	2	3	4	5	8
	岱山县	1	2	1	3	5
	嵊泗县	1	1	4	4	7
	小计	5	6	11	17	21
台州市	椒江区	1		1		
	路桥区		1		1	
	临海市		1	1		3
	温岭市	1	1	3	1	2
	玉环市	1		4	4	10
	三门县		1		1	3
	小计	3	4	9	7	18
温州市	龙湾区				2	
	鹿城区					1
	洞头区	1	1	1	2	9
	瑞安市			2	1	5
	乐清市				2	5
	龙港市	1				
	苍南县		1	3	2	2
	平阳县			2	1	
	永嘉县					1
	小计	2	2	8	10	23
绍兴市	上虞区					1
合计		11	15	35	48	95

表 2－17　浙江省沿海渔港分布表

地级市	县（区）	中心渔港	一级渔港	二级渔港	三级渔港	其他渔港
宁波市 （57座）	象山县 （27座）	石浦渔港	番西渔港、鹤浦渔港	石浦港东门渔业港区、石浦金星晓湾渔港、高塘林门渔港、高塘金高椅渔港	大坦渔港、毛湾渔港、爵溪渔港	东旦渔港、杨柳坑渔港、西洋塘渔港、金七门渔港、龙洞门渔港、后龙头渔港、对面山渔港、崇塊渔港、文山村渔港、新桥盐场塔嘴头渔港、泗洲头村渔港、洋北渔港、王家兰捕造湾渔港、英山村渔港、西周抗美塘渔港、马滩渔港、鹤湾渔港
	奉化区 （9座）		桐照渔港	栖凤渔港	洪溪渔港	大埠村渔港、应家棚临时码头、杨村渔港、松岙渔港、湖头渡渔港、马头村渔港
	宁海县 （19座）		国庆渔港、峡山渔港	伍山渔港、前横埠头渔港、双山渔港、圆山渔港、宏伟渔港、旗门渔港、胡陈港渔港、薛岙渔港	峙后埠头渔港、崔家渔港、强山头渔港、毛屿港渔港、潘家岙渔港、牛台渔港、白岐渔港、铁江渔港、青山港渔港
	余姚市 （1座）				陶家路渔港	
	鄞州区 （1座）				横山渔港	
舟山市 （60座）	定海区 （9座）	西码头中心渔港		沥港渔港、长白渔港	册子渔港、岑港渔港、岙山渔港、毛峙渔港、螺头渔港	定海渔业港区
	普陀区 （22座）	沈家门中心渔港、舟山中心渔港	台门渔港、桃花渔港、虾峙渔港	东极渔港、月岙渔港、樟州渔港、螺门渔港	佛渡渔港、小湖渔港、白沙渔港、蚂蚁渔港、黄石渔港	乌沙门渔港、塘头渔港、沙岙渔港、河泥漕渔港、湖泥渔港、登步渔港、舟山海洋渔业公司基地、兴业公司停泊基地

（续）

地级市	县（区）	中心渔港	一级渔港	二级渔港	三级渔港	其他渔港
舟山市（60座）	岱山县（12座）	高亭中心渔港	大衢渔港、长涂渔港	万良渔港	南峰渔港、新道头渔港、涨网套渔港	后背岙渔港、石子门渔港、西丰渔港、龙潭渔港、双合渔港
	嵊泗县（17座）	嵊泗中心渔港	嵊山渔港	五龙渔港、洋山大岙渔港、花鸟大岙渔港、黄龙渔港	壁下渔港、枸杞渔港、滩浒渔港、绿华渔港	五龙会城渔港、南港渔港、后头湾渔港、大岙渔港、大水坑渔港、洋山镇钥匙渔港、金平渔港
台州市（41座）	椒江区（2座）	椒江中心渔港		大陈渔港		
	路桥区（2座）		金清渔港		路桥区海滨港区	
	临海市（5座）		红脚岩渔港	东矶渔港		田岙渔港、达岛渔港、雀儿岙渔港
	温岭市（8座）	温岭中心渔港	钓浜渔港	礁山渔港、龙门渔港、观岙渔港	车关渔港	东海塘渔港、三蒜渔港
	玉环市（19座）	坎门中心渔港		大麦屿渔业港区、栈台渔港、灵门渔港、鸡山渔港	披山渔港、新洋渔港、白马岙渔港、鲜迭渔港	漩门渔港、大青渔港、乌岩渔港、环礁渔港、火车渔港、龙湾渔港、长山嘴渔港、茅埏渔港、横床渔港、日岙渔港
	三门县（5座）		健跳渔港		洞港渔港	海游渔港、牛头门渔港、赤头渔港
温州市（45座）	龙湾区（2座）				蓝田渔港、灵昆渔港	
	鹿城区（1座）					七都渔港
	洞头区（14座）	洞头中心渔港	东沙渔港	鹿西渔港	三盘渔港、美岙渔港	元觉状元岙渔港、元觉花岗渔港、南策西岙渔业港区、口筐渔港、大巨南岙渔业港区、大背岙渔港、柴岙渔港、浪谭观音礁渔港、鹿西东白渔港

47

（续）

地级市	县（区）	中心渔港	一级渔港	二级渔港	三级渔港	其他渔港
温州市 （45座）	瑞安市 （8座）			东山埠渔港、 北麂渔港	北龙渔港	塘头渔港、铜盘渔 港、周苌渔港、泮岙渔 港、碧山渔港
	乐清市 （7座）				蒲岐渔港、杏 湾渔港	清江渔港、百岱渔 港、雁荡渔港、天成渔 港、南塘渔业港区
	龙港市 （1座）	舥艚中心 渔港				
	苍南县 （8座）		霞关渔港	石砰渔港、信 智渔港、炎亭 渔港	中墩渔港、大 渔渔港	渔寮渔港、龙港渔业 港区
	平阳县 （3座）			下厂渔港、南 麂渔港	西湾渔港	
	永嘉县 （1座）					上塘镇石介下渔港
绍兴市 （1座）	上虞区 （1座）					虞北渔港

宁波市：分布有大小渔港57座，其中，中心渔港1座（石浦渔港）；一级渔港3座（桐照渔港等）；二级渔港7座（栖凤渔港等）；三级渔港14座（陶家路渔港等）；其他渔港32座（大埠村渔港等）。

舟山市：分布有大小渔港60座，其中，中心渔港5座（西码头中心渔港等）；一级渔港6座（大衢渔港等）；二级渔港11座（沥港渔港等）；三级渔港17座（册子渔港等）；其他渔港21座（后背岙渔港等）。

台州市：分布有大小渔港41座，其中，中心渔港3座（椒江中心渔港等）；一级渔港4座（健跳渔港等）；二级渔港9座（鸡山渔港等）；三级渔港7座（洞港渔港等）；其他渔港18座（海游渔港等）。

温州市：分布有大小渔港45座，其中，中心渔港2座（洞头中心渔港等）；一级渔港2座（东沙渔港等）；二级渔港8座（北麂渔港等）；三级渔港10座（三盘渔港等）；其他渔港23座（大背岙渔港等）。

绍兴市：分布有其他渔港1座（虞北渔港）。

三、中心、一级、二级渔港基础数据

中心、一级、二级渔港基础数据见表2-18。

表2-18 浙江省中心、一级、二级渔港基础数据

序号	渔港名称	渔港所在市	渔港等级	码头长度/m	护岸长度/m	防波堤长度/m	港池水域面积/万 m²	停泊渔船数量/艘
1	石浦渔港	宁波市	中心	4 686	5 105	—	2 700	2 500
2	桐照渔港	宁波市	一级	902	1 460	—	4	600
3	番西渔港	宁波市	一级	2 545	—	—	300	1 000
4	鹤浦渔港	宁波市	一级	1 090	1 910	—	—	650
5	栖凤渔港	宁波市	二级	468	100	—	0.5	300
6	国庆渔港	宁波市	二级	250	200	100	3	125
7	峡山渔港	宁波市	二级	150	200	200	3	285
8	石浦港东门渔业港区	宁波市	二级	84	360	360	200	1 000
9	石浦金星晓湾渔港	宁波市	二级	762	—	—	—	500
10	高塘林门港渔港	宁波市	二级	72	200	585	30	200
11	高塘金高椅渔港	宁波市	二级	218	248	—	14	250
12	椒江中心渔港	台州市	中心	698	280	783	100	1 000
13	温岭中心渔港	台州市	中心	3 180	10 700	3 424	850	2 100
14	坎门中心渔港	台州市	中心	633	847	1 560	530	3 000
15	钓浜渔港	台州市	一级	550	1 800	550	100	600
16	健跳渔港	台州市	一级	400	3 480	—	375	800
17	红脚岩渔港	台州市	一级	568	380	806	370	500
18	金清渔港	台州市	一级	505	3 230	—	293	1 628
19	鸡山渔港	台州市	二级	500	4 000	1 560	120	600
20	东矶渔港	台州市	二级	—	—	—	16	200
21	大陈渔港	台州市	二级	100	300	180	57	120
22	礁山渔港	台州市	二级	550	450	—	712	700
23	龙门渔港	台州市	二级	600	—	—	49	—
24	观岙渔港	台州市	二级	250	1 200	—	24	200
25	大麦屿渔业港区	台州市	二级	309	312	500	10	200
26	栈台渔港	台州市	二级	500	1 000	500	17	—
27	灵门渔港	台州市	二级	500	1 470	—	10	200
28	洞头中心渔港	温州市	中心	940	10 205	1 200	19	600
29	舥艚中心渔港	温州市	中心	710	129	—	95	600
30	东沙渔港	温州市	一级	30	2 050	350	—	600
31	霞关渔港	温州市	一级	300	1 300	1 100	—	300
32	北麂渔港	温州市	二级	1 000	1 864	698	18	200
33	炎亭渔港	温州市	二级	40	1 158	360	1.5	500
34	下厂渔港	温州市	二级	525	—	6	26	80
35	南麂渔港	温州市	二级	564	1 737	4	98	20
36	鹿西渔港	温州市	二级	50	1 300	1 235	—	720

（续）

序号	渔港名称	渔港所在市	渔港等级	码头长度/m	护岸长度/m	防波堤长度/m	港池水域面积/万 m²	停泊渔船数量/艘
37	东山埠渔港	温州市	二级	800	—	—	—	—
38	信智渔港	温州市	二级	90	770	—	60	150
39	石砰渔港	温州市	二级	76	2 000	380	—	207
40	西码头中心渔港	舟山市	中心	1 700	3 180	1 800	350	1 300
41	高亭中心渔港	舟山市	中心	1 000	3 000	500	1 000	600
42	沈家门中心渔港	舟山市	中心	6 200	7 500	—	6 213	8 000
43	舟山中心渔港	舟山市	中心	673	1 900	—	225	1 420
44	嵊泗中心渔港	舟山市	中心	2 120	4 960	5 075	615	2 500
45	大衢渔港	舟山市	一级	1 073	990	2 100	110	750
46	长涂渔港	舟山市	一级	600	2 500	—	120	600
47	嵊山渔港	舟山市	一级	400	1 300	630	11	500
48	台门渔港	舟山市	一级	230	1 700	1 700	379	500
49	桃花渔港	舟山市	一级	1 500	1 900	—	11	505
50	虾峙渔港	舟山市	一级	750	1 200	246	360	1 000
51	沥港渔港	舟山市	二级	450	2 600	4 620	315	300
52	长白渔港	舟山市	二级	135	2 500	0	22	350
53	万良渔港	舟山市	二级	290	1 300	110	50	100
54	五龙渔港	舟山市	二级	100	100	100	1.5	60
55	洋山大岙渔港	舟山市	二级	200	1 700	1 850	96	500
56	花鸟大岙渔港	舟山市	二级	140	240	170	1	200
57	黄龙渔港	舟山市	二级	100	150	280	3.3	200
58	东极渔港	舟山市	二级	1 000	1 910	—	38	200
59	月岙渔港	舟山市	二级	1 000	1 000	—	65	200
60	樟州渔港	舟山市	二级	1 000	2 000	—	35	300
61	螺门渔港	舟山市	二级	500	1 900	—	350	—

第八节　福建省渔港建设现状

一、总体情况

福建省地处我国东南沿海，东北与浙江省毗邻，西北与江西省接界，西南与广东省相连，东南隔台湾海峡与台湾省相望，全省海域面积 13.6 万 km²。海岸线长 3 752 km，居于全国第二。海区鱼类资源丰富，鱼类达 752 种，其中经济鱼虾类有 100 多种，主要捕捞对象是带鱼、大黄鱼、金色小沙丁鱼、脂眼鲱、马面鲀、马鲛鱼、鳗鱼、乌贼、鱿鱼、梭子蟹、毛虾等。此外福建滩涂面积约有 280 万亩*。

---

* 亩为非法定计量单位，1 亩＝1/15 hm²，下同。——编者注

2022 年，福建省全年水产品产量 861.394 万 t，其中海洋捕捞 153.12 万 t，海水养殖 547.789 万 t。2022 年福建省渔业经济总产值 35 394.26 亿元，其中渔业产值 17 407.483 亿元，渔业工业和建筑业产值 13 260.817 亿元，渔业流通和服务业产值 4 725.96 亿元。

福建省沿海现有渔港 273 座，其中，一级及以上渔港占渔港总数的 8.06%，二级渔港占比 24.91%，三级及以下渔港占比 67.03%。福建省现已基本建成以中心、一级渔港为主体，二、三级渔港和避风锚地为支撑的渔业防灾减灾体系，全省渔船就近避风率可达 67% 以上，已解决了约 6 000 艘渔船就近避风问题。渔政渔港监督管理机构驻港监督的渔港数量有 23 座，驻港率 8.42%，制定港章的渔港数量有 7 座。

二、渔港数量及分布

福建省渔港分布涉及宁德市、福州市、平潭综合试验区、莆田市、泉州市、厦门市、漳州市，沿海共有 273 座渔港，其中中心渔港 9 座，按照中心渔港标准建设渔港 1 座，一级渔港 13 座，按照一级渔港标准建设渔港 2 座，二级渔港 68 座，三级渔港 170 座，其他渔港 10 座。全省各等级渔港占比见图 2-16，全省沿海地级市与试验区渔港数量见图 2-17，中心渔港、一级渔港位置分布见图 2-18，全省沿海渔港数量见表 2-19，全省沿海渔港分布见表 2-20。

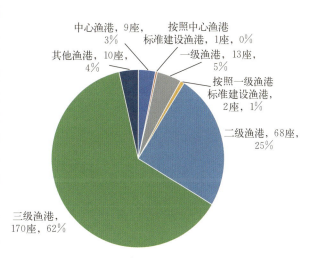

图 2-16 福建省沿海渔港等级占比图

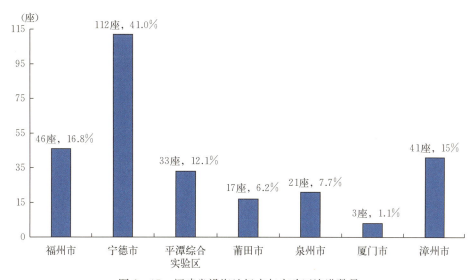

图 2-17 福建省沿海地级市与实验区渔港数量

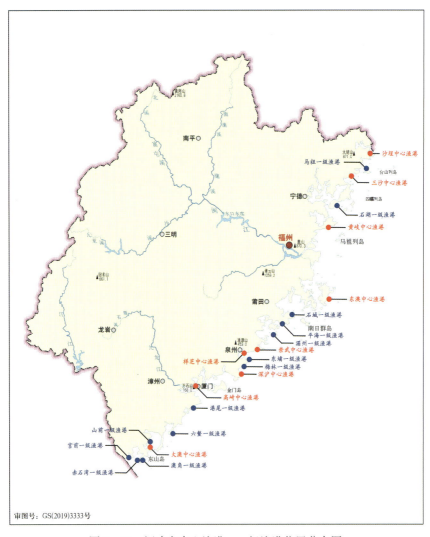

图 2-18　福建省中心渔港、一级渔港位置分布图

表 2-19　福建省沿海渔港分布表

地级市	县（区）	中心渔港（座）	一级渔港（座）	二级渔港（座）	三级渔港（座）	其他渔港（座）	未列入《规划》已建渔港	
							中心渔港（座）	一级渔港（座）
福州市（46座）	连江县	1		8	16		1	
	福清市			2	8			
	长乐区			4	4			
	罗源县				2			
	小计	1		14	30		1	

（续）

地级市	县（区）	中心渔港（座）	一级渔港（座）	二级渔港（座）	三级渔港（座）	其他渔港（座）	未列入《规划》已建渔港	
							中心渔港（座）	一级渔港（座）
宁德市（112座）	福鼎市	1	1	8	29			
	霞浦县	1	1	14	21	1		1
	福安市			1	10			
	蕉城区			6	11	6		
	小计	2	2	29	71	7		1
平潭综合实验区（33座）		1		8	24			
莆田市（17座）	秀屿区		3	3	10			
	仙游县			1				
	小计		3	4	10			
泉州市（21座）	惠安县	1		2	3			
	晋江市	1			2			
	石狮市	1	2	2	2			
	泉港区							1
	丰泽区			1				
	台商投资区			1				
	南安市				1	1		
	小计	3	2	6	8	1		1
厦门市（3座）		1			2			
漳州市（41座）	东山县	1	2	3	3			
	云霄县		1	2				
	龙海区		1		2			
	漳浦县		1	1	14			
	诏安县		1	1	8			
	小计	1	6	7	27			
合计（273座）		9	13	68	170	10	1	2

表 2 - 20 福建省沿海渔港分布一栏表

地级市	县（区）	中心渔港	一级渔港	二级渔港	三级渔港	其他渔港	未列入《规划》已建渔港	
							中心渔港	一级渔港
福州市（46座）	连江县（26座）	黄岐中心渔港		东岱渔港、北茭渔港、后港渔港、奇达渔港、屿仔尾渔港、晓澳渔港、琯头渔港、茭南渔港	上塘渔港、下屿渔港、东洛渔港、初芦渔港、前屿渔港、同心渔港、大埕渔港、大建渔港、安海渔港、官坞渔港、屿头渔港、岗屿渔港、江湾渔港、沙澳渔港、百胜渔港、赤才后仑渔港		苔菉中心渔港	
	福清市（10座）			东瀚海亮渔港、泽湖渔港	三山嘉儒渔港、东瀚后营渔港、东瀚小山东渔港、城头吉钓渔港、沙埔东陈渔港、沙埔牛峰渔港、龙田东壁岛渔港、龙田海滨渔港			
	长乐区（8座）			松下长屿渔港、梅花渔港、漳港三营澳渔港、潭头渔港	大祉渔港、百户渔港、石壁渔港、阜山渔港			
	罗源县（2座）				井水渔港、吉壁渔港			
宁德市（112座）	福鼎市（39座）	沙埕中心渔港	马祖渔港	佳阳安仁渔港、太姥山曲鼻渔港、沙埕南镇渔港、沙埕大白鹭渔港、沙埕小白鹭渔港、沙埕川石渔港、沙埕港内湾避风锚地、秦屿渔港	佳阳大岗脚渔港、前岐双屿渔港、太姥山下浪头渔港、太姥山蒙湾渔港、嵛山东星渔港、嵛山东角渔港、嵛山中灶渔港、嵛山芦竹渔港、嵛山鱼鸟渔港、店下元当渔港、店下石牌渔港、沙埕交椅坪渔港、沙埕后岐渔港、沙埕后港渔港、沙埕岙腰渔港、沙埕敏灶渔港、沙埕水岙渔港、沙埕流江渔港、沙埕王谷渔港、沙埕黄岐渔港、点头江美渔港、点头龙田渔港、白琳旺兴头渔港、白琳沿州渔港、白琳白岩渔港、硖门青屿头渔港、硖门鱼井渔港、龙安江南渔港、龙安西岙渔港			

（续）

地级市	县（区）	中心渔港	一级渔港	二级渔港	三级渔港	其他渔港	未列入《规划》已建渔港 中心渔港	一级渔港
宁德市（112座）	霞浦县（39座）	三沙中心渔港	下浒石湖渔港	三沙小皓渔港、三沙青官兰渔港、下浒延亭渔港、仙东渔港、北壁上岐渔港、北壁下岐渔港、北壁池澳渔港、长春亭下溪渔港、松港松山渔港、沙江沙塘渔港、烽火渔港、长春大京渔港、长春斗米渔港、长春渔家地渔港	三沙北澳渔港、三沙花竹渔港、三沙虞公亭渔港、下浒三洲渔港、下浒前洋渔港、下浒大安渔港、下浒居安渔港、下浒留金渔港、下浒赤壁渔港、沙江围江渔港、沙江竹江渔港、溪南镇南坂渔港、牙城凤门渔港、牙城凤阳渔港、牙城斗门渔港、盐田水升渔港、长春下洋城渔港、长春加竹渔港、长春武岐渔港、长春洪江渔港、长春赤沙渔港	盐田浒屿澳避风锚地		西洋渔港
	福安市（11座）			溪尾鲜艳沃渔港	下白石北斗都渔港、湾坞乡半屿渔港、湾坞马头渔港、溪尾溪邳渔港、斗门头渔港、渔岐渔港、湾坞乡徐江渔港、溪柄镇下邑渔港、甘棠镇甘江渔港、福渔渔港			
	蕉城区（23座）			三都介溪渔港、三都南澳渔港、三都虾荡尾渔港、三都青澳渔港、八都云淡渔港、漳湾鳌江渔港	七都桥头渔港、七都河乾吉屿渔港、三都七星渔港、三都仙竹渔港、三都坪岗渔港、三都孟澳渔港、三都寒坨渔港、八都下汐渔港、八都金锤渔港、八都镇红门里渔港、漳湾下塘渔港	三都渔潭渔港、南门坞渔港、海星渔港、西陂塘渔港、漳湾渔港、漳湾横屿渔港		

（续）

地级市	县（区）	中心渔港	一级渔港	二级渔港	三级渔港	其他渔港	未列入《规划》已建渔港	
							中心渔港	一级渔港
平潭综合实验区（33座）	平潭综合实验区（33座）	澳前东澳中心渔港		屿头田下渔港、澳前前进渔港、敖东下湖澳渔港、敖东钱便澳渔港、流水东美渔港、澳前官姜渔港、白青青峰渔港、苏澳看澳渔港	南海北楼渔港、南海江尾渔港、南海莲澳渔港、大练围东渔港、大练舍仁宫渔港、屿头东京渔港、屿头东贵渔港、屿头乐屿渔港、屿头后党渔港、屿头屿南渔港、白青南盘渔港、敖东华东渔港、流水下厝场渔港、流水北港渔港、流水后田渔港、流水山边西楼渔港、流水渔屿渔港、流水潭水渔港、流水砂尾渔港、澳前紫兰渔港、白青丰田渔港、白青岱峰渔港、白青玉堂渔港、苏澳先进渔港			
莆田市（17座）	秀屿区（16座）		平海渔港、湄州岛渔港、石城渔港	上林渔港、湄洲岛宫下渔港、黄瓜渔港	秀屿东岱渔港、秀屿后丘渔港、万峰渔港、东甲渔港码头、小日渔港、淇沪渔港、罗盘渔港、美兰港码头、赤歧渔港、鳌屿渔港			
	仙游县（1座）			枫亭镇辉煌渔港				
泉州市（21座）	惠安县（6座）	崇武中心渔港		前内渔港、杜厝渔港	东下坑渔港、前坡渔港、港漧渔港			
	晋江市（3座）	深沪中心渔港			围头渔港、英林湖尾渔港			
	石狮市（7座）	祥芝中心渔港	东埔渔港、梅林渔港	东店渔港、伍堡渔港	永宁沙堤渔港、蚶江石湖渔港			
	泉港区（1座）							诚峰渔港
	丰泽区（1座）			丰泽蟳埔渔港				
	台商投资区（1座）			台投浮山渔港				
	南安市（2座）				石井营前渔港	石井渔港		

56

（续）

地级市	县（区）	中心渔港	一级渔港	二级渔港	三级渔港	其他渔港	未列入《规划》已建渔港	
							中心渔港	一级渔港
厦门市（3座）	厦门市（3座）	高崎渔港				欧厝渔港、琼头渔港		
漳州市（41座）	东山县（9座）	大澳中心渔港	宫前渔港、澳角渔港	冬古渔港、前楼下西坑渔港、岐下渔港	古港渔港、大产渔港、顶上渔港			
	云霄县（3座）		山前渔港	列屿人家村渔港、陈岱礁美渔港				
	龙海区（3座）		港尾渔港		圆仔头渔港、海平渔港			
	漳浦县（16座）		六鳌渔港	前湖渔港	佛昙后社渔港、佛昙岱嵩渔港、六鳌山门渔港、前亭崎沙渔港、古雷杏仔渔港、整美渔港、旧镇白沙渔港、旧镇竹屿渔港兼避风锚地、沙西下寨渔港、沙西下崎渔港、沙西土楼渔港、沙西白衣渔港、霞美刘坂渔港、霞美白石渔港			
	诏安县（10座）		赤石湾渔港	田厝渔港	大梧渔港、寮雅渔港、峰岐渔港、林头渔港、梅岭下河渔港、港口渔港、西张渔港、邱城渔港			

　　宁德市：分布有大小渔港112座，其中，中心渔港2座（沙埕中心渔港等）；一级渔港2座（马祖渔港等）；按照一级渔港标准建设渔港1座（西洋渔港）；二级渔港29座（溪尾鲜艳沃渔港等）；三级渔港71座（下白石北斗都渔港等）；其他渔港7座（三都渔潭渔港等）。

　　福州市：分布有大小渔港46座，其中，中心渔港1座（黄岐渔港），按照中心渔港标准建设渔港1座（苔菉中心渔港）；二级渔港14座（东瀚海亮渔港等）；三级渔港30座

（三山嘉儒渔港等）。

平潭综合试验区：分布有大小渔港 33 座，其中，中心渔港 1 座（澳前东澳中心渔港）；二级渔港 8 座（屿头田下渔港等）；三级渔港 24 座（南海北楼渔港等）。

莆田市：分布有大小渔港 17 座，其中，一级渔港 3 座（平海渔港等）；二级渔港 4 座（上林渔港等）；三级渔港 10 座（秀屿东岱渔港等）。

泉州市：分布有大小渔港 21 座，其中，中心渔港 3 座（崇武中心渔港等）；一级渔港 2 座（东埔渔港等），按照一级渔港标准建设渔港 1 座（诚峰渔港）；二级渔港 6 座（丰泽蟳埔渔港等）；三级渔港 8 座（石井营前渔港等）；其他渔港 1 座（石井渔港）。

厦门市：分布有大小渔港 3 座，其中，中心渔港 1 座（高崎渔港）；其他渔港 2 座（欧厝渔港等）。

漳州市：分布有大小渔港 41 座，其中，中心渔港 1 座（大澳中心渔港）；一级渔港 6 座（宫前渔港等）；二级渔港 7 座（冬古渔港等）；三级渔港 27 座（古港渔港等）。

三、中心、一级、二级渔港基础数据

中心、一级、二级渔港基础数据见表 2-21。

表 2-21　福建省中心、一级、二级渔港基础数据

序号	渔港名称	渔港所在市	渔港等级	码头长度/m	护岸长度/m	防波堤长度/m	港池水域面积/万 m²	停泊渔船数量/艘
1	苔菉中心渔港	福州市	按中心渔港标准	386	—	1 375	57.8	1 000
2	黄岐中心渔港	福州市	中心	762	1 245	600	62	800
3	东瀚海亮渔港	福州市	二级	68	157	150	2.9	150
4	泽湖渔港	福州市	二级	309	175	1 040	29	200
5	东岱渔港	福州市	二级	60	125	—	—	226
6	北茭渔港	福州市	二级	185	—	—	—	210
7	后港渔港	福州市	二级	50	—	—	—	310
8	奇达渔港	福州市	二级	40	—	211	3.4	250
9	屿仔尾渔港	福州市	二级	126	442	—	—	—
10	晓澳渔港	福州市	二级	—	—	—	7	—
11	琯头渔港	福州市	二级	—	—	—	—	—
12	茭南渔港	福州市	二级	33	57	50	—	—
13	松下长屿渔港	福州市	二级	145	70	11	5.9	50
14	梅花渔港	福州市	二级	160	1 287	490	—	—
15	漳港三营澳渔港	福州市	二级	448	—	514	7.4	150
16	潭头渔港	福州市	二级	200	460	270	3.5	120
17	沙埕中心渔港	宁德市	中心	1 920	—	—	9.8	500
18	三沙中心渔港	宁德市	中心	260	49	644	14.8	600

（续）

序号	渔港名称	渔港所在市	渔港等级	码头长度/m	护岸长度/m	防波堤长度/m	港池水域面积/万 m²	停泊渔船数量/艘
19	妈祖渔港	宁德市	一级	100	100	50	63	600
20	下浒石湖渔港	宁德市	一级	184	498	1 037	31	1 000
21	西洋渔港	宁德市	按一级渔港标准	696	358	1 153	36	600
22	溪尾鲜艳沃渔港	宁德市	二级	140	230	—	—	—
23	佳阳安仁渔港	宁德市	二级	60	—	—	—	200
24	太姥山曲鼻渔港	宁德市	二级	50	—	—	—	200
25	沙埕南镇渔港	宁德市	二级	50	—	—	—	300
26	沙埕大白鹭渔港	宁德市	二级	100	100	50	—	—
27	沙埕小白鹭渔港	宁德市	二级	100	100	50	—	—
28	沙埕川石渔港	宁德市	二级	100	100	50	—	—
29	沙埕港内湾避风锚地	宁德市	二级	100	100	50	—	—
30	秦屿渔港	宁德市	二级	100	100	50	—	—
31	三都介溪渔港	宁德市	二级	31	—	284	1.2	200
32	三都南澳渔港	宁德市	二级	55	—	175	3	200
33	三都虾荡尾渔港	宁德市	二级	30	—	140	4.2	200
34	三都青澳渔港	宁德市	二级	30	—	—	3.9	200
35	八都云淡渔港	宁德市	二级	—	612	—	—	50
36	漳湾鳌江渔港	宁德市	二级	100	—	210	2.2	200
37	三沙小皓渔港	宁德市	二级	100	623	—	—	—
38	三沙青官兰渔港	宁德市	二级	247	—	—	5.5	200
39	下浒延亭渔港	宁德市	二级	—	100	200	—	—
40	仙东渔港	宁德市	二级	208	—	—	2.2	800
41	北壁上岐渔港	宁德市	二级	60	202	—	0.2	—
42	北壁下岐渔港	宁德市	二级	100	200	—	—	—
43	北壁池澳渔港	宁德市	二级	100	200	—	—	—
44	长春亭下溪渔港	宁德市	二级	60	—	—	—	—
45	松港松山渔港	宁德市	二级	300	—	—	4.6	—
46	沙江沙塘湾渔港	宁德市	二级	121	—	310	13.7	—
47	烽火渔港	宁德市	二级	35	1 889	220	31.2	—
48	长春大京渔港	宁德市	二级	65	132	—	—	—
49	长春斗米渔港	宁德市	二级	30	—	145	1.2	300
50	长春渔家地渔港	宁德市	二级	—	—	—	—	—

（续）

序号	渔港名称	渔港所在市	渔港等级	码头长度/m	护岸长度/m	防波堤长度/m	港池水域面积/万 m²	停泊渔船数量/艘
51	澳前东澳中心渔港	平潭综合实验区	中心	300	850	1 000	61	800
52	屿头田下渔港	平潭综合实验区	二级	100	76	—	—	—
53	澳前前进渔港	平潭综合实验区	二级	60	126	—	—	—
54	敖东下湖澳港	平潭综合实验区	二级	200	100	100	4	200
55	敖东钱便澳渔港	平潭综合实验区	二级	200	100	100	3.5	200
56	流水东美渔港	平潭综合实验区	二级	200	100	100	3	150
57	澳前官姜渔港	平潭综合实验区	二级	200	150	100	3.8	150
58	白青青峰渔港	平潭综合实验区	二级	200	180	100	3	200
59	苏澳看澳渔港	平潭综合实验区	二级	200	200	100	4	200
60	平海渔港	莆田市	一级	470	216	548	35.4	660
61	湄州岛渔港	莆田市	一级	613	1 351	1 200	46.3	300
62	石城渔港	莆田市	一级	330	0	1 275	87	600
63	上林渔港	莆田市	二级	38	65	65	10	200
64	枫亭镇辉煌渔港（避风港）	莆田市	二级	195	187	691	4.3	200
65	湄洲岛宫下渔港	莆田市	二级	250	—	80	5.5	300
66	黄瓜渔港	莆田市	二级	80	—	150	6	100
67	崇武中心渔港	泉州市	中心	355	1 299	330	43.5	1 500
68	深沪中心渔港	泉州市	中心	200	—	450	50	300
69	祥芝中心渔港	泉州市	中心	804	804	318	64.7	800
70	诚峰渔港	泉州市	按一级渔港标准	400	130	1 050	47.7	1 000
71	东埔渔港	泉州市	一级	480	270	610	30	300
72	梅林渔港	泉州市	一级	180	—	—	58.4	300
73	丰泽蟳埔渔港	泉州市	二级	1 500	1 500	—	23	353
74	台投浮山渔港	泉州市	二级	800	—	—	—	—
75	前内渔港	泉州市	二级	100	850	850	1.2	200
76	杜厝渔港	泉州市	二级	100	220	240	1.5	400

（续）

序号	渔港名称	渔港 所在市	渔港 等级	码头长度 /m	护岸长度 /m	防波堤 长度/m	港池水域 面积/万 m²	停泊渔船 数量/艘
77	东店渔港	泉州市	二级	4 020	600	360	16	420
78	伍堡渔港	泉州市	二级	48	140	193	12.9	—
79	高崎渔港	厦门市	中心	1 773	1 773	—	14	300
80	大澳中心渔港	漳州市	中心	785	352	1 031	63	1 000
81	赤石湾渔港	漳州市	一级	285	373	153	5.9	500
82	宫前渔港	漳州市	一级	220	2 000	940	58	1 000
83	澳角渔港	漳州市	一级	198	127	420	23.5	400
84	山前渔港	漳州市	一级	317	1 647	1 583	46.6	700
85	六鳌渔港	漳州市	一级	370	500	1 668	48.9	600
86	港尾渔港	漳州市	一级	1 396	535	720	72	400
87	冬古渔港	漳州市	二级	280	200	250	20	400
88	前楼下 西坑渔港	漳州市	二级	110	320	380	5.5	305
89	岐下渔港	漳州市	二级	100	—	—	21.1	700
90	列屿人家村渔港	漳州市	二级	150	10	8	—	—
91	陈岱礁美渔港	漳州市	二级	100	8	900	—	—
92	前湖渔港	漳州市	二级	146	65	150	35.9	—
93	田厝渔港	漳州市	二级	590	1 034	2 264	27.2	630

第九节　广东省渔港建设现状

一、总体情况

广东省地处中国大陆最南部。东邻福建，北接江西、湖南，西接广西，南邻南海，珠江口东西两侧分别与香港、澳门特别行政区接壤，西南部雷州半岛隔琼州海峡与海南省相望。

广东是海洋大省和渔业大省，海域面积达 41.9 万 km²，大陆海岸线长达 4 114 km。居全国首位。2022 年，广东省水产品总产量约 894.03 万 t，其中：海洋捕捞产量 112.42 万 t，海水养殖产量 339.67 万 t。2022 年广东省渔业经济总产值 4 226.02 亿元，其中渔业产值 1 861.18 亿元，渔业工业和建筑业产值 489.59 亿元，渔业流通和服务业产值 1 875.25 亿元。

广东省沿海现有渔港 110 座，其中，一级及以上渔港占渔港总数 18.18%，二级渔港占比 31.82%，三级及以下渔港占比 50%。渔政渔港监督管理机构驻港监督的渔港数量有 53 座，驻港率 48.2%，制定港章的渔港数量有 47 座。

二、渔港数量及分布

广东省渔港分布涉及汕头市、潮州市、揭阳市、汕尾市、广州市、惠州市、东莞市、深圳市、中山市、珠海市、江门市、阳江市、茂名市、湛江市。沿海共有110座渔港，其中中心渔港9座、一级渔港11座、二级渔港35座、三级渔港37座、其他渔港18座。全省各等级渔港占比见图2-19，全省沿海地级市渔港数量见图2-20，中心渔港、一级渔港位置分布见图2-21，全省沿海渔港具体数量见表2-22，全省沿海渔港分布见表2-23。

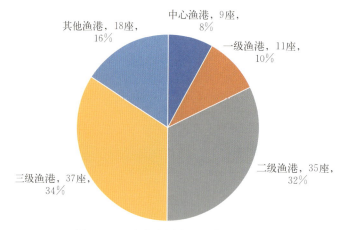

图 2-19　广东省沿海渔港等级占比图

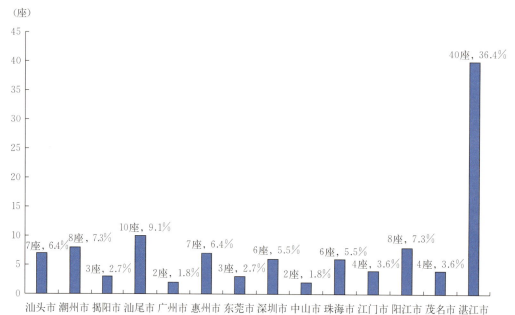

图 2-20　广东省沿海地级市渔港数量

图 2-21 广东省中心渔港、一级渔港位置分布图

表 2-22 广东省渔港数量一览表

地级市	县（区）	中心渔港（座）	一级渔港（座）	二级渔港（座）	三级渔港（座）	其他渔港（座）
汕头市（7座）	潮阳区	1				
	濠江区		1		1	
	澄海区				1	
	莱芜经济开发试验区				1	
	南澳县	1		1		
	小计	2	1	1	3	
潮州市（8座）	饶平县		1	2	3	2
揭阳市（3座）	惠来县		1	1	1	

（续）

地级市	县（区）	中心渔港（座）	一级渔港（座）	二级渔港（座）	三级渔港（座）	其他渔港（座）
汕尾市（10座）	陆丰市		1	2	2	
	城区		1	2		
	红海湾区			1		
	海丰县					1
	小计		2	5	2	1
广州市（2座）	番禺区	1			1	
惠州市（7座）	大亚湾区			1	1	
	惠阳区				1	
	惠东县		1	1	2	
	小计		1	2	4	
东莞市（3座）	虎门镇			1		1
	沙田镇			1		
	小计			2		1
深圳市（6座）	南山区		1			
	盐田区			1		
	大鹏新区				1	1
	深汕合作区			2		
	小计		1	3	1	1
中山市（2座）	南朗镇				1	
	坦洲镇					1
	小计				1	1
珠海市（6座）	香洲区	1				
	斗门区					2
	万山区			1	1	
	高栏港区					1
	小计	1		1	1	3
江门市（4座）	台山市			3		
	新会区		1			
	小计		1	3		
阳江市（8座）	海陵区	1				
	江城区			1	1	
	阳东区	1				
	阳西县		1	1	1	1
	小计	2	1	2	2	1

（续）

地级市	县（区）	中心渔港（座）	一级渔港（座）	二级渔港（座）	三级渔港（座）	其他渔港（座）
茂名市（4座）	滨海新区	1				
	电白区			1	2	
	小计	1		1	2	
湛江市（40座）	雷州市	1		1	3	
	廉江市		1	1	1	
	吴川市			2		2
	经济开发区	1			1	1
	坡头区				2	
	霞山区			1		
	麻章区			1		
	遂溪县			5	3	1
	徐闻县		1	1	10	
	小计	2	2	12	20	4
合计（110座）		9	11	35	41	14

表 2-23　广东省沿海渔港分布表

地级市	县（区）	中心渔港	一级渔港	二级渔港	三级渔港	其他渔港
汕头市（7座）	潮阳区（1座）	海门渔港				
	濠江区（2座）		达濠渔港		广澳渔港	
	澄海区（1座）				南港渔港	
	莱芜经济开发试验区（1座）				莱芜渔业港区	
	南澳县（2座）	云澳渔港		后江渔港		
潮州市（8座）	饶平县（8座）		三百门渔港	柘林渔港、海山渔港	后沃渔港、大澳渔港、龙湾渔港	碧洲渔港、汛洲渔港
揭阳市（3座）	惠来县（3座）		神泉渔港	靖海渔港	资深渔港	

（续）

地级市	县（区）	中心渔港	一级渔港	二级渔港	三级渔港	其他渔港
汕尾市 （10 座）	陆丰市 （5 座）		甲子渔港	碣石渔港、 湖东渔港	金厢渔港、 乌坎渔港	
	城区 （3 座）		汕尾渔港	马宫渔港、 捷胜渔港		
	红海湾区 （1 座）			遮浪渔港		
	海丰县 （1 座）					金澳渔港
广州市 （2 座）	番禺区 （2 座）	莲花山渔港			新垦渔港	
惠州市 （7 座）	大亚湾区 （2 座）			澳头渔港	三门渔港	
	惠阳区 （1 座）				霞涌渔港	
	惠东县 （4 座）		港口渔港	盐洲渔港	范和渔港、 巽寮渔港	
东莞市 （3 座）	虎门镇 （2 座）			新湾渔港		新渔村停泊区
	沙田镇 （1 座）			先锋渔港		
深圳市 （6 座）	南山区 （1 座）		蛇口渔港			
	盐田区 （1 座）			盐田渔港		
	大鹏新区 （2 座）				南澳渔港	东山渔港
	深汕合作区 （2 座）			鲘门渔港、 小漠渔港		
中山市 （2 座）	南朗镇 （1 座）				横门渔港	
	坦洲镇 （1 座）					大冲口渔港
珠海市 （6 座）	香洲区 （1 座）	洪湾渔港				
	斗门区 （2 座）					天生河渔业港区、 白藤头渔业港区
	万山区 （2 座）			万山渔港	桂山渔港	
	高栏港区 （1 座）					赤鱼头渔港

（续）

地级市	县（区）	中心渔港	一级渔港	二级渔港	三级渔港	其他渔港
江门市 （4座）	台山市 （3座）			横山渔港、广海 渔港、沙堤渔港		
	新会区 （1座）		崖门渔港			
阳江市 （8座）	海陵区 （1座）	闸坡渔港				
	江城区 （2座）			对岸渔港	江城渔业港区	
	阳东区 （1座）	东平渔港				
	阳西县 （4座）		沙扒渔港	溪头渔港	河北渔港	马村渔港
茂名市 （4座）	滨海新区 （1座）	博贺渔港				
	电白区 （3座）			水东渔港	陈村渔港、 东山渔港	
湛江市 （40座）	雷州市 （5座）	乌石渔港		企水渔港	海康港渔港、三吉 渔港、流沙渔港	
	廉江市 （3座）		龙头沙渔港	营仔渔港	湍流渔港	
	吴川市 （4座）			博茂渔港、 王村渔港		沙田渔港、 黄坡渔港
	经济开发区 （3座）	硇洲渔港			龙安渔港	东南渔港
	坡头区 （2座）				大王庙渔港、 三合窝渔港	
	霞山区 （1座）			湛江港渔业港区		
	麻章区 （1座）			通明渔港		
	遂溪县 （9座）			草潭渔港、江洪渔 港、北潭渔港、 石角渔港、乐民渔港	杨柑渔港、 黄略渔港、 下六渔港	黑山渔港
	徐闻县 （12座）		海安渔港	外罗渔港	赤坎仔渔港、冬松岛 渔港、和安渔港、 三座渔港、港门渔 港、博赊渔港、山海 渔港、三塘渔港、水尾 渔港、四圹港湾渔港	

汕头市：分布有大小渔港 7 座，其中，中心渔港 2 座（云澳渔港等）；一级渔港 1 座（达濠渔港）；二级渔港 1 座（后江渔港）；三级渔港 3 座（南港渔港等）。

潮州市：分布有大小渔港 8 座，其中，一级渔港 1 座（三百门渔港）；二级渔港 2 座（柘林渔港等）；三级渔港 3 座（后沃渔港等）；其他渔港 2 座（汛洲渔港等）。

揭阳市：分布有大小渔港 3 座，其中，中心渔港 1 座（神泉渔港）；二级渔港 1 座（靖海渔港）；三级渔港 1 座（资深渔港）。

汕尾市：分布有大小渔港 10 座，其中，一级渔港 2 座（甲子渔港等）；二级渔港 5 座（捷胜渔港等）；三级渔港 2 座（乌坎港等）；其他渔港 1 座（金澳渔港）。

广州市：分布有大小渔港 2 座，其中，中心渔港 1 座（莲花山渔港）；三级渔港 1 座（新垦渔港）。

惠州市：分布有大小渔港 7 座，其中，一级渔港 1 座（港口渔港）；二级渔港 2 座（澳头渔港等）；三级渔港 4 座（巽寮渔港等）。

东莞市：分布有大小渔港 3 座，其中，二级渔港 2 座（先锋渔港等）；其他渔港 1 座（新湾渔港新渔村停泊区）。

深圳市：分布有大小渔港 6 座，其中，一级渔港 1 座（蛇口渔港）；二级渔港 3 座（小漠渔港等）；三级渔港 1 座（南澳渔港）；其他渔港 1 座（东山渔港）。

中山市：分布有渔港 2 座，其中，三级渔港 1 座（横门渔港）；其他渔港 1 座（大冲口渔港）。

珠海市：分布有大小渔港 6 座，其中，中心渔港 1 座（洪湾渔港）；二级渔港 1 座（万山渔港）；三级渔港 1 座（桂山渔港）；其他渔港 3 座（天生河渔业港区等）。

江门市：分布有大小渔港 4 座，其中，一级渔港 1 座（崖门渔港）；二级渔港 3 座（广海渔港等）。

阳江市：分布有大小渔港 8 座，其中，中心渔港 2 座（东平渔港等）；一级渔港 1 座（沙扒渔港）；二级渔港 2 座（对岸渔港等）；三级渔港 2 座（江城渔业港区等）；其他渔港 1 座（马村渔港）。

茂名市：分布有大小渔港 4 座，其中，中心渔港 1 座（博贺渔港）；二级渔港 1 座（水东渔港）；三级渔港 2 座（东山渔港等）。

湛江市：分布有大小渔港 40 座，其中，中心渔港 2 座（乌石渔港等）；一级渔港 2 座（海安渔港等）；二级渔港 12 座（企水渔港等）；三级渔港 20 座（三合窝渔港等）；其他渔港 4 座（东南渔港等）。

三、中心、一级、二级渔港基础数据

中心、一级、二级渔港基础数据见表 2-24。

表 2-24 广东省中心、一级、二级渔港基础数据

序号	渔港名称	渔港所在市	渔港等级	码头长度/m	护岸长度/m	防波堤长度/m	港池水域面积/万 m²	停泊渔船数量/艘
1	三百门渔港	潮州市	一级	300	476	680	62	500

（续）

序号	渔港名称	渔港所在市	渔港等级	码头长度/m	护岸长度/m	防波堤长度/m	港池水域面积/万 m²	停泊渔船数量/艘
2	柘林渔港	潮州市	二级	425	771	—	50	400
3	海山渔港	潮州市	二级	270	8 000	480	17	450
4	先锋渔港	东莞市	二级	120	2 000	—	13	800
5	新湾渔港旧渔港停泊区	东莞市	二级	130	1 000	—	5	100
6	莲花山渔港	广州市	中心	426	500	—	73	710
7	港口渔港	惠州市	一级	270	500	360	51	1 000
8	澳头渔港	惠州市	二级	400	5 055	—	130	750
9	盐洲渔港	惠州市	二级	360	3 000	—	550	700
10	崖门渔港	江门市	一级	120	3 400	1 200	33	600
11	广海渔港	江门市	二级	219	1 500	220	15	300
12	沙堤渔港	江门市	二级	700	535	—	300	950
13	横山渔港	江门市	二级	250	570	—	61	600
14	神泉渔港	揭阳市	中心	1 000	2 392	4 000	15	100
15	靖海渔港	揭阳市	二级	398	3 050	1 662	16	600
16	博贺渔港	茂名市	中心	890	1 721	1 498	530	1 500
17	水东渔港	茂名市	二级	455	400	400	25	800
18	云澳渔港	汕头市	中心	700	1 300	2 105	60	1 000
19	海门渔港	汕头市	中心	1 169	6 546	1 531	140	800
20	达濠渔港	汕头市	一级	421	740	—	35	600
21	后江渔港	汕头市	二级	433	376	859	24	585
22	汕尾渔港（品清湖避风锚地）	汕尾市	一级	350	4 900	720	380	2 000
23	甲子渔港	汕尾市	一级	190	1 700	760	40	1 500
24	湖东渔港	汕尾市	二级	59	480	68	35	1 000
25	碣石渔港	汕尾市	二级	177	1 181	705	25	1 200
26	遮浪渔港	汕尾市	二级	411	90	200	4	200
27	捷胜渔港	汕尾市	二级	80	91	7	2	400
28	马宫渔港	汕尾市	二级	1 340	55	900	40	600
29	蛇口渔港	深圳市	一级	519	1 082	200	32	500
30	小漠渔港	深圳市	二级	150	1 580	575	63	400
31	鲘门渔港	深圳市	二级	717	130	307	10	200
32	盐田渔港	深圳市	二级	82	555	—	27	200
33	东平渔港	阳江市	中心	745	3 061	2 131	250	1 000

（续）

序号	渔港名称	渔港所在市	渔港等级	码头长度/m	护岸长度/m	防波堤长度/m	港池水域面积/万 m²	停泊渔船数量/艘
34	闸坡渔港	阳江市	中心	1 400	300	826	86	1 500
35	沙扒渔港	阳江市	一级	460	2 890	684	108	250
36	溪头渔港	阳江市	二级	460	1 400	620	60	700
37	对岸渔港	阳江市	二级	130	200	—	8	300
38	乌石渔港	湛江市	中心	800	3 000	1 300	73	818
39	硇洲渔港	湛江市	中心	220	4 600	950	100	2 000
40	海安渔港	湛江市	一级	400	—	—	46	300
41	龙头沙渔港	湛江市	一级	200	1 770	874	30	600
42	通明渔港	湛江市	二级	435	500	1 560	40	1 000
43	草潭渔港	湛江市	二级	320	952	922	35	800
44	乐民渔港（北部湾遂溪避风港）	湛江市	二级	500	—	500	115	1 600
45	企水渔港	湛江市	二级	300	2 700	400	10	579
46	北潭渔港	湛江市	二级	100	30	—	90	500
47	博茂渔港	湛江市	二级	300	300	300	20	500
48	外罗渔港	湛江市	二级	1 000	780	—	42	400
49	江洪渔港	湛江市	二级	800	300	800	80	600
50	湛江港渔业港区	湛江市	二级	900	900	1 000	40	350
51	王村渔港	湛江市	二级	110	380	380	60	800
52	石角渔港	湛江市	二级	140	220	200	15	150
53	营仔渔港	湛江市	二级	—	800	800	20	350
54	洪湾中心渔港	珠海市	中心	2 630	1 107	—	41	800
55	万山渔港	珠海市	二级	360	1 000	367	16	150

第十节　广西壮族自治区渔港建设现状

一、总体情况

广西地处中国南部，位于北纬 20°54′09″—26°23′19″，东经 104°26′48″—112°03′24″之间。东邻广东省，南邻北部湾与海南省隔海相望，西南与越南社会主义共和国毗邻，西连云南省，西北靠贵州省，东北接湖南省。广西区位优越，是西南地区最便捷的出海通道，也是中国西部资源型经济与东南开放型经济的结合，在中国与东南亚的经济交往中占有重要地位。南部濒临属于南海的北部湾，广西管辖北部湾海域面积约 4 万 km²。大陆海岸东起合浦县的洗米河口，西至中越交界的北仑河口，全长 1 628 km。海岸线曲折，类型多样，其中南流江口、钦江口为三角洲型海岸，铁山港、大风江口、茅岭江口、防城河口为溺谷型海岸，钦州、防城港两市沿海为山地型海岸，北海、合浦为台地型海岸。沿海有众多岛屿，其中涠洲岛面积最大。

2022 年广西全年水产品产量 365.67 万 t，其中海洋捕捞 47.64 万 t，海水养殖 165.65 万 t。2022 年广西渔业经济总产值 1 191.07 亿元，其中渔业产值 575.80 亿元，渔业工业和建筑业产值 140.41 亿元，渔业流通和服务业产值 474.86 亿元。

广西共有渔港 17 座，其中一级及以上渔港占渔港总数 47%，三级及以下占比 53%。有渔政渔港监督管理机构驻港监督的渔港数量 10 座，驻港率 59%，制定港章的渔港数量有 7 座。

二、渔港数量及分布

广西壮族自治区渔港分布涉及北海市、钦州市和防城港市，沿海共有 17 座渔港，其中中心渔港 4 座，一级渔港 4 座，三级渔港 4 座，其他渔港 5 座。全区各等级渔港占比见图 2-22，全区沿海地级市渔港数量见图 2-23，中心渔港、一级渔港位置分布见图 2-24，全区沿海渔港数量见表 2-25，全区沿海渔港分布见表 2-26。

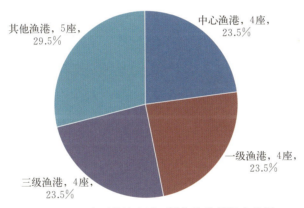

图 2-22　广西壮族自治区沿海渔港等级占比图

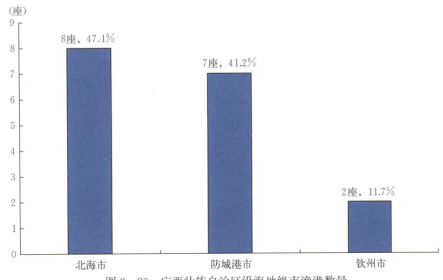

图 2-23　广西壮族自治区沿海地级市渔港数量

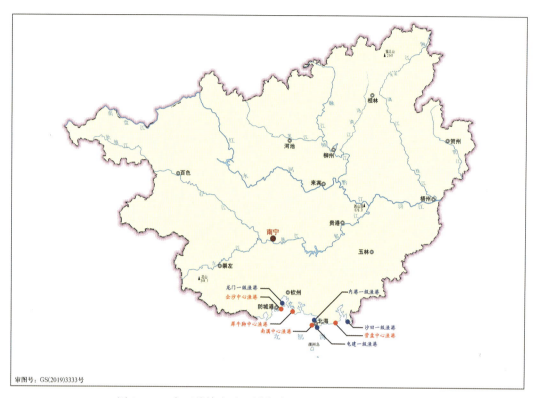

图 2-24　广西壮族自治区沿海中心、一级渔港位置分布图

表 2-25　广西壮族自治区沿海渔港数量一览表

地级市	县（区）	中心渔港（座）	一级渔港（座）	二级渔港（座）	三级渔港（座）	其他渔港（座）
北海市 （8座）	海城区		1		1	
	银海区	1	1			
	铁山港区	1			1	
	合浦县		1		1	
	小计	2	3		3	
防城港市 （7座）	东兴市					1
	港口区	1				2
	防城区				1	2
	小计	1			1	5
钦州市 （2座）	钦南区	1	1			
合计		4	4		4	5

表2-26 广西壮族自治区沿海渔港分布一览表

地级市	县（区）	中心渔港	一级渔港	二级渔港	三级渔港	其他渔港
北海市 （8座）	海城区（2座）		内港渔港		高德渔港	
	银海区（2座）	南澫渔港	电建渔港			
	铁山港区（2座）	营盘渔港			石头埠渔港	
	合浦县（2座）		沙田渔港		大风江渔港	
防城港市 （7座）	东兴市（1座）					天鹅湾渔港
	港口区（3座）	企沙渔港				红沙渔港、渔洲渔港
	防城区（3座）				双墩渔港	万欧渔港、茅岭渔港
钦州市 （2座）	钦南区（2座）	犀牛脚渔港	龙门渔港			

　　北海市：分布有大小渔港8座，其中，中心渔港2座（南澫渔港等）；一级渔港3座（内港渔港等）；三级渔港3座（高德渔港等）。

　　防城港市：分布有大小渔港7座，其中，中心渔港1座（企沙渔港）；三级渔港1座（双墩渔港）；其他渔港5座（红沙渔港等）。

　　钦州市：拥有中心渔港1座（犀牛脚渔港）、一级渔港1座（龙门渔港）。

三、中心、一级、二级渔港基础数据

　　中心、一级、二级渔港基础数据见表2-27。

表2-27 广西壮族自治区中心、一级、二级渔港基础数据

序号	渔港名称	渔港 所在市	渔港 等级	码头长度 /m	护岸长度 /m	防波堤 长度/m	港池水域 面积/万 m²	停泊渔船 数量/艘
1	南澫渔港	北海市	中心	800	1 000	1 960	68	1 000
2	营盘渔港	北海市	中心	330	945	1 650	71	2 000
3	内港渔港	北海市	一级	800	1 290	1 000	66	2 000
4	沙田渔港	北海市	一级	200	95	450	20	300
5	电建渔港	北海市	一级	857	4 438	200	44	600
6	企沙渔港	防城港市	中心	400	2 800	1 818	226	600
7	犀牛脚渔港	钦州市	中心	500	145	770	60	1 200
8	龙门渔港	钦州市	一级	577	531	120	13	300

第十一节　海南省渔港建设现状

一、总体情况

海南省四面环海，渔港资源丰富，渔业是海南省农业发展的重要支柱，是乡村振兴的重要途径。海南省海岸线总长 1 944 km，海域面积 200 万 km²。海南建设中国特色自由贸易港是习近平总书记亲自谋划、亲自部署、亲自推动的改革开放重大举措，渔业发展是海南自贸港建设的重要助推器。

2022 年海南全年水产品产量 170.31 万 t，其中海洋捕捞 26.26 万 t，海水养殖 101.79 万 t。2022 年海南渔业经济总产值 565.96 亿元，其中渔业产值 466.61 亿元，渔业工业和建筑业产值 55.08 亿元，渔业流通和服务业产值 44.27 亿元。

海南共有渔港 56 座，其中一级及以上渔港占渔港总数 23.2%，二级渔港占比 19.6%，三级及以下渔港占比 57.2%。有渔政渔港监督管理机构驻港监督的渔港数量 19 座，驻港率 34%，制定港章的渔港数量有 4 座。

二、渔港数量及分布

海南岛沿海渔港群涉及海南省海口市、文昌市、琼海市、万宁市、陵水县、三亚市、乐东县、东方市、昌江县、儋州市、临高县、澄迈县，沿海共有 56 座渔港，其中中心渔港 7 座、一级渔港 6 座、二级渔港 11 座、三级渔港 11 座、其他渔港 21 座。全省各等级渔港占比见图 2-25，全省沿海地区渔港数量见图 2-26，中心渔港、一级渔港位置分布见图 2-27，全省沿海渔港具体数量见表 2-27，全省沿海渔港分布见表 2-28。

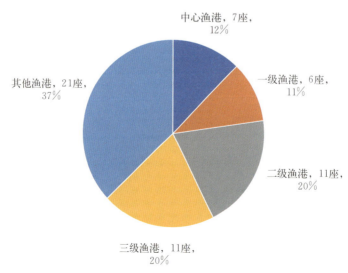

图 2-25　海南省沿海渔港等级占比图

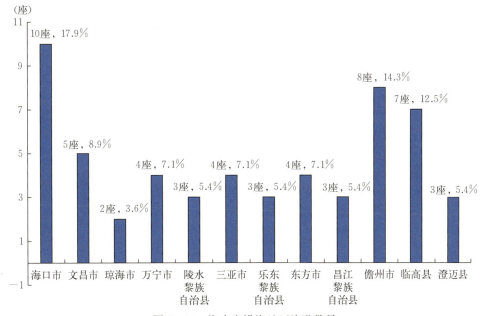

图 2-26 海南省沿海地区渔港数量

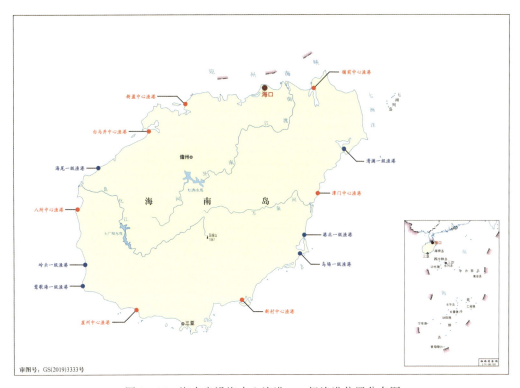

审图号：GS(2019)3333号

图 2-27 海南省沿海中心渔港、一级渔港位置分布图

表 2-28　海南省沿海渔港数量一览表

地级市	县（区）	中心渔港（座）	一级渔港（座）	二级渔港（座）	三级渔港（座）	其他渔港（座）
海口市（10座）	美兰区					7
	演丰镇					1
	长流镇					1
	桂林洋开发区					1
	小计					10
澄迈县（3座）	澄迈县			2		1
文昌市（5座）	文成镇		1			
	铺前镇	1				
	翁田镇					1
	龙楼镇					1
	会文镇					1
	小计	1	1			3
琼海市（2座）	潭门镇	1				
	长坡镇			1		
	小计	1		1		
万宁市（4座）	和乐镇		1			
	万城镇		1			
	礼纪镇					1
	东澳镇					1
	小计		2			2
陵水县（3座）	陵水县	1		1	1	
三亚市（4座）	崖州镇	1				2
	海棠区				1	
	小计	1			1	2
乐东县（3座）	乐东县		2		1	
东方市（4座）	八所镇	1				1
	感城镇					1
	板桥镇					1
	小计	1				3
昌江县（3座）	昌江县		1	1	1	

（续）

地级市	县（区）	中心渔港（座）	一级渔港（座）	二级渔港（座）	三级渔港（座）	其他渔港（座）
儋州市（8座）	白马井镇	1			1	
	海头镇			1		
	新州镇			1		
	排浦镇				1	
	洋浦经济开发区			2	1	
	小计	1		4	3	
临高县（7座）	临高县	1		2	4	
合计（56座）		7	6	11	11	21

表 2-29 海南省沿海渔港分布表

地级市	县（区）	中心渔港	一级渔港	二级渔港	三级渔港	其他渔港
海口市（10座）	美兰区（7座）					东营渔港、亮肚渔港、亮脚渔港、外坪渔港、三联渔港、沙上渔港、北港岛渔港
	演丰镇（1座）					曲口渔港
	长流镇（1座）					烈楼渔港
	桂林洋开发区（1座）					桂林洋渔业生产保障基地
澄迈县（3座）	澄迈县（3座）			玉包渔港、东水渔港		新兴中心渔港
文昌市（5座）	文成镇（1座）		清澜渔港			
	铺前镇（1座）	铺前渔港				
	翁田镇（1座）					湖心（加丁）渔港
	龙楼镇（1座）					宝陵渔港
	会文镇（1座）					长圮港渔港

（续）

地级市	县（区）	中心渔港	一级渔港	二级渔港	三级渔港	其他渔港
琼海市 （2座）	潭门镇 （1座）	潭门渔港				
	长坡镇 （1座）			青葛渔港		
万宁市 （4座）	和乐镇 （1座）		港北渔港			
	万城镇 （1座）		乌场渔港			
	礼纪镇 （1座）					坡头渔港
	东澳镇 （1座）					新潭湾渔港
陵水县 （3座）	陵水县 （3座）	新村渔港		黎安渔港	赤岭渔港	
三亚市 （4座）	崖州镇 （3座）	崖州渔港				港门渔港、角头 湾渔港
	海棠区 （1座）				后海湾渔港	
乐东县 （3座）	乐东县 （3座）		岭头渔港、 莺歌海渔港		望楼渔港	
东方市 （4座）	八所镇 （2座）	八所渔港				墩头渔港
	感城镇 （1座）					感恩渔港
	板桥镇 （1座）					利章渔港
昌江县 （3座）	昌江县 （3座）		海尾渔港	昌化渔港	新港渔港	
儋州市 （8座）	白马井镇（2座）	白马井渔港			泊潮渔港	
	海头镇（1座）			海头渔港		
	新州镇（1座）			新英渔港		
	排浦镇（1座）				排浦渔港	
	洋浦经济开发区 （3座）			洋浦干冲渔港、 洋浦白沙渔港	洋浦南滩渔港	
临高县 （7座）	临高县 （7座）	新盈渔港		武莲渔港、 调楼渔港	头咀渔港、抱才 渔港、黄龙渔港、 美夏渔港	

海口市：分布有大小渔港10座，其中，其他渔港10座（东营渔港等）。

文昌市：分布有大小渔港5座，其中，中心渔港1座（铺前渔港）；一级渔港1座（清澜渔港）；其他渔港3座（宝陵渔港等）。

琼海市：分布有大小渔港2座，其中，中心渔港1座（潭门渔港）、二级渔港1座（青葛渔港）。

万宁市：分布有大小渔港4座，其中，一级渔港2座（港北渔港等）；其他渔港2座（坡头渔港等）。

陵水黎族自治县：分布有大小渔港3座，其中，中心渔港1座（新村渔港）；二级渔港1座（黎安渔港）；三级渔港1座（赤岭渔港）。

三亚市：分布有大小渔港4座，其中，中心渔港1座（崖州渔港）；三级渔港1座（后海湾渔港）；其他渔港2座（港门渔港等）。

乐东黎族自治县：分布有大小渔港3座，其中，一级渔港2座（岭头渔港等）；三级渔港1座（望楼渔港）。

东方市：分布有大小渔港4座，其中，中心渔港1座（东方八所渔港）；其他渔港3座（墩头渔港等）。

昌江黎族自治县：分布有大小渔港3座，其中，一级渔港1座（海尾渔港）；二级渔港1座（昌化渔港）；三级渔港1座（新港渔港）。

儋州市：分布有大小渔港8座，其中，中心渔港1座（白马井渔港）；二级渔港4座（新英渔港等）；三级渔港3座（排浦渔港等）。

临高县：分布有大小渔港7座，其中，中心渔港1座（新盈渔港）；二级渔港2座（武莲渔港等）；三级渔港4座（头咀渔港等）。

澄迈县：分布有大小渔港3座，其中，二级渔港2座（东水港渔港等）；其他渔港1座（新兴渔港）。

三、中心、一级、二级渔港基础数据

中心、一级、二级渔港基础数据见表2-30。

表2-30 海南省中心、一级、二级渔港基础数据

序号	渔港名称	渔港所在市（县）	渔港等级	码头长度/m	护岸长度/m	防波堤长度/m	港池水域面积/万 m²	停泊渔船数量/艘
1	海尾渔港	昌江县	一级	400	517	1 085	24	500
2	昌化渔港	昌江县	二级	—	340	—	40	600
3	东水渔港	澄迈县	二级	—	1 268	1	20	350
4	玉包渔港	澄迈县	二级	—	245	480	15	200
5	白马井渔港	儋州市	中心	1 190	334	—	113	1 200
6	新英渔港	儋州市	二级	—	—	—	5	800
7	海头渔港	儋州市	二级	—	—	—	10	400
8	干冲渔港	洋浦经济开发区	二级	694	42	200	13	350

（续）

序号	渔港名称	渔港所在市（县）	渔港等级	码头长度/m	护岸长度/m	防波堤长度/m	港池水域面积/万 m²	停泊渔船数量/艘
9	白沙渔港	洋浦经济开发区	二级	270	30	200	—	555
10	八所渔港	东方市	中心	1 718	1 600	2 144	35	1 000
11	岭头渔港	乐东县	一级	400	41	1 345	26	450
12	莺歌海渔港	乐东县	一级	749	467	908	54.5	600
13	新盈渔港	临高县	中心	600	550	1 135	26	1 000
14	武莲渔港	临高县	二级	300	1 300	632	22	600
15	调楼渔港	临高县	二级	1 500	1 070	680	10	800
16	新村渔港	陵水县	中心	—	1 287	—	45	1 500
17	黎安渔港	陵水县	二级	—	—	—	28	
18	潭门渔港	琼海市	中心	850	3 788	2 750	18	1 500
19	青葛渔港	琼海市	二级	30	1 000	1 000	10	150
20	崖州渔港	三亚市	中心	588	1 100	900	47.5	800
21	港北渔港	万宁市	一级	400	190	330	32	600
22	乌场渔港	万宁市	一级	639	672	3	39	600
23	清澜渔港	文昌市	一级	426	185	—	32	300
24	铺前渔港	文昌市	中心	75	350	—	14	724

第三章　渔港建设案例

第一节　中心渔港建设案例

一、辽宁省中心渔港建设案例

大连湾渔港（满足中心渔港建设标准）

1. 渔港现状　大连湾渔港位于大连市甘井子区大连湾镇，地处黄海北端，地理坐标为北纬 39°00′50″，东经 121°42′27″。该渔港于 1966 年投入使用，地理位置优越，海运、铁路、公路运输便捷，岸线长 7 000 m，港池水域面积约 165 万 m²，陆域面积约 83 万 m²。历经五十多年持续投入和建设发展，渔港功能较为完善，水陆域设施齐全，是全国享有盛名的集渔获物集散、水产品交易、冷链物流、渔需物资补给、渔船修造及相关服务功能于一体的现代渔业产业基地。

2. 自然条件　渔港避风和停泊条件良好，区域浪小流顺，不冻不淤，船舶进出方便，属天然渔港。

（1）气温。年平均气温为 10.4 ℃，平均最高气温为 14.4 ℃，平均最低气温为 7.2 ℃，极端最高气温为 35.3 ℃，极端最低气温为−21.1 ℃，气温最高月份为 8 月，气温最低月份为 1 月。

（2）风况。主要受季风影响，夏季风多偏南风，冬季风多偏北风。常风向为 N 向及 S 向各占 14%～15%。强风向 NNW 向，最大风速可达 34 m/s（寒潮大风），次强风向为 N 向和 SSW 向，最大风速可达 28 m/s，每年≥6 级风（$v=10.8$ m/s）的季风占全年季风的 9.3%，约合 34 d，且多为寒潮大风，集中于每年 11 月至翌年 3 月。

（3）雾况。年平均雾天数为 28 d。夏季雾天最多，一般约每年 25 d，最多达 46 d，其中 7 月占比最大，持续 4 h 以上的雾天数达 10 d。

（4）降水。年平均降水量为 612.6 mm，年最大降水量为 970.2 mm，日最大降水量为 232.1 mm。日降水量≥25 mm 的平均天数为 7.3 d，日降水量≥50 mm 的平均天数为 2.4 d。降水量主要集中在 6—9 月，4 个月的降水量约占全年的 75%。降雪期为 11 月至翌年 3 月，冬季降水少，仅占全年降水的 8%。

（5）湿度。年平均相对湿度为 66%，冬、春季相对湿度较低。

（6）雷暴。年平均雷暴天数为 20.3 d。

（7）设计水位（大连港筑港零点）。设计高水位为 4.00 m，设计低水位为 0.45 m，极端高水位为 5.10 m，极端低水位为 -1.15 m，施工水位为 2.20 m。

3. 年渔获物卸港量及渔船停泊情况 年渔获物卸港量 100 万 t（以进口水产品为主），可同时容纳约 500 艘生产渔船和运输船等船舶停泊。

4. 水工建筑物 渔港建有面向捕捞生产、运输补给等各类船只停泊的综合码头 10 座，卸鱼码头为浮式结构，油码头为高桩结构，物资、上冰、航维、舾装码头为沉箱重力结构。渔港防波堤总长 1 026.45 m，北围堤 740.25 m。

5. 陆域功能区布置及港区产业发展情况 渔港陆域设置有港口装卸、交易贸易、仓储物流、精深加工、综合服务等功能区。建有 6 300 m² 卸鱼棚，接卸国际水产品的总量和效率都处于国内领先。建有竞价拍卖水产品交易行和水产品批发市场，搭建起"渔场连接市场"的交易批发经营平台和国际海洋合作交流平台，成为国内主要水产品交易的重要集散地。拥有库容 12.5 万 t 并具有保税功能的冷库群，获"仓储服务金牌企业"称号，成为东北地区水产品交易、批发、流通基地。精深加工区总建筑面积近 6 万 m²，年水产品加工贸易 5 万 t，加工技术、标准的研发和产品质量处于国内同行业领先位置。建有船舶燃料、物资供应补给区（具有免税功能）和修造船基地，为捕捞生产、运输补给等各类船只提供综合服务。

6. 渔港建设亮点

（1）功能齐全，形成综合服务体系。港口装卸、冷藏仓储、产品交易、对外贸易、冷链物流、水产加工、渔船修造、渔需物资补给及船舶代理等相关服务功能基本齐备，产业基础条件优越，已形成完整的渔业产业链和全天候一站式服务保障体系。

（2）创建服务平台，形成交易集散基地。建立了"渔场＋市场、公司＋渔民"的经营平台，形成了兴产业、惠民生和整合资源的先进运营模式，搭建起交易批发经营平台和合作交流平台，成为国内主要水产品交易的重要集散地与风向标。

（3）提升港区监管水平。渔港监督（执法）、海警、边防、公安等单位就近设立机构，提供一站式服务。设立视频监控指挥中心，视频监控点位 600 余个，对港内船只、渔获物交易、仓储物流过程进行全方位监控管理。

（4）加强生态环境保护。实施海岸线整治修复及保护项目，建立健全海域监测、陆域控制、岸线整治、海陆污染同步监管机制。实施港口码头环境污染源头整治、船舶修造污染防治，加强船舶油污水、生活废水、固体废弃物等污染物的收集处理，建有大型污水处理厂一座。推行船舶靠港使用岸电，"以电代油"建设绿色港口，打造生态环保型渔港（图 3-1）。

图 3-1　渔港污水处理设施

（5）形成产业集群发展。大连湾渔港周边已形成加工、仓储、销售、补给等渔业产业资源的集聚，直接带动大连水产加工、水产品冷链仓储运输、水产交易与金融、供应链等相关行业的发展，成为中国北方最大、国际知名的水产品集散中心（图3-2）。

图3-2　渔港冷库

二、河北省中心渔港建设案例

（一）嘴东中心渔港

1. 渔港现状　位于唐山市滦南县嘴东开发区，坐标位置北纬39°03′11″，东经118°21′17″，始建于1983年1月，2005年经国家投资建成中心渔港。嘴东渔港是河北省重要的中心渔港，也是滦南县南堡镇渔民的主要聚集区。嘴东中心渔港以渔港为依托，重点发展水产品精深加工与冷链物流业、渔船修造业，正在建设水产品精深加工与冷链物流园区，规划打造嘴东水产品加工特色小镇和嘴东海产品交易中心（图3-3）。

图3-3　嘴东中心渔港现状

2. 自然条件

（1）气温。年平均气温12.4℃，月平均最高气温为26.4℃（7月），月平均最低气温为-3.8℃（1月），极端最高气温为38.9℃（2002年7月14日），极端最低气温为-19.3℃（1987年1月13日）。

（2）降水。年平均降水量为596.4 mm，一般夏季降水量（6—9月）占年平均降水量的75%。年最大降水量934 mm（1977年），月最大降水量645.5 mm（1975年7月），日最大降水量266.8 mm（1975年7月31日）。

（3）风况。常风向为SSW向，风向频率10.1%，次常风向为ENE向，风向频率为8.67%，强风向为NW向，实测最大风速23 m/s，次强风向为E向，实测最大风速22 m/s。年平均风速较大，年平均风速为4.6 m/s，全年各方向出现≥7级风的频率为4.9%。秋冬季大风天数较多一些。海域受台风（热带气旋）影响不大，平均每三年出现一次，但有时一年可发生两次。

（4）雾况。年平均雾天数为37 d（1990年），年最多雾天数为75 d（1983年），年最少雾天数为8 d（1986年）。雾多发生在每年的11月至翌年2月，此期间雾天数约占全年的 77％。最长连续雾天数为 3 d。能见度≤1 km 的雾天数年平均为 22 d。

（5）湿度。年平均相对湿度为 66％。5—9 月相对湿度较大，最大月平均相对湿度为 86％，发生在 7 月。10 月至翌年 4 月相对湿度较小，最小月平均相对湿度为 44％，发生在 2 月。

（6）潮汐与水位。渔港海区附近的潮汐性质属不正规半日潮。各站涨、落潮流呈往复流运动，涨潮流基本上呈 NW 向，落潮流基本呈 SE 向，流向较为集中。

设计水位（基准面为理论最低潮面）：设计高水位（高潮累积频率 10％）为 2.91 m，设计低水位（低潮累积频率 90％）为 0.53 m，极端高水位（50 年一遇）为 4.46 m，极端低水位（50 年一遇）为−1.27 m。

（7）波浪。该海区的波浪以风浪为主，涌浪为辅。常浪向 S 向，频率 10.87％；次常浪向 SW 向，频率为 7.48％；强浪向为 ENS 向，最大波高为 4.90 m。

（8）海冰。本区冬季有结冰现象。初冰日一般为 12 月中、下旬，终冰日一般为翌年的 2 月中旬至下旬。年平均冰期 85 d，冰期内实际有冰日约 65 d，无冰日 20 d。

3. 年渔获物卸港量及停泊渔船情况　嘴东中心渔港是以捕捞为主的渔港，冷链物流产业和休闲旅游产业较为薄弱，渔港卸港量主要为海上捕捞和少量养殖渔获物，年渔获物卸港量基本稳定在 4.5 万 t 左右。

嘴东中心渔港平均停泊渔船 400 艘。主要船型为 136 kW 木质渔船，占总数的 70％，最大吃水为 2.0 m，其余 30％为 88 kW、40 kW 或 14.7 kW 小型木质渔船，另有一定数量 8 154 型尾滑道渔船来港停泊。港区水域面积 34 万 m²，可容纳渔船数 1 150 艘。

4. 水工建筑物　港区码头长度 1 550 m，宽度 16 m，护岸长度 3 247 m。

5. 陆域功能区布置及港区产业发展情况　港区陆域面积 40 万 m²，配套建设有冷冻厂、渔船修造厂、水产品加工厂、水产品交易市场、邮局、加油站等附属设施，滦南海蟹、对虾、毛虾、墨鱼资源非常丰富。区域内已建有名优甲壳类水产基地及相应食品加工工程，正在建设冷链物流港区、渔政执法码头等设施，将进一步提高该区域水产品加工能力、强化渔政执法监管。

（二）曹妃甸中心渔港

1. 渔港现状　曹妃甸中心渔港地处渤海湾湾口北侧，位于唐山市曹妃甸区滨海大道西侧，紧挨滨海大道，介于天津港和京唐港之间，水上西距塘沽港 38 n mile，东北距京唐港约 33 n mile，陆上距唐山市中心区 80 km，距北京 220 km，距天津 120 km，距秦皇岛 170 km，水陆交通便捷。曹妃甸中心渔港从

图 3-4　正在建设中的曹妃甸中心渔港

2017 年开始建设，截至 2023 年，渔港已建设码头 916 m，接岸结构 916 m，防波堤 1 044 m，护岸 1 573.8 m，1#、2#制冰楼工程 8 017 m²（图 3-4）。

2. 自然条件

(1) 气温。年平均气温为 12.4 ℃，月平均最高气温为 26.4 ℃（7 月），月平均最低气温为−3.8 ℃（1 月），极端最高气温为 38.9 ℃（2002 年 7 月 14 日），极端最低气温为−19.3 ℃（1987 年 1 月 13 日）。

(2) 降水。年平均降水量为 596.4 mm，年最大降水量为 934 mm（1977 年），月最大降水量为 645.5 mm（1975 年 7 月），日最大降水量为 266.2 mm（1975 年 7 月 31 日）。

降水量主要集中在每年的 6—9 月，这 4 个月的降水量约占全年的 75％。降雪期为 12 月至翌年 3 月，该渔港冬季降水少，仅占全年降水量的 8％左右。日降水量≥25 mm 的天数为 6.5 d，日降水量≥50 mm 的天数为 2.5 d。

(3) 风况。该海区受季风影响明显，冬季盛行偏西北风，春、夏季盛行偏南和东南风，秋季多偏西南风。多年常风向为 SSW 向，风向频率 10.1％，多出现在春秋季（4 月和 10 月）；次常风向为 ENE 向，风向频率为 8.67％，强风向为 NEE 向，次强风向为 NE 向。年均风速较大，年总平均风速为 4.6 m/s，全年各方向出现≥7 级风的频率为 4.9％。

(4) 雾况。能见度≤1 km 的年均雾天数 22 d。年最多雾天数 37 d（1990 年），年最少雾天数 8 d（1986 年）。雾多发生在每年的 11 月至翌年 2 月，此期间雾天数约占全年的 77％，最长连续雾天数为 3 d。

(5) 相对湿度。年平均相对湿度为 66％。5—9 月相对湿度较大，最大月平均相对湿度为 86％，发生在 7 月。10 月至翌年 4 月相对湿度较小，最小月平均相对湿度为 44％，发生在 2 月。

(6) 雷暴。年平均雷暴日为 12 d，多数雷暴日出现在 6—8 月。

(7) 设计水位（以曹妃甸理论最低潮面起算）。设计高水位为 2.91 m，设计低水位为 0.53 m，极端高水位为 4.46 m，极端低水位为−1.27 m，乘潮 3 h，保证率为 95％的水位为 1.68 m。

3. 年渔获物卸港量及停泊渔船情况　年渔获物设计卸港量 10 万 t，可停泊渔船 800 艘。

4. 水工建筑物　曹妃甸中心渔港港池面积近 40 万 m²，已建设码头 1 430 m，为高桩码头结构，接岸结构 516 m，为半直立式结构。防波堤 1 044 m，护岸 1 573.8 m，为斜坡式结构，护面采用预制栅栏板护面。

5. 陆域功能区布置及港区产业发展情况　曹妃甸中心渔港陆域面积 28.6 万 m²，按照多功能综合型渔港进行建设。陆域功能区包含渔港基础设施服务区、后勤保障区、渔文化休闲体验区、远洋渔业基地、冷链物流中心及现代水产品加工示范区等工程。港区道路 27 812 m²，主要包括进港段和港内主干路，进港段宽 20 m，港内主干路宽 28 m。建成的陆域配套设施有冷库、垃圾中转站、渔港管廊工程、港区道路、供配电工程和绿化工程等。

6. 渔港建设亮点

(1) 渔港布局合理，功能齐全。曹妃甸中心渔港项目总投资 15 亿元，工程主要分水工工程和陆域工程两大部分，其中水工工程包含码头、接岸工程、进港道路、防波堤、护岸、航道、港池、锚地等工程；陆域工程包含渔港基础设施服务区、后勤保障区、渔文化休闲体验区、远洋渔业基地、冷链物流中心及现代水产品加工示范区等工程，渔港功能齐

全，将成为唐山市甚至河北省渔业
经济发展的新动能（图3-5）。

（2）渔港建设、经营和发展思
路明确，机制完善。成立了渔港建
设、管理及运营的专门机构——唐
山市曹妃甸区中心渔港发展有限公
司，专门负责曹妃甸中心渔港的建
设、管理和运营。唐山市曹妃甸区
中心渔港发展有限公司制定了完善
的管理制度，建立了生产安全责任
制和规范的财务制度，为渔港的建设和运营奠定了良好的基础。

图3-5　渔港码头

三、山东省中心渔港建设案例

（一）牟平区养马岛中心渔港

1. 渔港现状　牟平区养马岛中心渔港坐落于烟台市牟平区养马岛西端，始建于1979
年8月，2003年扩建成国家级中心渔港，可为1 200余艘渔船提供良好的装卸作业条件，
年均卸港量13万t。

渔港码头长600 m，泊位16个，
其中：－6.9 m码头160 m，－4 m
码头440 m。深水泊位可靠泊3 000 t
船舶，－4 m泊位可靠泊600 HP以
下渔船。

渔港港池面积70万m²，陆域
面积40万m²；港区内现有造船厂
一处，年修造能力达到400艘；

图3-6　牟平区中心渔港现状

3 000吨级油库1座，共计4个储油罐；办公经营房屋2 200 m²（图3-6）。

2. 自然条件

（1）气温。养马岛四面环海，南向大陆，属北温带季风型海洋性气候，受海洋影响，
夏季凉爽，冬季偏冷。养马岛年平均气温11.8 ℃，夏季气温低于市区1～3 ℃，冬季高于
市区1～3 ℃。7月平均气温最高，极端高温38.2 ℃（1988年6月13日），1月平均气温
最低，极端最低温－19.6 ℃（1976年12月29日）。

（2）降水。年平均降水量650 mm，降水集中在7—8月，约320 mm，占全年的50%，
4、5月为少雨季节。年最大降水量1 149.1 mm（1975年），年最小降水量257.1 mm
（1986年）。

（3）风况。每逢冬夏，受不同性质的气团控制，会形成明显的季风，春末和夏季多偏
南风，以SW向频率最多，约占9%，其次为SSW向和WSW向各约占8%。秋末和冬季
多偏北风，且平均风速较大，N向频率6%，NNW向为5%，最大风速为35.2 m/s。全
年静止风频率为17%。

（4）雾况。该区主要是辐射雾，其次为平流雾，多发生在春夏季，秋季较少，年均雾天数 28 d，能见度小于 1 000 m 的大雾平均每年出现 18 d。

（5）冰冻。冬季港区可产生结岸冰，有时对航运有影响，土壤冻结深度为 50 cm。

（6）设计水位（以当地理论深度基准面为基准）。设计高水位为 2.75 m（高潮累积频率 10%），设计低水位为 0.28 m（低潮累积频率 90%），极端高水位为 3.53 m（50 年一遇），极端低水位为 -0.99 m（50 年一遇），施工水位为 1.50 m，持续时间 2 h，保证率 95% 的水位为 1.46 m，持续时间 1 h，保证率 95% 的水位为 1.53 m。

3. 年渔获物卸港量及停泊渔船情况　渔港年均卸港量保持在 13 万 t 左右，港池可容纳渔船为 1 200 余艘。

4. 水工建筑物　养马岛渔港始建于 1979 年，投资建成 108 m 顺岸码头，前沿底标高 -4.0 m，为砌石结构。于 1993—1995 年在原顺岸码头的基础上向西续建延长 300 m，前沿底标高 -6.0 m，为重力式实心方块结构。牟平区养马岛中心渔港扩建工程已于 2009 年竣工验收完成，扩建后岸线总长 1 008 m，防波堤总长 110 m，泊位总数 22 个，码头作业带宽 30 m。

5. 陆域功能区布置及港区产业发展情况　沿养马岛中心渔港码头岸线侧布置渔业生产、补给、交易和管理等渔港基础功能板块；港区后方布置渔文化展览、渔港公园等渔文化休闲展示区；进港路北侧布置海景度假酒店、商贸、观景、冷链、加工等产业聚集区。

6. 渔港建设亮点　围绕促进渔业产业发展、聚集要素资源、激发市场活力、培育发展新动能的方向，规划打造以养马岛中心渔港为核心的渔港经济区，形成"一核一带一轴两区"的空间布局结构。"一核"指以养马岛中心渔港为核心的现代渔港综合体；"一带"指依托海洋牧场打造离岸可持续生态发展带；"一轴"指海岛城联动渔业产业发展轴；"两区"指围绕养马岛打造渔旅融合发展区，依托经济区和产业园打造海洋产业聚集区（图 3-7）。

图 3-7　牟平区中心渔港规划效果

（二）荣成市石岛中心渔港

1. 渔港现状　石岛中心渔港位于山东半岛东端的石岛湾内，地理坐标为北纬 36°53′12″，东经 122°25′39″。自然条件良好，港湾内波平浪静，冬不结冰，夏不积淤。航道平整，水深较好，被誉为天然避风良港。

石岛中心渔港陆域面积 10.5 万 m²，水域面积 30.21 万 m²，码头总长 1 230 m，岸线总长为 1 390 m，拥有泊位 24 个，其中深水泊位 7 个，可兼靠 5 000 t 级冷藏加工船，能够满足 2 000 艘渔船的停靠、避风、修整、供给。陆域配套设施建有水产品批发和零售市场各一处，万吨级油库一座，5 000 t 冰库一座，水产品加工厂一座。年靠泊各类渔船

20 000 多艘（次），年卸港量约 10 万 t。

2020 年 9 月被农业农村部批准为第一批国家级海洋捕捞渔获物定点上岸渔港。良好的自然条件、齐备的组织框架、完善的配套设施，使石岛中心渔港在充分发挥渔港靠泊、避风、休整、补给等功能的基础上，逐步成为集渔港避风、渔业生产休整、渔需供应补给、水产品流通与信息服务基地于一体的多功能、全方位、综合性大型渔业产业化基地（图 3-8）。

图 3-8 石岛中心渔港现状

2. 自然条件

（1）气温。年均气温 11.8 ℃，最热月为 8 月，月平均气温 24.5 ℃，历年极端最高气温 36.8 ℃（1958 年 7 月 21 日）。气温最低月为 1 月，月平均气温 -1.2 ℃，历年极端最低气温 -14.6 ℃（1959 年 1 月 8 日）。

（2）降水。年平均降水量 858.3 mm，多集中于 7—9 月，占年降水总量的 60%。年最多降水量 1 218.2 mm（1964 年）。年平均降水天数为 86.3 d，日降水量≥25 mm，降水天数年平均 9.6 d，最多 14 d（1963 年、1966 年），最少 1 d（1958 年）。

（3）风况。石岛濒临海域，属于东南亚季风区，常年风向为西北和西北偏北，频率为 16%，年均风速为 4.5～6.1 m/s，最大风速是 40 m/s（1965 年），全年≥8 级大风年平均天数为 57.4 d，主要分布在冬季，占 63%，最多在 3 月，为 7.5 d，6—10 月大风较少，最少在 7—8 月，平均仅为 1.9 d。

（4）热带气旋与寒潮。该地区主要灾害天气有寒潮大风、气旋大风、龙卷风与台风，据统计，最大寒潮大风过程出现在 1977 年 1 月 25—30 日，风力达 7 级以上，台风季节多在夏季和秋季，台风到达时可达 8～12 级，并伴有暴雨，1972 年 7 月 26 日 15 时，台风在荣成市宁津登陆，并穿过山东半岛，当日 20 时进入渤海，风力达 12 级，定时观测风速为 34 m/s。

（5）雾况。年平均雾天数为 52.7 d，多集中于 4—7 月，占年雾天数的 75%，年最多雾天数 79 d（1964 年），年最少雾天数 29 d（1958 年）。

（6）湿度。年平均相对湿度为 73%。相对湿度冬季小，12 月为 62%，是全年湿度最小月。夏季相对湿度大，7 月是一年相对湿度最大月，为 93%；春季的相对湿度比秋季略大。

（7）潮流。石岛湾涨潮期间，海水由湾口的东侧偏西北向进入海湾，从湾口的西侧偏西南向流出海湾。落潮期间，海水运动的方向与涨潮期间的方向相反。实测最大涨潮流速湾口处为 0.72 m/s，湾内 0.3 m/s；最大落潮流速湾口处 0.79 m/s，湾内 0.37 m/s。

（8）波浪。该海区属于以风浪为主、涌浪为辅的混合浪海域，其中累计风浪频率为 99.75%，涌浪频率为 26.7%。常浪向为 S 向，次常浪向为 SSE 向，强浪向为 SSE 向。

风浪频率年变化不大，而涌浪频率随季节变化在 9.4%～66.5% 之间，变化差较大，而且夏季明显大于秋、冬季。

（9）设计水位（1985 国家高程基准）。极端高水位为 2.18 m，设计高水位为 1.18 m，设计低水位为 −1.40 m，极端低水位为 −2.53 m。

3. 年渔获物卸港量及停泊渔船情况 年渔获物卸港量约 10 万 t，年停泊渔船 2 万余艘（次）。

4. 水工建筑 码头为顺岸式码头，长 1 230 m，重力式实心方块结构，码头前沿顶高程 3.5 m，底高程 −4.0 m。块石基床厚 3.2 m，下面铺 0.3 m 厚的碎石垫层。码头主体高 7.5 m，由三层方块、一层卸荷板和胸墙构成，码头后方回填块石。

石岛渔港港池面积 30.21 万 m²，自然水深 3～5 m。石岛渔港航道宽 100 m，为自然水深航道，航道水深大于 4 m，可满足各类渔船全天候进出。港区风向稳定，港内水域较平稳，通常情况下可停靠各类渔船 1 500 艘。渔港航道定点抛设浮标 6 个，调度室屋顶建有一个高度 10 m 航行灯塔，随时提供安全指示。

5. 陆域功能区布置及港区发展情况 石岛中心渔港西端建有 4 000 m² 停车场，供水、供电、消防和污水处理设施齐全，建有水产品批发、零售市场，占地约 2.3 万 m²，总建筑面积 25 000 m²，其中批发市场 2014 年进行重建。批发和零售市场年交易量达 2 万 t，交易额达 1.5 亿元。石岛渔港配套有水产品加工厂，年加工渔获物 2 万 t，其来源包括本港渔获物及周边供应。石岛渔港油库占地 2 000 m²，大型独体 9 800 m³ 标准罐 4 座。沿码头道路直埋敷设供油管道，码头前沿共设置 5 个加油口，能够满足港区内所有渔船的燃油使用，年销售油量达 5 万 t。渔港建有制冰厂 5 000 m²，包括日制冰能力 200 t 的制冰厂及 5 000 t 冰储存库。为满足港区渔船存放渔网、渔箱等渔需物资的仓储需求，在渔港内建设有仓库用房，建设面积 10 000 m²。

6. 渔港建设亮点 石岛中心渔港未来规划建设成为在全国有重要影响力的国际水产品交易中心、网络电子交易中心、水产品加工中心、冷链物流中心、渔需物资补给中心、商业综合服务中心、水产品保税中心、渔业展览与会议中心。一是实现"两个转型"，由传统单一渔港向功能复合型渔港转型、由捕捞交易型渔港向冷链配送、精深加工、餐饮旅游服务型全要素聚合渔港转型。二是实现"三个融合"，线上交易和线下交易的高度融合、实体经济和体验经济的高度融合、渔港产业和餐饮文旅的高度融合。三是实现"四个引领"，引领渔港产业链条升级延伸、引领一站式渔民服务港建设、引领绿色低碳渔港建设、引领多维度冷链配送体系发展。

2021 年开始，石岛渔港与山乡集团有限公司深度合作，拟将石岛渔港打造成为石岛渔港冷链产业物流园，项目主要依托石岛渔港的天然优势，主动整合各种资源，积极培育新兴产业，探索渔获物定点上岸制度、渔货交易方式转变及智慧渔港建设模式，成为极具前瞻性与先进性的渔业平台。

（三）日照黄海中心渔港

1. 渔港现状 日照黄海中心渔港是 2005 年经农业部批准的国家级中心渔港，位于日照市东港区南部，地理坐标为北纬 35°19′34″，东经 119°28′03″，距离日照港石臼港区约 5 km，距离日照市中心约 10 km，交通十分便利。

渔港已建成东、南、西三面共 1 800 m 的防波堤，掩护条件良好，拥有大小泊位 34 个，已建渔港岸线 1 020 m，港池水域面积 80 万 m²，满足约 1 500 艘渔船进行安全避风。陆域面积约 70 万 m²，港区道路总面积约 4 万 m²，渔港陆域面积宽阔，港区道路及配套设施齐全，渔港整洁卫生、渔业生产井然有序（图 3-9 和图 3-10）。

图 3-9　日照黄海中心渔港现状一　　　　图 3-10　日照黄海中心渔港现状二

2. 自然条件

（1）气温。日照市属华北暖温带沿海潮湿季风区大陆性气候，因受海洋环境的影响，冬暖夏凉，春温秋爽，四季分明，非常潮湿，台风登陆频繁。年均气温 12.7 ℃，年平均最高气温 16.3 ℃，一月平均最低气温为 −4.4 ℃。年平均湿度 72%，无霜期 223 d，年平均日照 2 533 h，年平均降水量 874 mm，最大冻土深度为 0.32 m，平均风速 3.4 m/s，年最高风向北风，年平均降雨量 921.1 mm，最大积雪厚度 120 mm，年平均蒸发量 1 470.5 mm，年均相对湿度 77%。日照属于东部季风区，夏季高温多雨，冬季寒冷少雨。因其濒临沿海，受海洋影响显著，相对同纬度其他内陆地区四季温差较小，因此夏冬季气温适中。

（2）潮汐。主要受海州湾外南黄海半日无潮系统（无潮点位于北纬 34°35′，东经 121°12′）的控制，属正规半日潮类型。半日潮波绕无潮点做逆时针方向旋转运动，在鲁南沿岸、海州湾沿岸波锋线由北向南传播，发生高潮时间北早南迟。高潮时间比青岛港落后约 1 h，比连云港提早约 45 min。

（3）波浪。日照海域的优势波向为 E 向，占 20.8%；其次为 SE 向及 ESE 向。E～SE 向浪占 49.9%。在冬季偏 N 向显著增多。各月最大频率，除 4—7 月为 SE 向外，其他各月都是 E 向。年极值波出现了 24 个向次，其中 E 向最多，占 33.3%，E～NE 向占 75%，比较集中在 E 向。累年各月各向最大波高大于 3.0 m 的波浪，波向均是 NE～ESE 向，其中最大波为 3.3 m，为 NE 向。

历年平均波高为 0～0.4 m，占 40%；波高 0.5～1.4 m，占 58%；波高 1.5～2.9 m，仅占 2%。按月统计资料分析，波高大于 0.5 m 的波浪 6—8 月较多，为 62%～76%，1 月、12 月较少，为 47%～48%。波高大于 1.5 m 的浪，7—9 月较多，3—5 月最少，仅占 1%。最大波高大于 3 m 的波浪，在 1 月、7—9 月出现。

各波向不同周期的出现率：平均周期为 4.0～5.9 s，主要出现在 E～SE 向，其中

ESE 向最多，占 25.9%。平均周期为 6.0～8.0 s，在 NNE～SE 向均有出现，其中 NNE 向占 54.5%，其次为 NE 向及 ESE 向。

（4）风况。该海域全年各向风频率相对均匀。根据日照（石臼所）海洋环境监测站 2007—2009 年每日 24 次的风向观测资料统计：本区常风向、次常风向分别为 N 向、NNE 向，出现频率分别为 15.16%、9.07%；强风向、次强风向分别为 N 向、NNE 向，二者≥6 级风出现频率分别为 0.06%、0.02%。

（5）雾况。年平均轻雾天数为 67 d，大雾天数为 56.8 d，大雾多出现于 5—7 月，这三个月的大雾天数占全年的 41.6%，而 8—10 月大雾天数较少，这三个月的大雾天数占全年的 12.3%，据统计，对航运有影响的大雾平均每年出现约 16 d。

（6）海流。日照海域的海流属规则的半日潮流。一日中有二次涨、落潮，涨、落潮历时相近。潮流按逆时针方向旋转，主流轴（流速最大的流）近似为北东-南西向。涨潮时主流为南西流，落潮时为北东流。涨潮流速大于落潮流速，最大时可相差 49 cm/s。最大涨潮流出现在石臼港高潮前 2～3 h，最大落潮流出现在石臼港落潮后 2～3 h。在石臼咀外从－13～－5 m 等深线处，存在着一个急流带，最大流速超过 100 cm/s。

海流最大可能流速在近海区，主要是风海流。咀端附近由地形引起的潮汐余流也极为明显，实测最大可达 27 cm/s。

此海区余流存在二大回流：一是石臼湾内顺时针回流，即海水从石臼湾西南端奎山咀流进，沿着海湾从石臼咀流出。流速在石臼咀处最大，为 27 cm/s；而湾底流速偏小，一般在 8 cm/s。二是在石臼咀北面，按逆时针方向旋转，海水从北面万坪口沿岸进，至石臼咀石栏处转向东流，最大流速在咀西北方，可达 23 cm/s。

（7）设计水位（理论深度基准面）。设计高水位为 4.69 m（高潮累积频率 10%），设计低水位为 0.54 m（低潮累积频率 90%），极端高水位为 5.84 m（50 年一遇），极端低水位为－0.63 m（50 年一遇）。

3. 年渔获物卸港量及停泊渔船情况 年渔获物卸港量约 15 万 t，可停泊渔船 1 500 余艘，年停泊渔船 2 万余艘（次）。

4. 水工建筑物 位于渔港西侧的大马力渔船码头长 330 m，宽 21 m，港池底标高为－5.0 m，设计船型为 1 000 t 级，采用预制重力式方块结构方案。

渔港北侧渔业码头长 470 m，宽度为 23 m，码头前港池底标高为－3.0 m，设计船型为 150 t 级，采用沉箱重力式结构方案。

5. 陆域功能区布置及港区发展情况 渔港已建设水产品交易大厅三层，建筑面积约 18 000 m²，配备海水净化处理设备，交易大厅主要功能是海产品鲜活交易、渔需配件供应、海产品干海货交易、海鲜特色餐饮服务（图 3 - 11）。已建设海产品加工车间（制冰厂）建筑面积约 12 000 m²。配套水产品加工设备 538 台（套），年产冷冻水产品 3 000 t、冷冻鱼糜及鱼糜制品 2 000 t，鱿鱼丝 100 t（图 3 - 12）。

6. 渔港建设亮点 日照黄海中心渔港紧邻市区，交通便利、设施基础好、功能齐全，结合本地区渔业生产资源逐渐打造成为产业结构平衡、产业层次较高、辐射效应明显的渔港经济区核心区。通过积极引进核心竞争力强、规模较大、盈利能力较好的加工贸易、仓储物流、装卸补给等渔港配套产业相关企业，实现了现代渔业的高水平集聚。另外，充分利用海洋资源优势，发展全覆盖的沿线旅游，可以开展海鲜美食、休闲渔船、游艇、海钓、海岛游、海上风光、水上运动、潜水等多项活动的休闲娱乐活动，打造由刘家湾赶海园至日照黄海中心渔港走向的休闲渔业发展带。

图 3-11 日照黄海中心渔港水产品交易大厅

图 3-12 日照黄海中心渔港水产品加工车间

四、江苏省中心渔港建设案例

（一）吕四中心渔港

1. **渔港现状**　吕四渔港地处江苏省南通市启东市吕四港镇，港区水陆交通便利，吕四港南与省一级公路通吕公路、二级公路海防公路相连，西与海门区接壤，具有苏中、苏北接轨上海桥头堡的区位优势。渔港距启东市区 50 km，南通市区 70 km，与南通机场相距 46 km，交通十分便捷（图 3-13 和图 3-14）。

图 3-13 吕四渔港全貌

图 3-14 吕四渔港码头

港区紧邻通吕运河等河道汇集的入海口，南距长江口 33km。港区周边海域渔业资源丰富，北靠黄海，外接吕泗、大沙、长江口等渔场。

吕四渔港是 2002 年被批准为全国首批建设的六大国家级中心渔港之一，2009 年实施吕四中心渔港扩建工程，吕四渔港新港区水域面积 95.4 万 m²，陆域面积 210.8 万 m²，码头岸线长 7 663 m，可停泊渔船 2 300 艘，年渔获物卸港量可达 30 万 t。区域内水产品加工、交易、制冰、渔船加油、修造及后勤服务功能一应俱全，布局合理、功能完善，是目前国内规模最大的综合性人工渔港（图 3-15 和图 3-16）。

图 3-15 吕四渔港船舶修造厂

图 3-16 吕四渔港制冰厂

2. **自然条件** 本海域属北亚热带海洋性季风气候，受海洋调节和季风环流的影响，具有四季分明、降水充沛的特点。

（1）气温。年平均气温为 14.9℃，历年极端最高气温为 38.7℃（1978 年 7 月 7 日），历年极端最低气温为−11.4℃（1958 年 1 月 16 日），全年日最高气温≥35℃出现天数平均为 4.8 d。

（2）降水。该港区降水主要集中在 6—9 月，降水量约占全年降水量的 55.3%。

（3）风况。该港区受季风影响较大，夏季盛行偏东南风，冬季盛行西北风。常风向为 ESE 向，频率为 11.2%；次常风向为 N 向、E 向，频率分别为 8.9% 和 8.8%。最大风速出现在 NNE～N 向，N 向最大风速为 29.0 m/s（1986 年 8 月 28 日），极大风速为 36.9 m/s（2002 年 7 月 5 日），NNE 向最大风速为 29.7 m/s（1997 年 9 月 11 日）。历年平均风速为 6.6 m/s，6 级以上大风日年平均为 21 d。

（4）雾况。年平均雾天数为 8.4 d，以平流雾为主，80% 的雾出现在凌晨 3 点至早上 7 点。雾最长持续时间为 27 h 41 min，出现在 1988 年 4 月 28—29 日。

（5）设计水位（1985 国家高程基准）。吕四中心渔港属于闸内港，渔船进出港外海侧航道受潮汐影响，港内渔船作业码头等水工建筑受船闸设计水位控制，因此设计水位包括外海的设计水位和闸内设计水位（图 3-17）。

图 3-17 吕四渔港船闸

外海设计潮位：设计高水位（高潮累积频率 10% 的潮位）为 2.55 m，设计低水位（低潮累积频率 90% 的潮位）为−2.66 m，极端高水位为 4.72 m，极端低水位为−3.87 m。乘潮 2 h 保证率 90% 的乘潮水位为 0.83 m，乘潮 4 h 保证率 90% 的乘潮水位为 0.44 m，乘潮 6 h 保证率 90% 的乘潮水位为−0.24 m。

内港区设计水位：设计高水位为 2.60 m（内河汛期正常高水位），设计低水位为

1.373 m（船闸设计最低通航水位），极端高水位为 2.8 m（汛期高水位），极端低水位为 0.76 m（历史最低水位）。

3. 年渔获物卸港量及停泊渔船情况 年渔获物卸港量可达 30 万 t，可停泊渔船 2 300 艘。

4. 水工建筑物 吕四渔港港池面积 95.4 万 m²，陆域面积 210.8 万 m²，码头岸线长 7 663 m，泊位 825 个，采用现浇重力式结构，地基处理采用水泥搅拌桩加固地基，水泥桩直径 600 mm，间距 2 m 梅花型布置。

5. 陆域功能区布置及港区产业发展情况 吕四渔港陆域功能共分为渔船靠泊、渔船维修补给、水产品交易和水产品特色营销小镇等四个模块。其一，渔船靠泊共建设有三处靠泊港岛，配备了卸鱼棚，落成渔获物全天候定点上岸的便捷设施。其二，在吕四渔港中岛建设一处制冰厂，总用地面积 19 780 m²，总建筑面积 14 323.9 m²；吕四渔港南侧岸线设置一处加油站，占地 800 m²；吕四渔港南侧岸线招商引资 5 亿元，建设江苏源长船舶修造有限公司，占地 63 000 m²（图 3-13）。其三，吕四渔港规划搬迁老港水产路的冷库及商铺，在吕四港建设水产品交易市场，规划总用地面积 81 175 m²，总建筑面积 124 500 m²，容积率 1.53，建筑密度 46.3%，该地块拟建 33 座 4 层冷库，配套建设道路、停车位、给水、雨污、通讯、绿化等设施。其四，吕四渔港大力发展仙渔小镇项目，建设餐饮、住宿、娱乐等设施，打造吕四渔港特色风情。

6. 渔港建设亮点 吕四渔港作为渔船停靠、修造、物资补给的渔业生产后勤基地，以及水产品冷藏、加工、贸易产业上的重要一环，集渔获物装卸、渔船补给、避风、维修、水产品交易和小城镇建设于一体，既是渔船的家，同时也是渔区社会、经济、文化活动中心，为启东甚至南通、江苏的渔业经济发展发挥了极其重要的作用。

（二）黄沙港中心渔港

1. 渔港现状 黄沙港渔港位于江苏沿海中部，是江苏省第二大渔港，2005 年 10 月经农业部批准建设国家级中心渔港，是盐城沿海唯一的中心渔港。黄沙港渔港为三闸合一的闸下港，有效掩护水域面积 180 万 m²，陆域面积 459.2 万 m²。依港建成了 40 座冷库，总库容 1 万 t，已形成了完备的码头作业、水产交易、渔政服

图 3-18 黄沙港渔港现状

务、渔民居住、旅游休闲五大功能区。紧邻渔港的黄沙港避风锚地项目已建成上岸码头 150 m、斜坡式系泊岸线 550 m，渔船避风容量为 1 000 艘船（图 3-18）。

2. 自然条件

（1）气温。极端最高气温为 39 ℃（1966 年 8 月 8 日），极端最低气温为 −15 ℃（1969 年 2 月 6 日），年平均气温为 13.8 ℃，日最高气温≥35 ℃的天数平均每年 4.9 d，日最低气温≤−10 ℃的天数平均每年 1.4 d。

（2）降水。本地区夏季多雨，冬季干燥。雨量集中在 6—9 月，这四个月降水量占全

年降水量的 66%，其中又以 7—8 月最多，12 月至翌年 2 月的降水量仅占全年降水量的 7%。根据射阳县气象站 1953—1980 年资料统计，年平均降水量 1 034.8 mm，年最多降水量 1 525.2 mm，年最少降水量 535.1 mm，一日最大降水量 263.2 mm（1972 年 8 月 8 日），一小时最大降水量 109.2 mm，最长连续无降水天数 70 d（1973 年 11 月 6 日至 1974 年 1 月 14 日）。

（3）风况。历年最大风速 21.3 m/s（1974 年 6 月 2 日），历年极大风速 30.2 m/s（1978 年 7 月 6 日），历年平均风速 3.3 m/s，历年大风天数最多 39 d，最小 4 d。据分析，本港区的常风向为 SE 向和 ESE 方向，频率分别为 10% 和 8%，强风向为 NNE 向，定时最大风速 18 m/s。

（4）雾况。该地区一般是凌晨起雾，早上 8—9 点消散，有雾时能见度大多为 500～1 000 m。晚春和晚秋出现的雾日多于冬季，以 4 月为最多，达 4.6 次/d，1 月为最少，为 2.4 次/d。历年最多雾天数 75 d，历年最少雾天数 24 d，历年平均雾天数 44.1 d。

（5）潮汐。该港为不正规半日潮型。河口流速较大，一般流速为 1 m/s，最大流速为 2 m/s 左右。洪水时，当射阳、运棉、黄沙、利民四闸开放时流速更大。涨潮流向西南，落潮流向东北，平均涨潮历时 4 h 19 min，平均落潮历时 8 h 7 min。

（6）设计水位（1985 国家高程基准）。设计高水位为 2.14 m，设计低水位为 -1.09 m，极端高水位为 3.64 m，极端低水位为 -2.29 m。

3. 年渔获物卸港量及停泊渔船情况 年渔获物卸港量近 22 万 t，常年停泊海洋渔船近千余艘。

4. 水工建筑物 拥有码头及护岸 6 456 m，结构型式主要有高桩结构、板桩结构、重力式结构，岸线平台 11 万 m²，有效掩护水域面积 180 万 m²，渔船进出港无需进闸，十分便利。2022 年，开工建设黄沙港渔港码头二期工程，包括 2 022 m 长的顺岸码头、16 座突堤码头，分别采用重力式码头和高桩码头结构。

5. 陆域功能区布置及港区产业发展情况 一是渔港小镇功能区，位于利民河北岸闸下，重点发展新型渔业旅游产业；二是渔港管理服务功能区，位于黄沙河南岸闸下，已将渔港风情广场、小镇体验中心、百味渔城、海王禅寺连成一体，形成渔政执法、渔业管理、水产品质量检测、水产品贸易中心、海岸城大酒店等管理服务产业；三

图 3-19 黄沙港中心渔港鸟瞰图

是渔港现代产业功能区，位于运棉河北岸闸下，重点建设水产品加工、冷链物流、渔业装备工业、渔船修造、渔需物流、邻里服务等 20 个现代化新型渔港业态（图 3-19）。

6. 渔港建设亮点

一是创新建港模式。按照"投资＋建设＋拥有＋运营＋维护"（BOO＋EPC）的模式，2021 年，射阳县通过公开招标确定中国铁建投资集团有限公司、中铁十六局集团有限公

司、中国铁建港航局集团有限公司和中铁第四勘察设计院集团有限公司为黄沙港国家中心渔港项目的投资团队，并在射阳组建中铁建投盐城黄沙港开发有限公司，负责黄沙港国家中心渔港项目的建设和运营。

二是创新管港模式。全面推行渔港"双港长制"，积极探索构建"管理标准、信息共享、全域覆盖"的渔港管理新模式。

三是创新渔港布局模式。规划建设"一核一带三区"渔港经济区模式，逐步形成沿海渔港经济区增长极，拉动县域经济增长。

四是创新智能渔港模式。黄沙港中心渔港二期建设项目将围绕打造国内首个智能渔港码头，利用现代工程、装备、5G、AI 等现代科技，采用全自动渔获装卸机、无人化制冰厂等智能技术，同时实现加油加冰码头、智慧化应急预警平台、渔获物线上交易平台及渔获追溯平台等功能，实现生产机械化、管理现代化、交易信息化。

图 3-20 黄沙港中心渔港规划

五是创新文旅融合新模式。在举办中国黄海开渔节的基础上，依托渔港小镇建设平台，深挖"渔+盐+鹤"文化内涵，推出渔民丰收节、河蟹挂笼节、安康鱼节等系列文创活动（图 3-20）。

五、浙江省中心渔港建设案例

（一）舟山普陀沈家门中心渔港

1. 渔港现状 沈家门中心渔港位于浙江省东北部，舟山群岛东南部，长江入海口，为一狭长形海峡，由港区水域与港区陆域组成。沈家门中心渔港是全国最大的渔港，每年渔获物吞吐量超过百万吨，居全国首位。沈家门地区渔业生产已有四千多年历史，新中国成立以来，港区陆续进行多次整治和基本设施的建设，港门日臻完善。各类大、中、小型为渔业服务的企业如水产加工、海洋药物制造、船舶修造、锚链、石油等发展到数百家，商贸服务行业繁盛兴旺，形成网络。后方还有浙江海洋学院、海洋水产研究院等教育科研机构形成强有力的智力支撑体系。沿海各省（自治区、直辖市）的渔船均来港避风，补给生产、生活资料。

渔港岸线总长约 18.5 km，其中东港区 7 km，中港区 5 km，西港区 6.5 km。港区水域总面积约 62.13 km²，包括通港航道、港池、停泊区、防浪堤、护岸。港区陆域总面积约 3.96 km²，包括岸线、码头、装卸作业区、仓库、堆场、水产品交易市场、船厂、沿港道路以及为渔港功能所需的后勤设施用地等，其中冷库 20 余座，船坞、滑道 14 座，管理用房 1 200 m²，渔用场地 26 007 m²。港区内共有各类码头 141 座，193 个泊位，码头长度 2 566 m。

2. 自然条件

（1）气温。普陀区年平均气温 16.1~16.3 ℃，近年来略有升高，在 16.9~17.0 ℃之间，年际之间虽有所差异，但变幅较小。全年 8 月最热，平均为 26.9~27.6 ℃；1 月最冷，平均为 5.4~6.5 ℃；平均年温差约为 21.2 ℃。累年最高气温≥35 ℃的高温出现天数，平均每年为 2.4 d，极端最高气温为 39.1 ℃（1966 年 8 月 5 日）；日最低气温≤0 ℃的低温出现天数，平均每年为 14.7 d，极端最低气温为－6.1 ℃（1967 年 1 月 16 日）。

（2）降水。普陀区年平均降水量在 1 186.7~1 293.7 mm 之间。历史上最多年份的降水量为 1 849.5~1 888.9 mm，最少年份的降水量为 626.5~628.4 mm。年内各月平均降水量主峰形分析：第一峰出现在 6 月（158.8~179.1 mm），第二峰值出现在 9 月（149.1~191.4 mm），7—8 月和 12 月至翌年 1 月为两个低值区。历史上在定海出现的最大月降水量在 1963 年 9 月，降水量 467.2 mm，最小月降水量出现在 1963 年 1 月为 0.0 mm。区域内年平均降水天数为 152~155 d，雨日集中在 3—6 月，5 月最多，12 月最少，仅 8~9 d。统计资料表明，普陀区最长连续有雨的天数是 15~18 d，最长连续无雨的天数是 36~48 d。

（3）风况。普陀区区域风的变化具有明显季节特征。春季锋面、气旋活动频繁，风向易变，夏季受副热带高压的影响，风向多偏南风，但平均风速一般较小。夏季是浙江沿海热带气旋频繁活动期，当普陀区受热带气旋影响时，往往会产生当年最大风速；秋季、冬季风逐渐取代夏季风，以偏北风居多，区域平均风速逐渐增大。初秋（9 月至 10 月初）期间也常受到热带气旋的影响；冬季在蒙古冷高压边缘控制下，风向盛行西北偏北风。

利用普陀气象站和梅山的气象资料分析区域风的特征。全年风况表现出明显的季风特征，有两组主导风向，即偏西北（NW~N）风和偏东南（ESE~SSE）风，偏西北风 3 方位频率合计为 36%，平均风速在 4.9~5.0 m/s，最大风速在 25~35 m/s；偏东南风 3 方位频率合计为 22%，平均风速在 4.0~5.2 m/s，最大风速在 19~25 m/s。其他各风向频率在 5% 以内，平均风速相对较小。

（4）灾害性天气。普陀区主要灾害性天气有热带气旋、大风、暴雨、强冷空气和寒潮、海雾。

热带气旋是影响普陀区最为严重的灾害性天气。据资料统计，进入警戒区的热带风暴、强热带风暴和台风年均 3.3 次，最多 7 次，最少 1 次，最早出现在 5 月（1967 年、1972 年），最迟出现在 11 月（1967 年、1972 年），影响最盛期为 7—9 月，占总数的 81% 左右，其中 7—8 月为最多，分别占总数的 31% 左右。受热带风暴影响，常出现大于 100 mm 以上的降水过程及 12 级以上的大风，尤其是 8 月，是出现 12 级以上大风最多的月。每年由于受台风的影响，常给普陀区的经济建设和人民的生命财产带来重大的损害，成为最主要的灾害性天气。

大风为普陀区最频繁的灾害性天气，其中，冷空气带来的大风、气旋和强对流酿成的大风最凶猛。大风天气的月际分布以 1 月最多，6 月最少。大于 8 级的大风过程年均 66.4 次，10 级以上大风年均 4.9 次。大风风向以偏北为主，偏南次之。大风主导风向随季节变化而变化；冬季多偏北大风过程，春季、初夏多偏南大风过程。

一般暴雨发生的年概率为 0.74 次，年均暴雨 1.6 次，最多年 4 次。5—10 月为暴雨期，占总数的 95%，其中 9 月暴雨出现最多，约占总数的 34%。暴雨月频率曲线呈双峰型，主峰值在 9 月，次峰值在 6 月。暴雨平均持续时间 22.6 h，最长 48 h，最短 5 h。暴雨平均过程雨量 74.2 mm，过程最大雨量 137.1 mm，过程最小雨量 50.4 mm。暴雨平均每小时降雨量为 135.0 mm，最小值为 50.6 mm，平均 78.5 mm。

强冷空气出现年概率为 0.53～0.86，年均影响次数 0.6～2.1 次，出现最冷空气月是 12 月至翌年 1 月，占总次数的 42.8%～77.7%。寒潮出现年概率为 0.07～0.26，每年 0.1～0.3 次，在强冷空气中可达寒潮标准的占 9.1%～13.2%，主要出现在 11—12 月和 2—3 月，且相对比较集中。

强冷空气影响下常出现降温、降水和大风，24 h 平均降温为 7.9 ℃，最大降温 12.6 ℃；48 h 降温 10.9 ℃，最大降温 13.7 ℃；过程平均降温 12.1 ℃，过程最大降温为 18.6 ℃。冷空气影响时 24 h 降水量平均 4.3 mm，极值 19.2 mm；过程降水量平均 5.2 mm，极值 30.6 mm，降水概率 84%。冷空气影响时出现 8 级以上大风的概率为 0.96，持续天数 1.0～3.4 d，其地域分布自南向北、自西向东递增。最大风速极值为 11～12 级。

（5）海洋水文。各岛内无大河，受影响较大的主要为潮汐和风浪。

普陀海域内的潮汐可分为正规半日潮和非正规半日潮，东部邻近外海海域为正规半日潮，西部临近大陆海域为非正规半日潮，落潮历时略大于涨潮历时，近岸潮流基本呈往复流，平均潮差 2.01～2.53 m，最大潮差为 3.31～4.21 m。

普陀外海海域受大风影响或台风过境时，风浪较大，最高浪高在 3 m 以上；但近海海域及主要港口，岛屿星罗棋布，形成了天然的屏障，风浪较小，最高浪高在 2 m 以下。

（6）设计水位（1985 国家高程基准）。设计高水位为 2.13 m（高潮累积频率 10%），设计低水位为 -1.52 m（低潮累积频率 90%），极端高水位为 3.36 m（重现期 50 年一遇），极端低水位为 -2.62 m（重现期 50 年一遇）。

3. 年渔获物卸港量及停泊渔船情况

沈家门中心渔港年渔获物卸港量 48 万 t。

东港区为长度≤12 m 的小型渔业船（艇）停泊区，长度>12 m 的休闲渔船可以在水深条件许可的区域停泊；中港区为长度>12 m 的渔业船舶和游艇（舟山国际水产城区域除外）停泊区；西港区为长度>24 m 的渔业船舶和非渔业船舶及 500 t 以下危险品船舶停泊区；南港区为长度>24 m 渔业船舶和载重吨在 1 000 t 以上非渔业船舶或 500 t 以上危险品船舶的停（锚）泊区。

4. 水工建筑物　港区内共有各类码头 141 座，193 个泊位。按码头等级划分，共有 350 t 级浮码头 98 座，500 t 级浮码头 24 座，1 000 t 级高桩梁板码头 10 座，3 000 t 级高桩梁板码头 4 座，5 000 t 级以上高桩梁板码头 5 座。港区护岸长度 6 103 m，结构主要为高桩梁板式结构和重力式结构。

5. 陆域功能区布置及港区产业发展情况　沈家门中心渔港规划形成"四带五点"的空间布局，即东港带、中港带、西港带、南港带四条发展带，以及舟山中心渔港、国际水产城、半升洞客运站场、东港小型渔业船舶（艇）避风基地、菜花山放生平台五个重要节点。

（1）东港带：沈家门中心渔港东港区规划将在东港区打造游艇、海钓度假基地，进一步拓展渔业功能，转变渔业发展方式，提高渔业发展质量和效益，促进渔民转产转业，增加渔民收入，通过将休闲娱乐、观赏旅游、生态建设与渔业的有机结合，形成一二三产业融合和新型渔业业态，加快发展绿色渔业和海洋旅游产品的开发，使舟山的海钓业能在更大范

围、更高层次、更深领域参与新兴
产业的合作与竞争（图3-21）。

（2）中港带：沈家门中心渔港
中港区规划通过强化渔港港区共
享，渔港特色小镇利用改造并举，
交通设施共用，防浪堤、码头兼
用，渔港景观改造等手段，实现
"商务、旅游价值提升东扩，传统

图3-21　沈家门中心渔港东港区现状

支柱产业西移，水产加工辐射北拓，海洋渔港文化传承南进"；采取选择性的改造，将既
有的渔港特色小镇和海鲜大排档、
中国国际水产城等商贸、旅游、观
光等已经发育成熟的资源及产业配
套基础设施有机结合，为渔港经济
区建设注入新的发展动能，以重新
激活沈家门渔港的发展活力，实现
可持续发展（图3-22）。

（3）西港带：沈家门中心渔港
西港区与舟山中心渔港区联动，通
过建设舟山百里滨海大通道，依托
沈家门中心渔港西港区沿岸传统支
柱产业的聚集功能和港口基础设

图3-22　沈家门中心渔港中港区现状

施，加上中国水产舟山海洋渔业公司正在规划建设的中国水产（舟山）海洋渔业产业科创
园区项目，全面升级、改造原舟山兴业集团公司到舟山中心渔港（普陀段）西侧地段，尤
其是在舟山中心渔港，打造远洋渔船后勤保障综合体，使传统与现代有机融合，做大做强渔
获物交易、分拨配送、加工、物流信息、决策指挥、商务服务的经济辐射，成为我国重要的
水产品集散地，促进普陀区远洋渔业实现提质增效，高质量发展（图3-23和图3-24）。

图3-23　沈家门中心渔港西港区现状一

图3-24　沈家门中心渔港西港区现状二

（4）南港带：南部岛屿生态海岸带以沿海绿道为主线、以生态环境为基底、以历史文化为
底色，结合小干岛未来城市CBD定位，连接鲁家峙，在两岛海岸建设生态景观长廊。与对岸

的沈家门中心渔港西港带、中港带形
成对景，扩大两岸视线所及的景观范
围，将海港与城市公共绿地相结合，
为沈家门中心渔港的居民和从业人员
打造一个可徒步、可骑行、可驾车的
滨海全新休闲空间，从物质空间层面
助推港城一体化（图3-25）。

图3-25 沈家门中心渔港南港区现状

（5）"五点"。重点打造舟山中
心渔港、国际水产城、半升洞客运站场、东港小型渔业船舶（艇）避风基地、菜花山放生
平台五个重要节点，从渔业生产、渔业休闲、文化传承等方面提升普陀沈家门中心渔港片
区综合实力。

6. 渔港建设亮点

（1）建设模式。沈家门中心渔港以整合岸线、码头、港池航道疏浚和建设渔船避强台
风锚地为出发点，依托"渔、港、景和互联网＋"等传统和现代发展理念，打造出具有时
代新鲜感和海岛港城特色感浓厚的渔港小镇。

（2）功能布局。在"十一五"至"十三五"期间，普陀区围绕着"调结构，转方式"
的总体布局，通过联动开发舟山本岛南部港口的一体化工程，重点构筑"南生活、中生
态、北生产"三带协调发展的新格局，并对沈家门中心渔港东西二个港区的规划做了相应
的调整，东港区即半升洞至舟山兴业公司以东地区，主要通过选择性的改造，为传统海洋
渔业注入新的产业，如旅游服务业、水产商贸业、文化创意、海鲜餐饮业等，重点是扩大
舟山渔文化内涵和复兴渔港特色。西港区即舟山兴业公司以西地区，主要依托既有的渔业
产业聚集功能和港口发展的经济基础，整合现有岸线和资源，重点拓展及利用"互联网
＋"等新兴技术与资源，使传统与现代有机融合，做大做强水产品交易、分拨、配送、加
工和物流信息、决策指挥、商务服务和渔船渔具修理、渔用物资机械配送及舟山远洋渔船
综合保障中心，使之成为可以与世界重要的水产品集散地、全国最大渔港经济区发展相适
应的现代化渔港都市。

（3）技术创新。普陀智慧渔港本着"统筹规划，分步实施"的原则，逐步打造"一个
平台、一个终端、多点感知"的三级安全立体监管及服务系统，逐步实现"看得见、叫得
通、管得住"的监管目标，建设内容包括：

① 渔船渔港动态监管及应急指挥平台。基于电子海图平台（GIS平台），综合利用北
斗、AIS、视频、雷达实现对本港籍渔船及港区安全动态的全面监管及预警、应急指挥，
并关联船舶、船员、船公司、通航等各项数据进行业务逻辑判断，提供目标识别、电子巡
查、电子跟踪、电子预警、电子指挥、电子盯防、电子记录及分析等监管功能。

② 进出港申报及服务移动客户端。开发移动客户端，实现船舶进出港报告制度，通
过出入港申报管理，对普陀渔港渔船进出港申报实施管控，对出港船舶进行船舶适航、船
员适任远程认证，认证内容包括船舶资质信息、船检信息、作业申报信息、天气条件等，
不符合适航条件的船舶则给予认证不予通过的提示。

通过移动客户端实现家属对自家渔船的实时位置监测，恶劣天气风险预警，违规航行

及违规作业预警。

③ 安全监管综合感知网。在港区进出口以及港区外海新建雷达、AIS 基站及视频监控设施，通过 AIS、雷达等感知装备及技术，实现渔港、渔船、渔获物、渔港作业状态的实时感知与信息采集。

利用 AIS 数据、雷达数据分析能力，对船舶进行实时动态监控，实现渔业作业船舶与商船避碰预警；对进出港船舶进行实时记录，实现渔港船舶实时统计、重要出口口门区域/电子卡线的船舶流量统计等实时分析显示，便于对港区安全态势的宏观掌控，为管理提供数据辅助管理。

（二）玉环市坎门中心渔港

1. **渔港现状** 坎门中心渔港位于玉环市东南端，坎门湾东北部，为浙江南部主要渔港之一，是全天候避风良港。坎门渔港始建于 1986 年，因严重淤积而无法满足渔船锚泊避风，于 1997年启动二期渔港建设，以黄门赤礁山与坎门大山墩为一线建成防波堤，防波堤工程投资 1.39 亿元。2005 年，农业部批准坎门渔港为第一批国家级中心渔港，2006 年开始建设，项目总投资 5 240.72 万元，项目主要建设内容为高桩码头

图 3-26 坎门渔港现状

116 m，浮码头 216 m，北护岸 527 m，重力式码头 301 m，南护岸 320 m，航道开挖 68.66万 m³，道路回填 14 万 m³ 等。中心渔港工程于 2007 年 10 月开工，于 2014 年 12 月竣工验收。2014 年 3 月，对原有防波堤按照 100 年一遇的潮位和波浪要素进行设计和全线整体修复加固改建，总投资 2.13 亿元，2016 年 12 月完工。防波堤已经受多次台风袭击，包括"利奇马""黑格比"等 17 级以上超强台风，是整个坎门中心渔港重要的屏障，有效地保护了港区范围内群众的人身财产安全（图 3-26）。

2. **自然条件** 坎门气候温暖，四季分明，日照充足，属亚热带季风气候，具有明显的海洋性气候特征。气象资料采用玉环气象站观测资料，玉环气象站位于坎门东山头岛上，观测地面海拔 95.9 m。

（1）气温。年平均气温为 16.9 ℃，年极端最高气温为 34.7 ℃（1978 年 8 月 1 日），年极端最低气温为 -5.4 ℃（1969 年 2 月 6 日）。

（2）气压。年平均水气压为 17.6 hpa。

（3）降水。据 1957—1988 年 32 年气象资料统计，该地区气候温和湿润，日照充足，雨量丰沛，年平均雨日为 158 d，流域年平均降水量 1 412 mm。

（4）风况。坎门的常风向为 NE 向，出现频率为 16.11%，强风向为 SE 向及 SSE 向。

（5）湿度。年平均相对湿度为 80%。

（6）潮汐。坎门湾的潮汐属正规半日潮性质，一日呈两高两低。

潮位（1985 国家高程基准）：最高潮位为 5.34 m（1994 年 8 月 21 日），最低潮位为

－3.66 m（1994 年 12 月 1 日），年平均潮位为 0.12 m，年平均高潮位为 2.14 m，年平均低潮位为－1.90 m，最大潮差为 7.02 m，年平均潮差为 4.06 m，年平均涨潮历时为 6 h 19 min，年平均落潮历时为 6 h 06 min。

设计水位（1985 国家高程基准）：设计高水位为 2.92 m（高潮累积频率 10%），设计低水位为－2.75 m（低潮累积频率 90%），极端高水位为 4.67 m（50 年一遇），极端低水位为－3.64 m（50 年一遇）。

3. 水工建筑物　坎门中心渔港港域面积达 4.2km²，可供 1 600 多艘渔船避风锚泊。渔港港区范围内拥有码头 3 座，分别为高桩码头 116 m、浮码头 216 m、重力式码头 301 m。管理用房 4 700 m²，斜坡式护岸 847 m，坎门渔港防波堤一座，全长 1 560 m，位于黄门赤礁山与坎门大山墩之间，分为东西两段防波堤，其中，东堤长 630 m、西堤长 930 m。

4. 年渔获物卸港量及停泊渔船情况　玉环市共有渔船 442 艘，坎门中心渔港停泊船只 269 艘，年渔获物卸港量达 12 万 t。

5. 陆域功能区布置及港区产业发展情况　坎门中心渔港分东、西两港区。目前渔港发展以东区为核心，综合管理区、水产品交易区及冷藏加工业均布置在东区，拥有 14 个泊位，按功能分卸鱼、加冰码头 8 个泊位，物资码头 6 个泊位。西区有大片用于发展加工业的土地，发展潜力较大，有渔港建设过程中填海形成的小里澳区块，批准海域使用证面积约 46 万 m²，已实施完成软基处理、回填造地。后续将根据玉环渔港经济区建设规划，在小里澳区块的西部建设高质量水产精深加工园区，并在其附近新建配套码头设施。

6. 渔港建设亮点　坎门中心渔港港区腹地广阔，自然条件优越，渔业发展历史悠久。在 2023 年陆续对坎门中心渔港实施多个项目的建设，主要是建成渔港高质量发展产业园和国家级海捕虾加工中心。产业园位于中心渔港小里澳区块，一期占地约 13 万 m²，项目总投资 6.2 亿元，项目将建成水产精深加工、工业化智慧养殖、海洋生物医药研发、现代渔业仓储物流四个产业片区，助推玉环渔业产业迭代升级，优化整体产业布局，推动玉环渔港经济区发展，促进共同富裕。国家级海捕虾加工中心为玉环市与中国渔业协会共创共建项目，通过 4 艘加工船形成海上加工产业集群，形成完整的产业链体系，预计可形成百亿级产业体量。

（三）嵊泗中心渔港

1. 渔港现状　嵊泗县位于我国东海近岸海域，坐落于长江、钱塘江入海口的交汇处，是浙江省最东部、舟山群岛最北部的海岛县。嵊泗渔港位于嵊泗县菜园镇西北侧泗礁岛与金鸡山之间，按建设阶段和区域位置分为新老两个港区，整个港域东起老港区防波堤堤头处，南至老港区小菜园码头附近，北至新

图 3－27　嵊泗渔港航拍全景

港区北防波堤附近，向西至新港区西防波堤附近。嵊泗渔港在全县渔港中处于龙头地位，可满足渔船靠泊、避风、卸货、加冰、加油等功能（图 3－27）。

嵊泗渔港老港区始建于 1992 年，地处菜园镇西北，泗礁山与金鸡山之间，为农业部批

准的国家一级渔港，一期工程于1992年4月动工，1996年2月竣工验收，建成长1350m的防波堤和2.5km²的港池面积，一期工程完工后虽然解决了大部分渔船的避风问题，但仍有小部分渔船因港内太挤，只能在渔港口门处避风。2001年，嵊泗渔港老港区二期扩建工程开工，延伸防浪堤350m，2002年竣工，堤头设有一座高8.5m的导航灯塔，口门有效宽度大于370m，港区东西向有两个口门形成一条主航道。

2005年以来，随着嵊泗县渔业的快速发展，嵊泗渔港来港渔船数量越来越多，渔获物卸港量不断加大，老港区码头泊位少、后方陆域狭小、配套设施不足的矛盾日益突出。为此，2009年县政府启动实施了嵊泗渔港（新港区）扩建工程，2016年又启动实施了嵊泗渔港（新港区）二期建设工程，全力打造嵊泗中心渔港新港区。2023年，农业农村部认定嵊泗渔港为中心渔港（图3-28和图3-29）。

图3-28 嵊泗渔港港界

图3-29 嵊泗渔港新港区土地利用规划

嵊泗渔港老港区现有防波堤总长 1 650 m，直线段 1 300 m，延伸段 350 m，护岸总长 1 204 m，现有水域面积 200 万 m²，港区沿岸线自东至西有渔政码头 1 座，其他各类码头 10 余座（图 3-30 和图 3-31）。

图 3-30　嵊泗渔港（老港区）航拍一

图 3-31　嵊泗渔港（老港区）航拍二

嵊泗渔港新港区已建防波堤 3 425 m，新建渔业码头泊位 22 个，渔政码头泊位 2 个，渔政扣船码头泊位 1 个，新建护岸 1 297 m，引桥 294 m，栈桥 206 m，渔港现有水域面积约 415 万 m²，主要受 N 向与 W 向波浪和港区小风区波浪影响（图 3-32）。

图 3-32　嵊泗渔港（新港区）航拍

2. 自然条件

（1）气温。根据嵊泗气象站（位于嵊泗县城菜园镇西北山顶，北纬 30°44′，东经 122°27′）2003—2013 年的资料，该地区 1 月最冷，平均气温为 5.1 ℃，8 月最热，最高温度为 26.8 ℃，全年平均气温为 15.8 ℃。历年最高 36.7 ℃（1961 年），极限最低气温 -7 ℃。

（2）降水。根据小洋山金鸡门与嵊泗两地气象站资料统计，嵊泗海区年平均降水量达 985.9～1 193.3 mm，年最大降水量 1 613.1 mm，全年降水主要集中在春、夏季 3—9 月，以 6 月份最大，整个雨季约占全年平均降水量 72% 以上，10 月至翌年 1 月雨水较少。

（3）风况。该海区受冬、夏季风影响，风向季节变化明显，全年多 N 和 SE 向风，4—8 月多 SE 向风，9 月至翌年 2 月多偏 N 向风，3 月冷暖空气交替频繁，以 SE 和 N 向风为主。小洋山金鸡门气象站常风向为 NNE 向，发生频率为 12.6%（NNW～NNE 向合计频率为 33.9%），次常风向为 SE 向，发生频率为 11.8%（ESE～SSE 向合计频率为 30.0%）。强风向为 NNW 向，其次为 NNE 向，实测最大风速分别为 29.1 m/s 和 26.7 m/s。根据嵊泗县气象站多年测风资料统计，嵊泗海区常风向为 N～NNW 向，统计频率为 22.4%，其中 NNW 向最大，频率为 12.3%，次常风向 SSE～S 向，统计频率为 19.1%，海区强风向为 NNW～NNE 向，其中 NNE 向实测最大风速 40.0 m/s，其次为 SE～S 向，SE 向实测最大风速为 26.0 m/s。

（4）雾况。该区雾类以锋面雾和平流雾居多，雾日年内各月均有分布，相对集中在冬、春季节，4月最多，其中小洋山金鸡门气象站测得年平均雾天数为29.4 d，嵊泗气象站测得年平均雾天数为48 d。年最多雾天数为60 d，年最少雾天数为39 d，多年一次连续大雾天数为8 d。

（5）相对湿度。根据1961—1985年资料，该区平均相对湿度为79％，年平均蒸发量为1 526.2 mm。由此可见，该区的年蒸发量大于降雨量。

（6）潮汐、潮流。本区海域潮汐属于非正规半日潮，两相邻高潮和低潮不等，涨潮历时小于落潮历时。港区潮流为非正规半日潮，且呈往复流运动。涨潮流以偏W向为主，落潮流以偏E向为主。由于受地形限制，金鸡山与菜园镇之间通道的潮流运动，涨潮流以NNW向为主，落潮流则以SSE向为主，平均涨潮历时5 h 55 min，平均落潮历时6 h 29 min，平均潮周期12 h 26 min。

（7）设计水位（1985国家高程基准）。设计高水位为2.05 m，设计低水位为−1.76 m，100年一遇极值高水位为3.06 m，50年一遇极端高水位为3.01 m，50年一遇极端低水位为−2.76 m，100年一遇极值低水位为−2.91 m。

3. 年渔获物卸港量及停泊渔船情况 嵊泗当地渔船主要作业渔场为舟山渔场、舟外渔场、江外渔场等。嵊泗水产品产量以海洋捕捞为主，主要作业形式有拖网、围网、刺网、张网等。海洋捕捞品种以鱼类、虾类、蟹类、头足类为主，其他水产品主要以海蜇为主。海水养殖种类主要为贻贝，养殖方式为海上筏式养殖。嵊泗渔港年渔获物卸港量在8万t以上，每年秋冬汛期间，大量渔船汇集浙北渔场进行捕捞作业，除舟山籍渔船外，主要来自台州、宁波、福建等地，尤其是每年冬讯季节的大风天气，涌入嵊泗渔港避风的数量多达1 000余艘。

4. 水工建筑物

（1）码头。嵊泗渔港内合计拥有各类码头长度为2 582 m，其中老港区1 019 m，新港区1 563 m，合计各类码头39座。老港区拥有渔政码头1座，交通码头1座，石油码头2座，渔业码头4座，渔业浮码头1座。新港区内拥有新建码头总长1 250 m，其中渔业码头26座，渔政码头2座，渔政扣船码头1座，交通船停泊点码头1座。南港区码头结构形式采用高桩码头结构，通过引桥与后方护岸连接，东港区码头采用重力式结构。

（2）防波堤。嵊泗渔港老港区1996年建成1 300 m防波堤（设计标准25年一遇），2002年8月建成延长段350 m防波堤（设计标准50年一遇），防波堤采用斜坡式结构，堤顶有效宽度5.5 m，堤顶高程为7 m，外坡护面采用异形块体加扭工字体。

嵊泗渔港新港区2015年建成防波堤3 425 m（设计标准100年一遇），其中北防波堤2 180 m，西防波堤905 m，东防波堤260 m，东口门堤80 m；东、西、北防波堤采用斜坡堤结构型式，东口门堤采用直立式防波堤结构型式，地基处理采用爆破挤淤形式，北、东防波堤堤顶高程9.5 m，西防波堤堤顶高程7.0 m，外坡坡度为1：1.5，外坡护面采用扭王字块体，内坡采用栅栏板护面，东口门堤为直立式防波堤结构，采用现浇沉箱和钢筋砼挡浪墙相结合的结构型式。

（3）护岸。嵊泗渔港老港区2000年以前陆续建设沿中心渔港岸线金平和青沙段护岸合计约2 460 m，护岸结构主要为直立式结构，灌砌块石护面，部分护岸段建设靠船平台及上下台阶，兼做中小型渔船的渔业靠泊岸线。

嵊泗渔港老港区2002年建成菜园镇侧护岸1 204 m，护岸结构分直立式与斜坡式两种，直立段每 100 m 设斜梯踏步台阶一个，便于渔船卸港后上岸晒网及物资补给，斜坡段为观赏岸线。

嵊泗渔港新港区 2020 年建成护岸 1 297 m，其中斜坡式结构 1 177 m，直立式结构 120 m，斜坡式护岸采用灌砌块石护面，软基处理采用塑料排水板固结法。

5. 陆域功能区布置及港区产业发展情况　通过转移和整合渔港老港区的部分功能，建立嵊泗综合性水产品交易市场和配套产业链，尽可能多地吸引本地捕捞渔船到嵊泗渔港投售渔获物和补给，对渔港新港区的布局提出了南港区以产业配套为主、东港区以渔业基础设施配套为主的总体思路，考虑整个港区的多功能综合发展，并为今后发展留下一定的空间。渔港新港区目前规划用地范围 19.72 万 m²，包括前方作业区、渔业产业园区、冷链物流区、公用配套设施区、水产品交易区、海洋公园区、渔业综合管理区、综合物资区及后勤保障区 9 大区块及港区道路。

渔业综合管理区主要布置于南港区东部，包括综合服务管理中心和海洋公园区；渔业交易生产区主要布置在南港区中部，包括水产品交易区、渔业产业园区、冷链物流区和公用配套设施区；渔业基础设施配套的后勤保障区和综合物资区主要布置在东港区。

六、福建省中心渔港建设案例

（一）连江黄岐中心渔港

1. 渔港现状　黄岐中心渔港位于福建省连江县东北的黄岐半岛东南部，黄岐湾北岸位置，黄岐镇前沿水域，中心地理坐标为北纬 26°19′04″，东经 119°52′45″。2003 年，黄岐镇在原来黄岐国家一级渔港的基础上建设黄岐国家中心渔港，该工程已于 2013 年竣工验收，中心渔港建成后使港区功能进一步完善，逐渐发展成为集生产、避风、交易等多种功能于一体的大型综合渔港。目前，渔港港内水域面积约 47.8 万 m²，港区岸线长 1 200 m，专业码头泊位 9 个。黄岐渔港在东区码头后方还建有一座客运站，建成有总占地面积 5 301.6 m²、建筑面积 8 377.45 m² 的旅检通关大楼，前沿水域配备有 100 t 对台客运码头 35 m，于 2015 年 12 月完工。另外，黄岐渔港西区码头南侧建有船厂一座，船厂占地面积 13 万 m²，拥有 2.5 万 t 级干船坞一座，舾装码头一座，50 t 汽车吊 1 台、16 t 汽车吊 1 台、25 t 汽车吊 1 台及 15 t 高架吊车 1 座（图 3-33 和图 3-34）。

图 3-33　黄岐中心渔港全景　　　　　　　　　图 3-34　黄岐中心渔港夜景

2. 自然条件　该区域常年平均气温为 19.7 ℃，年平均降水量 1 532.4 mm，强风向 WNW，最大风速 40 m/s（1966 年 9 月 3 日），次强风向为 NE 向，最大风速 24 m/s，常风向 SSE，频率 13％。黄岐渔港主要受 E～SSW 向波浪作用。设计水位（1985 国家高程基准）：设计高水位为 3.50 m，设计低水位为－2.5 km，极值高水位 4.89 m（100 年一遇），极端高水位 4.69 m（50 年一遇），极值低水位为－3.88 m（100 年一遇），极端低水位为－3.83 m（50 年一遇）。

3. 年渔获物卸港量及渔船停泊情况　年渔获物卸港量 8.42 万 t，停泊渔船 700 多艘船只。

4. 水工建筑物　已建成防波堤 700 m，防波堤采用基础为爆破挤淤，外坡为扭王字块体护面的斜坡式结构；200 HP 以上等级的渔业码头长 366 m，其中重力式沉箱结构码头长 240 m，基础为灌注桩的高桩梁板式码头长 126 m；护岸 1 245 m，采用直立式和斜坡式结构，部分岸段兼作简易码头。

5. 陆域功能区布置及港区产业发展情况　港区已建陆域 4.27 万 m²，布置有对台客运站、堆场等设施。黄岐中心渔港的建设，一方面有利于提升连江县渔业防灾减灾能力和渔业综合管理功能，另一方面有利于带动滨海休闲旅游业和配套城镇产业综合发展。

同时，黄岐港区利用对台优势，连接妈祖岛，重点打造闽台商贸合作服务平台和环马祖澳高端旅游平台，形成福建省北部的对台文化、经贸交流的重要窗口。港区形成以传统渔业为基础，集渔业休闲、对台商贸及旅游、渔业加工、历史文化教育等功能融合发展区域。

6. 渔港建设亮点

（1）半岛核心、比邻马祖。黄岐位于黄岐半岛核心区，上接筱埕镇、安凯乡，下连苔菉镇，与马祖列岛一衣带水，是祖国大陆距离台湾马祖最近的地方，也是两岸渊源关系最为密切的区域。2015 年两岸黄岐至马祖客运航线正式开通，使得黄岐镇成为海峡两岸第四个"小三通"重要客运口岸。

（2）黄岐渔业蓬勃发展。水产养殖和捕捞业发展逐年壮大，远洋捕捞业、近内海轻型作业、海水养殖业等产业发展良好。黄岐中心渔港是福州市最早建成的国家级中心渔港，长期以来作为省会福州最重要的生鲜海产品供应基地。

（3）区域商贸初具雏形。黄岐充分利用海洋资源及对台优势逐渐扩大生产规模，摸索创建专属品牌，扩大水产相关产业链，关联商业网点约 590 家，黄岐海鲜、黄岐鱼丸已是区域内的知名品牌。

（二）厦门高崎闽台中心渔港

1. 渔港现状　厦门高崎闽台中心渔港位于厦门本岛西北部的厦门现代物流园区内，地理位置为北纬 118°05′02″，东经 24°32′51″，距厦门国际机场 2 km，距东渡港 6 km，毗邻厦门火车站北站、厦门大桥及杏林大桥。港区总面积 52 万 m²，其中水域面积 38 万 m²，陆域面积 14 万 m²（图 3 - 35）。

2. 自然条件

（1）气温。渔港所在的厦门湾

图 3 - 35　厦门高崎闽台中心渔港现状

属亚热带海洋性气候，月平均气温 2 月最低，平均气温 12.4 ℃，7 月最高，平均气温 28.5 ℃。年平均气温 20.8 ℃，极端最高气温 38.5 ℃（1979 年 8 月 15 日），极端最低气温 2.0 ℃（1957 年 2 月 12 日），年平均日最高气温≥35 ℃的天数 8 d。

（2）降水。年平均降水量 1 183.4 mm，年最多降水量 1998.8 mm，年最少降水量 892.4 mm（1970 年），日最多降水量 239.7 mm（1973 年 4 月 23 日），日降水量≥25 mm 的天数年平均 13.6 d。

本区年降雨量的年际变化极不均匀，降水主要集中于 4—8 月，占全年总降水量的 66%，其中 6 月降水量最大为 186.6 mm。

（3）风况。根据厦门气象站（鼓浪屿英雄山）1952—1980 年的实测风资料统计，该区强风向为东北风，最大风速 28 m/s，常风向为 NE 向，频率 15%，次常风向为 ENE 向，频率为 11.2%。一般秋、冬季（9 月至翌年 4 月）多东北风，春、夏季（5—8 月）以偏南风为主，常有强东南风或西南风。平均风力 3～4 级，最大风力 7～8 级。7—9 月的台风季节，全年 >6 级风的天数为 19.3 d。

（4）雾况。年平均雾天数（能见度≤1km）为 22 d。

（5）相对湿度。年平均相对湿度 78%。6 月相对湿度最大，为 86%，11 月相对湿度最小，为 67%。

（6）热带气旋。厦门湾地处台湾海峡西岸，每年 7—10 月经常受到热带气旋影响。据 1949—2000 年《台风年鉴》资料统计：52 年中热带气旋共出现 344 个（以厦门湾为中心，半径 500km 的范围内），平均每年 6.7 次，最多出现过 14 次（1961 年）；强热带风暴共出现 73 次，平均每年 1.4 次；台风共出现 191 次，平均每年 3.7 次，瞬时最大风速达 80 m/s（5914 号台风），台风中心极限海平面气压 900 mb（6709 号台风）。

1996 年 8 月的 9608 号台风影响厦门时引起较大的风暴潮，厦门海洋站出现历史次最高水位 7.69 m。1999 年 10 月 9 日 9914 号台风正面袭击厦门湾，风力在 12 级以上，极大风速 46 m/s，给厦门造成了巨大的经济损失，估计浪高达 4～5 m。

（7）潮汐潮流。厦门地区西海域为正规半日潮，潮波为驻波形式，即中潮位时潮流为涨急和落急，涨落潮历时基本相等。据 1957—1983 年厦门验潮站资料统计（当地理论最低潮面）：历年最高潮位为 7.25 m，历年最低潮位为 −0.28 m，平均高潮位为 5.46 m，平均低潮位为 1.47 m，平均海平面为 3.36 m，最大潮差为 6.92 m，最小潮差为 1.49 m，平均潮差为 3.99 m。

（8）设计水位（当地理论最低潮面）：设计高水位（高潮累积频率 10%）为 6.12 m，设计低水位（低潮累积频率 90%）为 0.65 m，极端高水位（50 年一遇）为 7.49 m，极端低水位（50 年一遇）为 −0.49 m。

（9）波浪。厦门西海湾是一个狭长形海湾，港外有诸多岛屿形成天然屏障，外海东南方向的大浪经厦门岛、鼓浪屿等阻挡后很难进入西海域。1978 年设立东渡测波站（北纬 24°29′，东经 118°04″），对 1978—1980 年测波资料进行分析，湾内以风浪为主，由于风区短，波高都很小，波高为 0.1～0.2 m，平均周期为 3.4 s，静浪频率达 57%，0～2 级浪频率高达 99.6%。常浪向为 NE 向，频率 7.4%，次浪向为 ENE 向，频率为 6%，强浪向为 SSE 向和 NNE 向、N 向，最大波高分别为 1.6 m 和 1.3 m。另外，由统计资料表明，实测波高

$H_{1/10} \leqslant 0.5$ m 的占 98.5％，1.0 m 以上的仅占 0.14％。

3. 年渔获物卸港量及停泊渔船情况　厦门高崎闽台中心渔港年渔获物卸港量约 1.6 万 t，常年进港停泊渔船 300 余艘，另外还有公务船、游艇、客渡船、休闲垂钓船、环卫船、供水船等 100 余艘。

4. 水工建筑物　渔港拥有斜坡式东堤 500 m，半直立式南堤 711 m，船舶可乘潮靠泊，高桩式西堤 374 m，可直接靠泊 1 000 t 以下货轮、3 000 t 以下油轮，直立式北堤码头 688 m，可直接靠泊 1 000 t 以下货轮。

东堤外新建 260 m 斜坡渔业码头，该码头备有 6 个泊位，采用双层和斜坡式结构，可解决低潮位卸鱼难的问题，满足渔船 24 h 作业的需要。

5. 陆域功能区布置及港区产业发展情况　渔港东侧建设有闽台中心渔港管理办公楼和水产品批发市场，其中管理办公楼用于闽台渔轮避风港管理处及港区相关行政执法单位的执法管理和办公等。

6. 渔港建设亮点　厦门高崎闽台中心渔港是全国唯一位于自贸区内的国家级中心渔港，同时也是集餐饮休闲、渔业文化、渔产品交易为一体的城市新型休闲城市渔港，港区内具备成熟的港口资源、水产品交易资源和餐饮业资源。

七、广东省中心渔港建设案例

(一) 茂名市博贺中心渔港

1. 渔港现状　茂名市博贺中心渔港地处广东茂名滨海新区的博贺半岛，是拥有千年历史的天然良港。博贺渔港拥有码头岸线 890 m，划分为渡口码头、水产码头、渔政码头、明珠码头、盐业码头，共设 27 个泊位，一次可供 27 对渔船同时装卸补给。护岸 1 721 m，作业区面积 3 万 m²。现有油库 3 座，总储油量 3 700 t，日供油量 500 t。制冰厂 13 间，总制冰能力 340 t/d，最大储冰量 1 800 t。冷库 10 间，急冻能力 150 t/d，冷藏能力 1 500 t。自来水厂 1 间，10 艘供水船，日供水量 4 000 t。运冰车 30 多台，大型海鲜冷藏运输车辆 200 余台，渔具加工厂 16 间，渔业机修厂 13 间，网具厂 3 间，渔业生产功能配套完善（图 3-36 和图 3-37）。

图 3-36　博贺中心渔港现状　　　　　　图 3-37　博贺中心渔港规划效果

2. 自然条件

（1）气温。博贺渔港地处亚热带过渡带、气候温和、长年不见冰雪。年平均气温 23.0 ℃，日最高气温 37.5 ℃，日最低气温 3.0 ℃。

（2）降水。年平均降水量 1 538.2 mm，年最大降水量 2 169.5 mm，年最小降水量 1 009.9 mm，月最大降水量 860.0 mm，日最大降水量 260.3 mm，年最大降水天数 193 d，年最小降水天数 111 d。

（3）风况。据博贺海洋气象站（北纬 21°27.1′，东经 111°18.91′）2008 年 1—12 月全年风观测资料统计：该海域常风向为 NE 向，频率为 24.23%，次常风向为 ENE 向、NNE 向，频率分别为 14.85%、13.27%。强风向为 ENE 向、NNE 向，最大风速分别为 27.2 m/s、27.1 m/s，次强风向为 NE 向和 SSE 向，其最大风速分别为 26.0 m/s、21.7 m/s。全年主要风向集中于 NNE～SSW 向，占全年频率 85.53%，各向大于或等于 6 级风的出现频率占 8.10%。

全年风向除夏季（6—8 月）以偏南向为主外，其他季节均以 NE～ENE 向为主，而春（3—5 月）、夏（6—8 月）两季 6 级以上大风出现频率相对较多。

（4）雾况。雾日相对集中在 2—4 月，年平均大雾天数 11.3 d，轻雾 83.4 d。

（5）相对湿度。茂名地区年平均相对湿度为 82%，最小相对湿度为 12%。

（6）潮汐。根据广东海洋大学资源与环境监测中心于 2014 年 5 月和 10 月对港内工程附近海域观测到的潮汐特征值，其系数 F＝1.13～1.39 属不正规半日潮。本海区潮汐主要受外海潮波控制，外海潮波由东南向西北传播。工程所在海域潮汐为不正规半日潮型，每个潮汐周期内（约 24.8 h）有两次高潮和两次低潮，且日潮不等现象较明显。

据河北港、沙扒港及莲头岭站潮位观测资料统计，该海域涨潮平均历时略大于落潮平均历时，最大潮差 3.32～3.53 m，平均潮差 1.60～1.75 m，属弱潮海区。

（7）设计水位（1985 国家高程基准）。设计高水位为 2.52 m，设计低水位为－0.41 m，极端高水位为 4.50 m，极端低水位为－1.31 m。

（8）波浪。外海域波浪：常浪位于 W～WSW 向，而强浪向多发生在 ESE～S 向之间，年均有效波高 Hs 介于 1.1～1.3 m，平均周期在 6 s 以下。春、夏两常浪向和常风向接近，秋季浪与常风向有所差别，强浪向和强风向较为一致，反映出该海域的波浪受风影响较大且主要为风浪。

港区波浪：博贺渔港位于狭长潮汐通道内，除偏南向外均有大陆、岛屿良好掩护，渔港东、西防波堤建成后，进一步有效减少外部涌浪传入港内造成的影响，为渔船装卸作业及锚泊避风提供了充分保障条件。港内泊稳条件良好，其中，以外海 SW 向浪对港内码头影响最大，设计高水位（50 年一遇）$H_{1\%}$ 波高为 1.04 m，设计高水位（2 年一遇）$H_{4\%}$ 波高为 0.4 m。

3. 年渔获物卸港量及停泊渔船情况　博贺渔港年渔获物卸港量为 16.9 万 t，占茂名市海水捕捞量的 80% 以上。渔港所在的滨海新区现有在册海洋渔船 2 113 艘，其中大型渔船 322 艘、中型渔船 175 艘、小型渔船 1 616 艘。目前博贺渔港可供约 1 500 艘大、中、小渔船停泊。

4. 水工建筑物　博贺渔港码头岸线长 890 m，划分为渡口码头、水产码头、渔政码头、明珠码头、盐业码头。渔港拥有东南防波堤 1 028 m，其中实体堤 978 m，透空堤 50 m；西南防波堤 470 m，其中实体堤 283.5 m，透空堤 186.5 m；重力式护岸 1 721 m。

5. 陆域功能区布置及港区产业发展情况　按照《茂名博贺渔港经济区建设规划

（2021—2030）》，在空间布局上，打造"一核两区"的总体空间布局。"一核"是指以博贺渔港为核心的现代渔业基地，"两区"是指以"渔旅融合、产业互动"一二三产业协同发展为理念，打造现代海洋渔业产业园区和滨海休闲海岸风情区。

八、广西壮族自治区中心渔港建设案例

（一）南澫中心渔港

1. **渔港现状** 北海南澫中心渔港的地理位置十分优越，它位于北海半岛的西端，北海市西南面，渔港距离市中心 6 km，地理坐标为北纬 21°26′30″，东经 109°03′32″。

图 3-38 南澫中心渔港鸟瞰图

南澫中心渔港于 1976 年开始进行选址、勘测（探）、规划和设计，1978 年国家计划委员会正式批准立项，是全国十大渔业基地之一。1982 年国家经济调整时列为缓建项目，1987 年国家计划委员会批准恢复建设，2002 年农业部将其列为全国首批 6 个国家级中心渔港进行扩建（图 3-38）。

目前，已建成渔业码头 1 100 m，东西防波堤 1 960 m，围堰 447 m，以及一批陆上配套设施，渔港已具备较强的服务功能，有效地提升了北海市的渔业生产服务能力和防灾减灾能力（图 3-39）。

2. **自然条件** 北海地区属亚热带海洋性季风气候，冬无严寒，夏无酷暑。根据北海市气象台1954—1983 年的统计资料，本地区气象条件如下。

图 3-39 南澫中心渔港防波堤

（1）气温。年平均气温为 22.6 ℃，历年极端最高气温为 37.1 ℃，历年极端最低气温为 2.0 ℃。

（2）降水。北海地区雨量充沛，每年 5—9 月为雨季，降雨量最多，10 月至翌年 4 月降雨量较少。年平均降水量为 1 663.7 mm，历年最大降水量为 2 211.2 mm，历年最小降水量为 849.1 mm，日最大降水量为 509.2 mm，1 h 最大降水量为 114.7 mm。

（3）风况。北海地区风向季节性变化显著，冬季盛吹北风，夏季盛行东南风，常风向为北风，次常风向为 SE 向，频率分别为 22.19% 和 10.8%，强风向为 SE 风，最大风速为 29 m/s。夏秋两季受台风影响，每年有 2～4 次，台风由南海进入北部湾时，因受海南

岛和雷州半岛的阻挡，风力减弱，一般仅有5～6级，大于8级的大风天数年平均为11.8 d。1954年8月30日的一次台风最为强烈，风力在12级以上，曾给当地渔业和农业造成严重的危害。

（4）雾况。北海地区雾天主要出现在冬末和夏初，尤以3月为最多，通常是清晨有雾，日出雾消，年平均雾天数为13.2 d。

（5）潮流。该地区海岸潮汐属不正规日潮为主的混合潮型。潮流类型主要为往复流，涨潮流自东南流向西北，落潮流则相反，一般落潮流速大于涨潮流速。渔港的涨落潮水流也具有往复流的性质，主流向与深槽方向一致。

（6）波浪。作用于该地区海岸带的波浪主要是风浪，由于渔港东、西、北三面环陆，南面临海，所以只有SE～SW向波浪对港区影响较大，常浪向为SE向，其次为SW向，强浪向分别为SE向和SW向。

（7）设计水位（当地理论最低潮面）。设计高水位为5.00 m，设计低水位为0.70 m，极端高水位为5.78 m，极端低水位为−0.15 m。

3. 年渔获物卸港量及停泊渔船情况　年渔获物卸港量稳定在9万t左右，现有大小渔船900余艘，另外，每年来该港停泊、装卸和补给的外地渔船200余艘，每年共有900～1 200艘渔船在该港靠泊、卸渔获物、补给和避风。

4. 水工建筑物　渔港拥有码头1 100 m，采用沉箱重力式结构，东西防波堤1 960 m，其中，斜坡式结构1 360 m，直立式结构600 m。

5. 陆域功能区布置及港区产业发展情况　港区拥有超过1 000 m的供水主管道、消防水炮11座、高杆照明灯14座等配套设施，供电能力1 030 KVA。

6. 渔港建设亮点　渔港基础设施条件较好，规划以现代渔业为核心，做强、做大渔业产业链条，以旅游业为纽带，实现产业转型与旅游产业联动。以水产品加工为突破点，大力推进产地加工、冷链物流，促进初加工与精深加工的协调发展，将渔港建设成为北部湾国家级现代渔港经济区及远洋渔业基地（图3-40）。

图3-40　南澫中心渔港规划效果

（二）企沙中心渔港

1. 渔港现状　企沙渔港位于防城港市港口区企沙镇，港区范围包括自跳舵石灯桩至老鸦墩一带水域，平墩石灯桩向西延伸1 500 m至黄泥潭江水域，观音墩向北延伸2 500 m至大龙以及水域岸线伸入20 m的陆域范围。

企沙渔港属于国家级中心渔港，始建于1956年，现有渔用码头5个，总长约400 m，防波堤3条，总长1 618 m，护岸堤2 800 m，渔用航标4座，航道长2 015 m，宽40～50 m，水深约3 m，高潮时港区可供船舶停泊的水域面积约35万m²。另外，港区内还有5个其他功能码头，包括大万码头、康成码头、德城码头、海通码头、卫东码头，均为边贸码头（图 3-41 和图 3-42）。

图 3-41 企沙中心渔港现状一　　　　　图 3-42 企沙中心渔港现状二

2. 自然条件

（1）气温。企沙镇属南亚热带季风气候区，一年四季冬短夏长，气候温暖、温差小、太阳辐射强、光照充足、雨量充沛，全年 365 d 均为无霜期，平均气温 21.8～22.5 ℃。

（2）降水。年均降雨量 2 100～3 500 mm，降水主要集中在 6—9 月，该 4 个月的降水量占全年降水总量的 71%。每年平均有 8.3 d 属于降雨量达 50～100 mm 的暴雨天，是全国的暴雨中心之一。

（3）风况。冬季主要受北来大陆性气团所控制，多偏北风，夏季主要受南来热带和副热带海洋性气团所控制，多偏南风。受冷空气和台风影响时，常出现强风和大风，平均风速 4 m/s 以上。全年平均 31.7 d 的风力大于 6 级。每年 6—9 月受台风或热带低压影响 1～3 次，风力一般 8～9 级，最大可达 12 级，常伴有暴雨。

（4）设计水位（1956 年黄海基面）。设计高水位（潮位历时累计频率 1%）为 2.72 m，设计低水位（潮位历时累积频率 98%）为 -1.62 m，极端高水位（50 年一遇）为 3.77 m，极端低水位（50 年一遇）为 -2.65 m。

3. 年渔获物卸港量及停泊渔船情况

年渔获物卸港量近 20 万 t，平均日进出港渔船 630 艘，重大节假日、休渔期回港渔船数达 890 艘，台风期间进入渔港避风的渔船数达 1 300 余艘。

4. 水工建筑物

现有渔用码头 5 个，总长约 400 m，防波堤 3 条，总长约 1 618 m；护岸堤约 2 800 m。

正在建设的大龙二级渔港（一期）工程码头长度 90 m；1 号渔业码头工程（原德城边贸码头）长度 4 213.69 m，共布置 6 个 1 000 t 渔船泊位；东部万吨级远洋渔业码头，总长 501 m；布置 1 个 10 000 t 级渔船泊位和 3 个 5 000 t 级渔船泊位，码头水工均按靠泊 10 000 t 级渔船设计；大万码头长 846.6 m，包含 14 个 500 t 级渔码头泊位（按 3 000 t 级预留），码头陆域纵深 249～410 m，码头前沿作业区宽 30 m。

5. 陆域功能区布置及港区产业发展情况

正在建设的 1 号渔业码头工程（原德城边贸码头）陆域用地面积为 66 144 m²，码头配套有管理中心、水产品交易市场、综合物资区、冷库等，陆域辅助生产生活建筑物建筑面积 26 353 m²；大门两侧分别设置物资商场和渔港管理楼（保留现状建筑），以及配套停车场；码头前方作业平台宽 11 m，1#、2#

卸鱼泊位布置水产品交易区及大车停车场；3#、4#加冰泊位后方陆域布置冷库，包括理鱼间、冻结间、冷藏间、制冰间和储冰间，5#、6#卸鱼泊位后方布置污水处理站、变电所及物资堆场和网具修理场地；港区后方布置物资商场、渔港管理楼、小车停车场等。正在建设东部万吨级远洋渔业码头后方陆域面积为 119 213 m²，港区陆域分为前方卸鱼区、水产品交易区、理鱼分拣区、制冰储冰供冰区、综合物资区、油库区及综合管理区，并预留冷藏加工区和海关边防检验检疫区。大万码头陆域后方布置 4 个卸鱼及水产品交易区，总面积 22 169 m²；水产品成品销售区布置在卸鱼及水产品交易区后方，总面积为 10 093 m²；布置理鱼加工区、储冰制冰间、冻结间、冷藏间、深加工间，总面积为 27 584 m²；辅助生产及综合管理区设置在港区后方，布置综合办公楼（执法办证中心）、候工楼、值班室、流动机械库、机修间、材料工具库和地磅房等建筑物，总面积为 37 593 m²，同时设置面积为 39 607 m² 的港内外车辆停车场。

6. 渔港建设亮点　企沙渔港港内避风条件较好，是防城港全市渔船的主要避风锚地和装卸作业港区，也是建设大型渔业码头的理想港湾。水上交通便利，近可通至东兴、防城、北海、钦州，远可达海南、广东、福建、香港等地区以及东南亚各国。企沙渔港还拥有丰富的滨海旅游资源，天堂角、沙耙墩、簕山古渔村等长达 5 km 的滨海旅游长廊景点，同时作为疍家文化的发源地，企沙的疍家文化是防城港历史文化中独具风情的一种，凝聚着深厚的历史积淀。企沙渔港紧邻防城港企沙港区，有约 1 822 m 边贸口岸码头，2018 年纳入防城港口岸扩大范围。未来依托口岸开放带来的资源和要素聚集效应，积极推动企沙渔港经济区形成口岸、园区、城镇联动发展、互相支撑的融合发展态势，不断提升口岸经济效应（图 3-43）。

图 3-43　企沙中心渔港效果

九、海南省中心渔港建设案例

（一）琼海市潭门中心渔港

1. 基本概况　潭门中心渔港位于琼海市潭门镇，距离琼海市区 22 km，毗邻博鳌亚洲论坛会址，面向南海，是国家级中心渔港。早在宋代，潭门港便成为当地渔船避风补给的重要港口，潭门人凭借"更路簿"世代耕耘南海，捍卫国家南海主权。潭门港被称为"千年渔港、南海之门"，是 21 世纪海上丝绸之路的重要节点。中心渔港自 2003 年农业部立项批准建设以来，按照水产品交易、渔船维修、水产品加工、商业配套服务、休闲渔业五大功能区规划建设。目前已形成港池水域面积 65 万 m²，平均水深 4.5 m，可同时满足 1 000 余艘 300 t 以下大中小型渔船停靠避风补给。陆域建成北护岸 1 065 m，港区道路 32 000 m²，综合办证中心 1 144 m²。港区范围拥有 1 个渔获物交易市场、1 家油库、4 家制冰厂、3 家水产品加工企业、1 家休闲渔业体验基地，污水处理、渔港安全监控等其他配套设施日渐完善。

目前，潭门中心渔港本港籍在册渔船 610 艘，大中型渔船 87 艘。潭门镇拥有渔民约 2 500 人，本地渔民约 2 000 人。2022 年潭门港海洋捕捞总量 4.8 万 t。渔港经济区、渔港南岸升级改造工程、休闲渔业码头、海洋牧场等一批主要项目正稳步推进，潭门中心渔港将逐步建成集避风补给、远海捕捞、水产品养殖、海产品加工、休闲渔业为一体的综合渔业基地，在融入"一带一路"和服务海南自贸港建设中焕发新的生机与活力（图 3-44）。

图 3-44 潭门中心渔港现状

2. 自然条件

（1）气象。琼海市属于热带季风及海洋湿润气候区，历年平均气温为 24.6℃，历年平均降水量 2 053.5 mm，历年平均日照 1 972.6 h，终年无霜雪。受海洋性气候的影响，全年湿热，干湿季明显。年平均相对湿度为 82%。

（2）降雨。琼海年均降雨量为 2 042.6 mm，其分布为东北部沿海较少，在 1 760～1 800 mm 之间；东部沿海和南部地区，在 1 800～2 000 mm 之间；中部、北部地区在 2 000～2 200 mm 之间；西部和西南部地区较多，在 2 200～2 600 mm 之间。最多的是西南部的南塘水库为 2 660 mm，最少的是东北部合水水库为 1 726 mm，降水量明显地随地貌和海拔高度的不同，自西南向东北递减。

（3）潮流。潭门港潮流性质为不正规全日潮。潭门港外海处于海南岛东部的弱流区，最大潮流流速在 40 cm/s 左右。在潭门港内航道区，潮流为典型的往复流，流速较大，有上游径流注入时，潮流速可达 140 cm/s。在无较大径流注入时，一般落潮流速大于涨潮流速，落潮流速可达 60 cm/s，涨潮流速在 40～50 cm/s。

（4）设计水位（当地理论最低潮面）。设计高水位为 1.77 m（高潮累积频率 10%），设计低水位为 0.16 m（低潮累积频率 90%），极端高水位为 2.97 m（重现期为 50 年），极端低水位为 -0.54 m（重现期为 50 年）。

3. 年渔获物卸港量及停泊渔船情况
年渔获物卸港量约 2.5 万 t，停泊渔船 600 余艘，其中大中型渔船 80 余艘。

4. 水工建筑物
潭门中心渔港拥有港池面积 65 万 m²，渔业码头 850 m，共 14 个泊位，北护岸 1 065 m，南护岸 2 588 m。

5. 陆域功能区布置及港区产业发展情况
港区范围拥有 1 个渔获物交易市场、1 家油库、4 家制冰厂、3 家水产品加工企业、1 家休闲渔业体验基地，正在规划建设 1 个海洋牧场，规划发展水产品精深加工、冷链物流运输、远洋渔业、休闲渔业等渔业相关特色产业。

6. 渔港建设亮点
潭门中心渔港是海南省东部滨海重点渔港、渔船停靠避风基地、水产品交易与中转基地、西南中沙渔船后勤补给基地、渔业旅游休闲等功能配套的渔业后勤服务保障基地，以深海渔业养殖、海洋捕捞、海产品加工、休闲渔业、海洋文化、特色农业和滨海休闲旅游为主。

（二）三亚崖州中心渔港

1. 渔港现状 三亚崖州中心渔港位于崖州湾宁远河入海口西侧，南入南海，东临保港村，西连盐灶河，北接海南环岛高速，毗邻环岛高铁，距市区约 50 km，距崖州古城约 5 km，距三亚南山货运

图 3-45　三亚崖州中心渔港现状

港约 15.6 km，是我国距南海渔场最近的国家级中心渔港，是海南渔场作业船舶停泊、避风、装卸、补给最便捷的基地，是我国南海最重要的水产品集散港（图 3-45）。

2016 年 8 月 1 日，三亚崖州中心渔港正式开港运营，中心渔港规划港区用地约 86.7 万 m²、水域约 93.4 万 m²，主要包括渔港主体工程、生产配套设施、保障性住房、市政配套设施工程，分两期建设，现已完成一期建设，累计已投入建设资金约 32.46 亿元，已建内容主要包括码头（包括休闲码头）、护岸、港池航道、导助航标志、市政路网、水电管网、消防站、派出所等基础性公益设施和冰厂、冷库、交易中心、鱼鲜美食基地、综合楼等经营性配套建筑。中心渔港提供泊位 20 个，最大水深-5.5 m，可满足 800 艘大小型渔船停泊、交易、补给和避风等各类需求。二期将建设 1 个远洋码头泊位及数个休闲渔业泊位，届时将成为全国一流的综合性现代化渔港（图 3-46 至图 3-48）。

图 3-46　三亚崖州中心渔港输冰桥

图 3-47　三亚崖州中心渔港冷库

2. 自然条件

（1）气温。该区长夏无冬，气温较高，据 1955—1980 年实测资料统计，年平均气温达 24.7 ℃，最高气温 37 ℃（1961 年 7 月 11 日），最低气温 3.3 ℃（1955 年 1 月 12 日）。

（2）降水。该区降水充沛，有旱季和雨季之分。雨量主要集中在 5—10 月的雨季，此时受台风和西南季风影响，造成大量降水；每年的 11 月至翌年 4 月为旱季，降水较少。平均年降水量为 1 261.9 mm，最大年降水量为 1 870.5 mm，最大日

图 3-48　三亚崖州中心渔港交易中心

降水量为 518.5 mm（1971 年 5 月 30 日）。年均降水天数为 115 d，年最大降水天数为 157 d。

（3）风况。该区季风特征明显，冬季受来自大陆的东北季风影响，夏季受来自海洋的西南季风影响，常风向为 NE 向，频率为 10.5%，次常风向为 NNE 向及 SE 向，频率为 10.4% 及 8.3%，强风向为 SW 向。台风主要发生在 6—10 月，36 年中影响本区的台风共有 173 次，每年出现 1～11 次。年均约 5 次，每次延时 1～2 d。

（4）潮汐。该区属不正规日潮混合潮型，以日潮为主，且有明显的日潮不等现象。

（5）设计水位（理论深度基准面）。设计高水位为 2.10 m，设计低水位为 −0.31 m，极端高水位为 3.30 m，极端低水位为 −0.78 m。

3. 年渔获物卸港量及停泊渔船情况 中心渔港年渔获物卸港量在 7 万～9 万 t，停泊渔船约 1 400 艘。

4. 水工建筑物 中心渔港码头及护岸结构总长 1 063.2 m，防波堤约 300 m。

5. 陆域功能区布置及港区产业发展情况 中心渔港进入大门后陆域布局依次为消防站、派出所、综合卸鱼棚、联排制冰厂、壹号冷库、商业配套中心、水产品交易中心、丝路之塔。

（1）渔获物交易服务。开港至 2022 年，中心渔港累计进港渔船约 5 万艘（次），卸鱼量约 38 万 t，日均卸鱼量约 254.88 t（日最高卸鱼量 1 028.32 t）。由此产生的营收项目有场地使用、交易服务、摆渡车使用、垃圾处理等。

（2）联排冰厂售冰。崖州中心渔港联排制冰厂建筑面积 1.7 万 m²，储冰能力 6 500 t、日制冰能力 614 t。目前有 4 座输冰廊桥及 4 座碎冰塔，每小时可为渔船补给冰 140 t，24 h 为渔船提供补冰服务，满足渔船的加冰需求。

（3）冷库。一号冷库建筑面积 3.76 万 m²，一层为理鱼区、加工包装区、冻结区，二、三层为冷藏区。冷库建设有自动切鱼、剥虾加工生产线，冷藏能力 1.65 万 t、日结冻能力 288 t，满足渔货加工冷藏存储需求。2022 年冷库一楼建成自动切鱼、自动剥虾加工生产线，未来将在第二产业发力，增加渔货附加值。

（4）配套商业中心。配套商业中心建筑面积 4 200 m²，共两层，一层为海鲜零售市场，二层为海鲜美食基地。此外渔港多间商铺及公共租赁住房出租，形成了办公室、生活超市、快递、住宿等全业态发展，满足渔企、渔民的工作和生活需求。

6. 渔港建设亮点 中心渔港由国有企业进行投资建设及经营管理，建设有齐全的基础性公益设施和经营性配套设施。通过国有企业的管理，使渔港公益职能得到有效发挥，问题处理及时有效，形成了规范化、制度化的管理体系。此外，还建设有我国最高的航标灯塔——丝路之塔，该塔以船只导助航、应急和商业发射塔为核心功能，同时结合当地地域文化及城市发展文化提供观光展览功能。设计整体从人性化角度出发，以展览参观流线为依据，通过合理的空间布局设计，打造新城举世瞩目的标志性建筑（图 3 - 49）。

图 3 - 49　三亚崖州中心渔港丝路之塔

2022年中心渔港在联排制冰厂旁边空地建设了约 6 000 m² 综合卸鱼棚，结合原有的理鱼打包区，使渔港渔获物集中交易，形成高效的交易链，且便于规范管理，杜绝了码头无序交易乱象，使渔港码头普遍存在的环境卫生脏乱差的情况得到大大改善，减轻了环保压力。

第二节　一级渔港建设案例

一、辽宁省一级渔港建设案例

大连龙王塘一级渔港

1. 渔港现状　龙王塘渔港位于大连高新技术产业园区、黄海之滨的龙王塘湾内，港区地理坐标北纬 38°49′07″，东经 121°23′48″。龙王塘湾口向南，纵深 1 km，口宽 0.7 km，港区水陆交通方便、快捷、发达，港区北毗邻大连市至旅顺南路（202 国道）中路，陆路距大连市 18 km，距旅顺市 15 km，距周水子机场 19 km，水路距大连港 17 n mile，距旅顺新港 18 n mile，距山东烟台 75 n mile。

龙王塘渔港始建于 1974 年，2004 年农业部批准建设为国家一级渔港，目前拥有码头岸线总长为 2 614 m（东部港区 648 m，北部小港区 1 024 m，南部大港区 942 m），顺岸码头岸线 1 535 m，突堤码头 1 079 m。防波堤 190 m，进港路 1.5 km，综合执法楼 1 202.82 m²，交易大厅 3 300 m²，年交易量 8 万 t，交易额 3 亿多元。储油罐 2 个，储油量 2 000 t。水产品加工厂 22 家，年加工产值可达 5 亿元。小型冷库 4 座，容量 2 000 t。变电所两处，容量 2 000 kW。2002 年 9 月，龙王塘渔港被辽宁省认定为省级现代化农业示范园区，2003 年龙王塘渔港被评为全国文明渔港。2021 年 5 月 14 日，龙王塘渔港入选国家级海洋捕捞渔获物定点上岸渔港名单（第二批）。

龙王塘渔港是高新区唯一的一级渔港，可以满足渔船靠泊、避风、卸货、加冰、加油及渔船维修建造等综合服务功能。龙王塘渔港总面积为 124.11 万 m²，其中水域面积 46.88 万 m²，陆域面积 77.23 万 m²（图 3 - 50 和图 3 - 51）。

图 3 - 50　龙王塘渔港现状一

图 3 - 51　龙王塘渔港现状二

2. 自然条件

（1）气温。据 1951—1985 年实测资料统计，年平均气温 10.4 ℃，年平均最高气温 14.4 ℃，年平均最低气温 7.2 ℃，极端最高气温 35.4 ℃（1972 年 6 月 10 日），极端最低气温−19 ℃（1967 年 12 月 30 日），气温全年以 1—2 月最低，平均最低气温为−7.9 ℃，7—8 月气温最高，平均最高气温为 27.3 ℃。

（2）降水。本区降水量集中在 7—9 月，以 7 月最高、8 月次之，降水量占全年降水量的 62％，11 月至翌年 3 月降水量最少。年最大降水量 970 mm（1964 年），年最小降水量 379.5 mm（1968 年），年平均降水量 590.1 mm，日最大降水量 146.5 mm（1963 年 7 月 15 日）。

（3）风况。年平均风速 3.83 m/s，最大风速 30 m/s，冬季以西北风为主，夏季多东南风，6 级以上大风天数为 88 d，8 级以上大风天数为 62 d，其中最多年（1979 年）的天数达 121 d，最少年（1975 年）的天数为 25 d。

春季 3—6 月，以 5～6 级干热风为主，8 级以上大风天数平均 20 d，最多天数为 37 d，最少天数 7 d。夏季 8 级以上大风平均 16 d，9—10 月出现 9～10 级大风，9 级以上大风年平均可出现 1 d，最多可出现 4 d。冬季大风日最多，8 级以上大风年平均 22 d。

（4）雾况。历年年均雾天数 12.3 d，年最多雾天数 38 d，年最少雾天数 2 d，雾大多发生在春夏季（4—8 月），占全年总数 69％。

（5）潮汐。该海域为规则半日潮。潮位特征值如下（大连筑港高程系统，比理论基准面低 0.5 m）：历年最高潮位为 4.60 m，历年最低潮位为−0.66 m，历年平均高潮位为 3.17 m，历年平均低潮位为 1.07 m，历年平均潮差为 2.1 m，历年最大潮差为 4.39 m。

（6）设计水位（大连筑港高层系统）。设计高水位为 3.81 m，设计低水位为 0.62 m，极端高水位为 4.86 m，极端低水位为−0.93 m。

3. 年渔获物卸港量及停泊渔船情况 渔港年渔获物卸港量在 9 万～10 万 t，停泊渔船约 1 000 艘。

4. 水工建筑物 渔港目前拥有码头岸线总长为 2 614 m，其中东部港区 648 m，北部小港区 1 024 m，南部大港区 942 m。码头布置类型中，顺岸码头岸线 1 535 m，突堤码头 1 079 m。渔港建有防波堤 190 m。

5. 陆域功能区布置及港区产业发展情况 陆域配套有综合执法楼 1 202.82 m²，交易大厅 3 300 m²，年交易量 8 万 t，交易额 3 亿多元，储油罐 2 个，储油量 2 000 t，水产品加工厂 22 家，年加工产值可达 5 亿元，小型冷库 4 座，容量 2 000 t。

6. 渔港建设亮点 龙王塘渔港发展定位是建设都市休闲渔港，充分发挥优越的自然生态优势，建设成为城市与海湾融合、独特与多元并重的大连南部滨海新地标。同时以休闲渔港为核心，打造高端滨海文化休闲度假区，大力发展电子商务交易、现代海洋经济，培育海洋科技。

二、河北省一级渔港建设案例

新村一级渔港

1. 渔港现状 新村一级渔港位于沧州市渤海新区，坐标位置北纬 38°16′85″、东经 117°50′95″，始建于 2009 年 4 月，完工于 2011 年 9 月，建设投资 3 411 万元。2017 年启动渔港改扩建维修与养护项目，主要建设内容为水产电商服务中心、新建渔业码头和原码头维修、渔业服务中心立面改造、综合执法中心及装备用房、水产仓储、渔需物资、冷链用房、消防泵房、渔家风情广场等，2021年10月竣工，总投资约7 800万元。2020年被农业农村部批准为第一批国家级海洋捕捞渔获物定点上岸渔港，入选"全国文明渔港"（图3-52和图3-53）。

图3-52　新村一级渔港全貌

图3-53　新村一级渔港大门

2. 自然条件

（1）气温。年平均气温为12.2 ℃，7—8月气温可高达25～26 ℃，1月最低平均气温为－4.7 ℃，历年极端最高气温37.7 ℃（1983年12月30日）。

（2）降水。年均降水量为501 mm，夏季降水量占年均降水量的73.4%。年最多降水天数66 d，年最少降水天数49 d。日最大降水量136.8 mm（1981年6月7日）。

（3）风况。常风向为SSW向，出现的频率为11.7%，次常风向为SW向，出现的频率为10.5%，强风向为ENE向，最大风速31 m/s，次强风向为ESE向，最大风速为26 m/s，各月平均风速以4—5月最大。六级以上风速年均出现天数104 d，六级以下风出现频率为98.99%，五级以下风出现频率为96.6%。

（4）雾况。年平均雾天数为13 d，最多20 d（1980年和1982年），最少雾天数10 d（1981年）。雾日多发生在秋冬两季，尤以1月最多，平均为3.5 d，最多达7 d（1982年1月）。

（5）湿度。年平均相对湿度仅64%，7月相对湿度最大，月平均相对湿度达76%，5月干燥，相对湿度仅50%。

（6）潮汐。海域潮汐属不规则半日潮型，潮汐特征值如下（1985国家高程基准）：最高高潮位为3.35 m（1992年9月1日），平均高潮位为1.22 m，最低低潮位为－2.10 m（1983年3月18日），平均低潮位为－1.08 m，最大潮差为4.14 m（1985年2月12日），平均潮差为2.30 m，平均涨潮历时为5 h 51 min，平均落潮历时为6 h 41 min。

涨潮历时小于落潮历时，在－3 m等深线以外，往复流较明显，－3 m等深线以内，显示出逆时针旋转流的性质。涨潮流流向为SW向，落潮流流向为ENE向。

该港区潮流呈顺河方向往复流，涨潮流速0.4 m/s，落潮流速0.5 m/s。

（6）波浪。该海区的波浪以风浪为主，涌浪为辅。根据－5 m等深线处7#平台测波站（北纬38°34′，东经117°59′）的波浪资料统计，该区常浪向为E向，其频率为10.06%，次浪向为ENE向，其频率为9.38%，强浪向为NE向，出现频率为6.98%。

（7）海冰。该区冬季产生海冰，初冰日在12月上旬，盛冰日在12月下旬，融冰日在2月下旬，冰期约3个月。

（8）设计水位（1985 国家高程基准）。设计高水位为 1.69 m，设计低水位为－1.74 m，极端高水位为 3.25 m，极端低水位为－3.58 m，施工水位为 0.00 m。

3. 年渔获物卸港量及停泊渔船情况　年渔获物卸港量约 2.5 万 t，常年停靠渔船 120 余艘。

4. 水工建筑物　港区水域面积 15 万 m²，陆域面积 35 万 m²。码头长度 644 m，平均水深 4 m，护岸长度 640 m。港区潮差 3.5 m，航道走向东北，港口朝向南。

5. 陆域功能区布置及港区产业发展情况　港区陆域配套建设有渔业服务中心、综合执法中心及装备用房、水产仓储用房、渔需物资用房、冷链用房、消防泵房、渔家风情广场，后期规划配建餐饮休闲街区及休闲船舶码头（图 3－54 和图 3－55）。

图 3－54　新村一级渔港码头　　　　　　图 3－55　渔家风情广场

6. 渔港建设亮点　新村一级渔港港区采取封闭式管理，并引入第三方实施港区物业化管理。在渔船管理方面，采用精细化管理模式，渔业船舶统一编号管理，按照勘划指定位置进行停泊，每 50 m 划定一个责任区，渔船按"船位"停靠。安全生产和环保责任落实到人，分包到渔船船主、物业公司、渔政执法人员，做到人人有责。港区环境整治方面，制定《新村一级渔港水域污染防治应急预案》，明确一旦发生水域污染事故，可立即利用现有设备、器材和人员，迅速有效做出应急反应，控制和清除污染。与专业环保公司签订《危险废物无害化处置合同》，保证渔港油污水处置的闭环管理。与环卫公司签订《生活垃圾清运合同》，随时将垃圾运往中转站处理，保障生活垃圾和渔业垃圾的清理和处置。与渤投污水处理厂签订《污水处理协议》，通过渔港改扩建项目将渔港生活污水并入二级市政管网处理。为渔船购置垃圾桶，生活垃圾全部收集，由物业统一回收。加强对船东、船员的宣传教育，提高渔民环保意识。

三、山东省一级渔港建设案例

莱州市三山岛渔港

1. 渔港现状　三山岛渔港位于莱州湾东侧，始建于 1978 年，建成于 1982 年，为莱州市、山东省周边地区及河北、辽宁等省渔船提供渔货卸港、补给、避风场所。2000—2017 年分期对现有三山岛渔港进行了扩建，总投资 9 500 万元，扩建码头 670 m，新建防波堤 1 100 m，港区有效掩护水域面积达 42.6 万 m²，新港池自然水深在－7.5～－5.0 m 左右，老港池水深－3.0 m 左右，可容纳 850 余艘渔船停泊避风。现有陆域面积达 15.4 万 m²，渔用岸线长 2 040 m，其中码头岸线长 1 100 m，泊位水深－4.5～－4.0 m。

三山岛渔港由莱州市海洋与渔业监督监察大队负责运营管理，渔港内设有渔港监督、港务管理、海岸派出所等职能管理部门（图 3-56）。

图 3-56　三山岛一级渔港鸟瞰图

2. 自然条件

（1）气温。年平均气温 12.4 ℃，历年月平均最高气温 30.3 ℃（7 月），历年月均最低气温 -6.5 ℃（1 月），历年极端最高气温 38.9 ℃（1961 年 6 月 12 日），历年极端最低气温 -17 ℃（1970 年 1 月 16 日）。

（2）降水。年平均降水量 640.3 mm，年最大降水量 1 204.8 mm（1964 年），年最小降水量 313.8 mm（1977 年），日最大降水量 125.4 mm（1964 年 7 月 5 日），年日降水量 ≥25.0 mm 的降水天数年平均 6.6 d，最多年为 16 d（1964 年）。

（3）风况。工程区常风向 NNE 向，次常风向 SSW 向，频率分别为 13.15% 和 11.79%；强风向为 NNE 和 NW 向，最大风速 23 m/s，瞬时最大风速可达 34 m/s；次强风向为 SW 向，最大风速 20 m/s。该地冬季盛行偏北大风、常风向为 NNE 向，夏季盛行偏南风、常风向为 S~SSW 向。年平均来看，全年 ≥8 级大风天数 20.8 d，最多的一年大风天数为 59 d（1966 年），最少的一年大风天数为 6 d（1959 年）。

（4）雾况。年均雾天数 8.9 d，最多的一年为 17 d（1976 年），最少的 3 d（1969 年）。冬、春季节（11 月至翌年 4 月）每月可达 0.7~1.3 d，其余月份 ≤0.5 d。历年月最多雾天数 7 d，发生在 1—2 月。本区的雾对港口营运影响较轻。

（5）潮汐（当地理论最低潮面为基准面）。最高高潮位 3.61 m，最低低潮位 -0.68 m，平均高潮位 1.58 m，平均低潮位 0.29 m，平均潮差 1.00 m，最大潮差 3.27 m，平均海面 1.11 m。

（6）设计水位（当地理论最低潮面为基准面）。设计高水位为 2.36 m，设计低水位为 -0.16 m，极端高水位为 3.61 m，极端低水位为 -0.76 m，施工水位为 1.11 m。

3. 年渔获物卸港量及停泊渔船情况

三山岛渔港是莱州湾最大的渔港，承担着本地区渔获物集散和中转交易的重要功能，年渔获物卸港量达到 8 万 t 以上。每年渔港进港渔船数量约 950 艘，其中 90% 为莱州市注册的渔船，约 850 艘，河北、辽宁等地 100 HP 以上渔船 100 余艘。

4. 水工建筑物

现有渔用岸线长度 2 067 m，其中码头岸线长度 1 100 m。泊位水深 -5.5~-2.5 m，防波堤总长 1 600 m，港内有效掩护水域面积达 42.6 万 m²。

5. 陆域功能区布置及港区产业发展情况

渔港现有陆域面积 15.4 万 m²，其中修船、制冰、渔需供应、渔港监督、渔港管理、商品服务等配套设施约 5 万 m²。渔港现有冷藏制冰厂 2 座，冷藏量 500 t/次，每天制冰量 10 t，水产品加工能力 5 t/d。三山岛渔港已形成了从近海捕捞、水产养殖、水产加工、水产贸易到冷链物流等完整的渔工贸、产供销一体化的现代水产产业链。

6. 渔港建设亮点 三山岛渔港不但可有效满足莱州及山东半岛北部、辽宁、河北等周边省（自治区、直辖市）、地区渔船停泊避风的需要，还可为停泊渔船提供卸港、补给、渔业生产修整服务，不仅对莱州市的渔业生产发挥了巨大作用，而且为周边地区渔业生产的发展也做出了较大贡献（图3-57）。

图3-57 三山岛一级渔港规划

四、江苏省一级渔港建设案例

高公岛一级渔港

1. 渔港现状 高公岛渔港位于连云港市连云区高公岛街道，拥有理想的水陆交通网络，渔港区位优势明显，地理位置优越。该港于2000年9月开工，建设码头及防波堤全长240 m（其中直立岸壁码头150 m、防波堤90 m），进港道路670 m，形成港池水域面积近20万 m²。随着渔港的不断发展，港区陆续配套了渔港物资供应房、灯塔、航标、路灯、供油、加水等设施，通过招商引资在渔港西侧配套兴建了一座占地24 000 m²的水产品交易市场。2014年开工建设国家一级渔港，建设防波堤兼码头140 m、防波堤110 m、护岸587 m，2017年竣工验收。2018年开始实施一级渔港整治维护项目，截至2023年渔港拥有直立岸壁码头290 m，码头前沿设计底标高－2.5 m，浮码头趸船两座，分别长34 m、58 m，渔港综合管理中心859 m²，配套环保绿化、给排水及消防、供配电及照明等设施（图3-58和图3-59）。

图3-58 高公岛渔港现状

图3-59 高公岛渔港码头区大门

2. 自然条件

（1）气象。该区域属东亚季风气候，冬季受西伯利亚冷空气控制，干旱少雨，气温偏低，盛行偏北风；夏季受西太平洋副热带高压与东南季风控制，温、湿度偏高，盛行东南风。

（2）气温。年平均气温15.0 ℃，极端最高气温38.0 ℃（2002年7月15日），极端最低气温－11.9 ℃（1970年1月5日），各月平均气温介于1.5～27.4 ℃之间，其中8月最高，1月最低。各月平均最高气温29.9 ℃、平均最低气温－1.4 ℃。

（3）风力。根据连云港海洋站 1974—2003 年实测风速分析，当地常风向为偏 E 方向，ESE 方向出现频率为 11.43%，E 向出现频率次之为 10.29%，强风向为偏北向，6 级以上（含 6 级）大风 NNE 向出现频率为 1.90%，N 向出现频率次之为 1.53%。

（4）雾况。年平均雾天数为 18.4 d。一年中雾日主要出现在 3—6 月，共有 10.9 d，占年雾日的 59%，其中 4 月最多，为 3.1 d，另外出现在 11 月至翌年 2 月共有 5.9 d，占年雾日的 32%，8—10 月基本无雾。

（5）湿度。该区年平均相对湿度为 71%，各月平均相对湿度介于 64%～84%，其中 7 月最高，12 月最低，一年中 6—8 月相对湿度较高，均值为 81%，11 月至翌年 1 月相对湿度较低，均值为 65%。

（6）潮汐。连云港附近海域属正规半日潮，在一个太阴日内有两次高潮和两次低潮，由于潮波的浅水变形，涨、落潮历时不等。涨潮平均历时 5 h 38 min，落潮平均历时 6 h 50 min，落潮历时大于涨潮历时，平均潮差 3.38 m。潮位特征值（1965—1991 年潮位统计，1985 国家高程基准）如下：最高潮位为 3.41 m，最低潮位为 −3.25 m，最大变幅为 6.66 m，平均高潮位为 1.99 m，平均低潮位为 −1.57 m，平均海平面为 0.11 m，最大潮差为 5.80 m，平均潮差为 3.38 m。

（7）设计水位（1985 国家高程基准）。设计高水位为 2.47 m（高潮累积频率 10%），设计低水位为 −2.34 m（低潮累积频率 90%），极端高水位为 3.57 m（50 年一遇高潮位），极端低水位为 −3.39 m（50 年一遇低潮位）。

3. 年渔获物卸港量及停泊渔船情况　　渔港港界范围内陆域面积 22 万 m²，水域面积 32.4 万 m²，年卸货量 4 万 t，可容纳大小渔船近 600 艘。

4. 水工建筑物　　渔港现有直立岸壁码头长 290 m，为重力式结构，护岸长 587 m，为斜坡式结构，防波堤长 335 m，为斜坡堤结构，护面采用 5 t 扭王字块体护面。

5. 陆域功能区布置及港区产业发展情况　　高公岛渔港不仅为渔船提供停泊锚地，同时承担着渔获物装卸、交易中转、保鲜加工、物资补给、渔船避风减灾、渔业休闲观光等重要功能。

6. 渔港建设亮点

（1）防波堤及码头采用防波堤兼码头的混合结构型式，防波堤建设时采用爆破排淤填石处理软基，码头结构采用在防波堤内侧利用堤身作为基础，并对码头基础采用水下爆破夯实，形成了"爆破排淤填石＋水下爆破夯实"的基础处理模式，为今后类似工程提供了范例（图 3-60）。

图 3-60　高公岛渔港防波堤及码头

（2）在国内首次提出通过港池里侧与外海打通水道，使港池内部水体直接与外海相通，促进港内外水体交换，打造了港池水环境治理示范项目。

（3）为合理定位渔港功能，提升渔港整体服务水平，高公岛渔港建设在保证基本功能到位、配套设施完备的基础上，因地制宜结合渔港所在地域区位特点及不同的服务对象，大力提升港区环境，建设绿化、草坪、景观步道，稳步推进水产交易、冷藏加工、商业餐饮等功能区建设，实现渔业经济发展与海洋生态保护"双促进"，有力推动该区域海洋渔业高质量发展。

五、浙江省一级渔港建设案例

长涂一级渔港

1. 渔港现状 岱山县位于浙江省东北部的舟山市境内，舟山群岛中部，地理坐标北纬 30°07′—30°38′，东经 121°31′—123°17′，北与嵊泗列岛（舟山市嵊泗县）接界，东临公海，南与舟山本岛相望，岱山县是全国十大重点渔业县之一。

岱山县长涂镇由大长涂岛和小长涂岛组成，距离外海较近，渔船往返十分方便，附近渔船主要作业渔场有舟山渔场、吕四渔场、温台渔场，以及韩国附近外海水域也是渔民传统的外海作业渔场。

长涂渔港位于岱山县长涂镇，地理坐标为北纬 30°14′59″，东经 122°17′45″。长涂渔港水域为大小长涂岛之间的狭长的潮汐水道，呈 S 形。东口门朝东北向，进入口门后水道呈南北向，约 1.8 km 后水道转为东西向，往西约 4.8 km 后转为西南向，即西口门。水道长约 7.8 km，平均宽约 400 m，中段宽约 710 m。水域平均水深 15 m，最深处 38 m。

长涂渔港 1991 年列为二级渔港，由渔民自筹资金建设了驳岸 900 m，简易码头 4 座。2006 年建设长涂一级渔港，建设内容包括新建 1 个码头泊位，维修原有 4 座简易码头 80 m，新建驳岸 1 500 m。2017 年长涂渔港实施避风锚地建设，建设上岸码头 4 座，总长 174 m，引桥 2 座，总长 86 m，执法码头 130 m，引桥长 62 m，系泊护岸 912 m，避台指挥中心（兼临时安置房）1 000 m²。另外，渔港内还有供油码头 4 个泊位，油库库容约 7 000 m³，客运码头 4 个泊位，修船码头 1 个泊位，修船厂 4 座，年修船能力约 420 艘（次），最大可修理 1 800 t 船舶，供冰码头 1 座，5 家冷藏制冰厂，冷库 2 000 t/次，制冰能力 360 t/d，卸鱼棚 2 000 m²，有渔需物资供应和船用设备一条街（图 3-61 和图 3-62）。

图 3-61 长涂渔港码头一

图 3-62 长涂渔港码头二

2. 自然条件

（1）气温。岱山地区属北亚热带海洋性季风气候，年平均气温 16.2 ℃，极端最低气温−4.7 ℃，月平均最低气温 5.4 ℃，月平均最高气温 27.3 ℃。

（2）降水。本地区降水季节变化明显，其中 4—7 月为雨季，9 月为秋雨，10 月至翌年 2 月为旱季。年平均降水量 1 041.5 mm，年最大降水量 1 295.3 mm，年最小降水量813.8 mm，月最大降水量 231.1 mm，年均降水量≥25 mm 9.5 d，年均降水量≥50 mm的天数为 2.8 d，年均降水量≥100 mm 的天数为 0.3 d。

（3）风况。该地区常风向为 SE 向，频率为 11.9％，其次为 N 向和 SSE 向，出现频率分别为 11.1％和 9.9％。当地风向的季节性分布状况为每年 1—3 月和 11—12 月以北风为主，4—8 月以东南偏南风为主，9—10 月以东北风为主。

（4）雾况。区域内年雾天数为 14.5 d，最多年份雾天数为 21 d，最少的 8 d。根据近年来不完全资料统计，区域雾日维持时间一般在 5 h 以下，最长可达 12 h，其中以春雾持续时间长、范围广、浓度高、能见度低。

（5）湿度。年平均相对湿度为 79％～80％；6 月湿度最大，为 88％～91％；12 月湿度最小，为 70％～71％。

（6）潮汐。根据岱山海域水文观测资料分析，东海潮波以前进波的形式，由东南向西北推进，传至浙江近海，受海岸阻挡、岛屿分隔、水下起伏地形等因素的作用与影响，一般多沿水道或岸线走向传播。岱山水道南部为不规则半日潮混合潮港。南北部风浪相当，北部稍大于南部。港区潮流为非正规半日潮流，且呈往复流运动，涨潮流以偏西为主，落潮流则以偏东为主。

该工程海域主要隶属非正规浅海半日潮流类型，潮波基本具有不正规驻波性质，工程区前沿水域落潮流最大流速大致出现在低平潮前 2 h 左右，涨潮流最大流速则大致出现在高平潮前 2 h 左右，而憩流或转流一般在高、低平潮后 1～2 h，此时流速最小。

区域潮位特征值（1985 国家高程基准）为：最高潮位为 3.08 m，最低潮位为−2.11 m，平均高潮位为 1.10 m，平均低潮位为−0.81 m，平均潮位为 0.21 m，平均潮差为 1.91 m，平均涨潮历时为 5 h 49 min，平均落潮历时为 6 h 36 min。

（7）设计水位（1985 国家高程基准）。设计高水位（高潮累积频率 10％）为 1.94 m，设计低水位（低潮累积频率 90％）为−1.41 m，极值高水位（100 年一遇）为 3.31 m，极端高水位（50 年一遇）为 3.19 m，极端低水位（50 年一遇）为−2.42 m。

3. 年渔获物卸港量及停泊渔船情况　岱山长涂渔港年渔获物卸港量统计在 4 万 t 以上，每年秋冬汛期间，大量渔船汇集浙北渔场进行捕捞作业，除舟山籍渔船外，主要来自台州、宁波、福建等地，尤其是每年冬讯季节的大风天气，涌入长涂渔港避风的渔船数量多达 800 余艘。

4. 水工建筑物　岱山长涂渔港拥有水域面积 600 万 m²，拥有渔业码头长度 384 m，护岸约 2 460 m，护岸结构主要为直立式结构。

5. 陆域功能区布置及港区产业发展情况　长涂渔港拥有陆域面积 24 万 m²，其中，修船厂 4 座，年修船能力约 420 艘（次），最大可修理 1 800 t 船舶，供冰码头 1 座，5 家冷藏制冰厂，冷库 2 000 t/次，制冰能力 360 t/d，卸鱼棚 2 000 m²，有渔需物资供应和船用设备一条街。2017 年建设避台指挥中心（兼临时安置房）1 000 m²。

六、福建省一级渔港建设案例

霞浦石湖一级渔港

1. **渔港现状**　霞浦石湖渔港位于霞浦县下浒镇石湖村前的一个天然澳口，坐北朝南，西连著名的外浒沙滩，与北壁乡的池澳、海岛乡的小西洋一水相连，北向到东北向有本岛陆地掩护，东向、东南向与浮鹰岛、西洋岛等岛屿隔海相望，是理想的天然港湾和建港地点。2000 年 6 月由多方集资建成了一条东西走向的防波堤兼码头，长 147.5 m，形成了面积为 5 000 m² 的避风水域。2003 年二级渔港建成投入使用，新建成的码头长 70 m、宽约18 m。2016 年石湖一级渔港建成并投入使用，新建的南防波堤和东防波堤合围形成港内水域面积达31 万 m²，新建成 4 个 200HP 渔船泊位，码头长 112 m、宽 25 m，一级渔港建成后发挥了重要作用，来港靠泊装卸的渔船渔获物显著增多。目前，石湖港现有码头岸线长330 m，驳岸岸线长 170 m，水、电、路、通信等基础设施日趋完善，附近石湖村共有大小渔船 442艘，拥有 3 家海带加工厂、1 家冷冻加工厂（图 3-63）。

图 3-63　霞浦石湖一级渔港全景

2. **自然条件**

（1）气温。年平均气温 18.8 ℃，历年极端最高气温 38 ℃（1981 年），历年极端最低气温−1.2 ℃（1970 年），最热月 7 月平均气温 27.6 ℃，最冷月 2 月平均气温 9.1 ℃。

（2）降水。每年 6 月降水量最多，12 月降水量最少。年平均降水量 1 213.5 mm，历年最大降水量 1 925.5 mm，历年最大连续降水量 212.4 mm，历年最长连续降水天数 29 d（1985 年 2 月 15 日—1985 年 3 月 15 日），历年日最大降水量 134.5 mm（1963 年 9 月 12 日）。

（3）风况。强风向东北向，频率 29%，平均风速 2.8 m/s，最大风速 34 m/s，极端风速＞40 m/s，台风入侵平均每年 3 次，多出现在 7—9 月。

（4）雾况。年平均雾天数为 6.2 d，多发生在 1—5 月，4 月最多，年最多雾天数为14 d。

（5）湿度。年平均相对湿度为 80%，6 月平均相对湿度最大，达 86%，9 月至翌年1 月湿度较小，平均相对湿度为 74%～79%。

（6）潮汐。该港属正规半日潮，潮位特征值如下（黄海零点）：历年最高潮位为 4.25 m（1969 年 9 月 3 日），历年最低潮位为−3.72 m（1993 年），平均高潮位为 2.36 m，平均低潮位为−1.97 m，平均潮位为 0.29 m，最大潮差为 7.38 m（1964 年），最小潮差为 1.03 m（1966 年 10 月），平均潮差为 4.23 m，平均涨潮历时为 6.05 h，平均落潮历时为 6.20 h。

（7）设计水位（黄海零点）。设计高水位（高潮累积频率10%）为3.06 m，设计低水位（低潮累积频率90%）为−2.74 m，极端高水位（50年一遇高水位）为4.22 m，极端低水位（50年一遇低水位）为−3.91 m。

3. 年渔获物卸港量及渔船发展水平　年渔获物卸港量7.7万 t，年均停泊442艘渔船。

4. 水工建筑物　已建成南防波堤长707 m，采用扭王字块体护面的斜坡式结构；东防波堤长330 m，外侧采用扭王字块体护面的斜坡式结构；内侧为重力式实心方块码头，护岸长498 m，采用重力式混凝土挡墙结构；驳岸长170 m，采用重力式混凝土挡墙结构。

5. 陆域功能区布置及港区产业发展情况　在避风内港的两侧岸上分别布置管理区、停车场和堆场，在港区西侧的岸边和陆上布置有综合服务区、加工区，在水体交换设施根部陆域布置渔港预留发展区。

6. 渔港建设亮点　一级渔港的建设在带动下浒镇水产养殖和捕捞业逐年发展壮大的同时，为当地最主要的海带产业提供了水深良好的作业码头和安全的港内作业条件。截至2023年，石湖村海带养殖总面积约300 hm²，全村800多户村民都在养殖海带，随着海带养殖规模的逐渐壮大，村里海产品加工业应运而生，生产产业链不断延伸，海带从粗加工逐步向精深加工发展，逐渐形成产供销一体化，同时带动了周边群众的就业。

七、广东省一级渔港建设案例

汕尾市甲子一级渔港

1. 渔港现状　汕尾市甲子一级渔港地处粤东陆丰市的东南，南邻南海，近靠甲子渔场，地理位置为北纬20°52′00″，东经116°04′25″。水路西距汕尾市60 n mile，东距汕头市78 n mile，陆路距陆丰县城53 km，交通方便。

渔港拥有水域面积约7.5 km²，海岸线长8 km，其中港内水域5 km²，港池最大水深5.6 m，航道长4.3 km，宽60～80 m，平均水深3.5 m，满足500 t以下船舶自由进出港。渔港设有拦沙堤1 032 m，港内建有避风塘（西河避风塘），面积20.5万 m²，可供1 000余艘渔船安全停泊、补给、避风，渔港有公路与深汕高速公路和324国道连接，全省沿海各地的渔船以及福建省的渔船经常到甲子港卸鱼、补给或避风，尤其是每年的春秋汛期，到该港停泊卸鱼、补给的外港渔船近500艘。甲子渔港是一座自然条件优良、水陆交通方便、极具发展潜力的渔港和贸易口岸，素有"金甲子"之美称。

2. 自然条件

（1）气温。甲子地处南亚热带，常年气温较高。历年最高气温36.5 ℃，历年最低气温2.8 ℃，年平均气温22.1 ℃。

（2）降水。历年平均降水量1 598.1 mm，历年最大降水量2 496 mm，历年最小降水量815 mm，日最大降水量345.6 mm，最大降水天数147 d，最小降水天数74 d，年平均降水量≥25 mm的天数为20.1 d，年平均降水量≥50 mm的天数为8.1 d，年平均降水量≥100 mm的天数为1.9 d。

（3）风况。甲子渔港强风向为NE向，年出现频率为12%，次强风向为NNE向，年出现频率为10%，常风向为ENE向和E向，年出现频率为19%，ENE向和E向平均风速分别为8 m/s和8.5 m/s，最大风速分别为40 m/s和35 m/s。最小风向是NNW向和

NW向，其出现频率均不到1%，对应方向的平均风速分别为4.1 m/s和2.8 m/s，最大风速分别为20 m/s和12 m/s。甲子渔港大风（≥8级）的天数年平均61.2 d，一年四季均可出现大风，11月最多，3月次之，5月最少。

（4）湿度。年平均相对湿度为82%，4—8月相对湿度最大，年平均都在86%以上，5—6月相对湿度最大，多年月平均为88%，10—12月相对湿度较小，月均73%以下，12月相对湿度最小，月平均70%，其次是11月，月平均72%。

（5）潮汐。甲子渔港所在地潮流基本为南北向往复流，口门段因受地形影响，主流偏向东岸深槽，涨潮历时明显大于落潮历时，流向350°，口门段涨潮最大流速为0.59 m/s，落潮最大流速为0.81 m/s，流向181°。

（6）设计水位（当地理论最低潮面）。设计高水位（高潮累积频率10%）为1.674 m，设计低水位（低潮累积频率90%）为0.384 m，极端高水位（50年一遇高水位）为3.324 m，极端低水位（50年一遇低水位）为−0.316 m。

3. 年渔获物卸港量及停泊渔船情况　渔港年渔获物卸港量约6.7万t，可供1 000多艘渔船安全停泊、补给、避风。

4. 水工建筑物　甲子渔港配套设施比较齐全，有卸鱼码头2座，各2个泊位，总长120 m，顺岸式货运码头1座，长40 m，2个泊位，护岸长度1 700 m，防波堤长度760 m。

5. 陆域功能区布置及港区产业发展情况　甲子渔港范围内有800 t级冷冻厂1座，制冰厂3家，制冰能力每天约280 t。150 t和300 t冷库各1座，修造船厂1家，150 t级和80 t级船排各1座，自来水厂1座，日供水5万t，渔需物资供应门市10多家。上规模、上档次的水产品加工厂1座，群众性水产品加工作坊250多家，年加工水产品约4万t，产值4亿多元。有露天水产品交易市场（东宫水产品交易市场）1个，约1 500 m²。晒脯、鱼糜制品、海鲜（活）店、干品店约450家。

八、广西壮族自治区一级渔港建设案例

电建一级渔港

1. 渔港现状　电建渔港位于北海市银海区侨港镇，始建于1979年，当时是为安置从越南归国的华侨难民（包括渔民和渔船）而建设的。电建渔港分为大港和小港两部分，大港在外，小港在内，大港于1981年底建成使用，小港于1984年6月竣工投入使用，后期经电建一级渔港项目建设后，现有岸线总长4 758 m，其中大港码头岸线长450 m（南侧码头300 m，北侧码头150 m），码头前港池水深−3.0～−2.5 m，其余岸线均为浆砌块石护岸。渔港现有防沙堤400 m，护岸4 438 m，整个渔港水域总面积约45万m²（包括港池及航道）。另外，渔港陆域配套设施也进行了相应的建设，建有冷库、水产品加工车间、水产供销商店、渔捞后勤供给商店和修造船厂等，渔船的供水、供电、供油及渔获物的装卸和销售极为方便。2021年电建渔港获批为第二批国家级海洋捕捞渔获物定点上岸渔港（图3-64和图3-65）。

电建渔港建成后，不仅解决了归国华侨渔民的后顾之忧，同时也为当地北海渔民提供了极大的方便，它不仅成为北海市的一个重要群众性渔港，同时也是广西乃至南海北部湾地区的一个主要渔港，为区域性渔业经济的发展发挥了重要作用。

图 3-64　电建一级渔港全景一　　　　　　　图 3-65　电建一级渔港全景二

2. 自然条件

（1）气温。北海地区属亚热带海洋性季风气候，冬无严寒，夏无酷暑。根据北海市气象台 1954—1983 年的统计资料，本地区气温情况如下：年平均气温为 22.6 ℃，历年极端最高气温为 37.1 ℃，历年极端最低气温为 2.0 ℃。

（2）降水。北海地区雨量充沛，每年 5—9 月为雨季，降雨量最多，10 月至翌年 4 月降雨量较少。年平均降水量为 1 663.7 mm，历年最大降水量为 2 211.2 mm，历年最小降水量为 849.1 mm，日最大降水量为 509.2 mm，1 h 最大降水量为 114.7 mm。

（3）风况。北海地区风向季节性变化显著，冬季盛吹北风，夏季盛行东南风，常风向为北风，次常风向为东南风，频率分别为 22.19% 和 10.8%，强风向为东南风，最大风速为 29 m/s。夏秋两季受台风影响，每年有 2~4 次，台风由南海进入北部湾时，因受海南岛和雷州半岛的阻挡，风力减弱，一般仅有 5~6 级，大于 8 级的大风天数年平均为 11.8 d。1954 年 8 月 30 日的一次台风最为强烈，风力在 12 级以上，曾给当地渔业和农业造成严重的危害。

（4）雾况。北海地区雾日主要出现在冬末和夏初，尤以 3 月为最多，通常是清晨有雾，日出雾消，年平均雾天数为 13.2 d。

（5）湿度。北海地区年平均相对湿度为 81%，最小相对湿度为 5%，平均相对湿度的年际变化在 75%~84% 之间，每年 10 月至翌年 1 月相对湿度较低，在 74%~77% 之间，2—9 月均在 81% 以上。

（6）蒸发及日照。北海地区年平均蒸发量为 1 890 mm，年平均日照时间为 2 108.5 h。

（7）设计水位（1985 国家高程基准）。设计高水位为 2.77 m，设计低水位为 −1.53 m，极端高水位为 3.87 m，极端低水位为 −2.15 m。

3. 年渔获物卸港量及停泊渔船情况　渔港年渔获物卸港量近 17 万 t，电建渔港现登记在册的大小渔船共有 400 艘左右，但是每年来本港停泊和装卸作业的外地渔船还有 500 艘左右，因此每年总共有近 1 000 艘渔船常年在本港靠泊、卸鱼和避风等。

4. 水工建筑物　码头长 450 m，采用重力式方块结构，大部分护岸为浆砌块石护岸，防波堤为斜坡式结构。

5. 陆域功能区布置及港区产业发展情况　渔港陆域配套设施建有冷库、水产品加工车间、水产供销商店、渔捞后勤供给商店和修造船厂等，现有 2 家渔船修造厂、6 座冷库。

6. 渔港建设亮点　电建渔港以侨港特色小镇为抓手，以渔业文化旅游为主，打造成为集渔业生产、文化展示、娱乐体验为一体的渔业综合体。

九、海南省一级渔港建设案例

莺歌海一级渔港

1. 渔港现状 乐东黎族自治县位于海南省西南部，靠山临海，东南与著名旅游胜地三亚市毗邻，西北靠海南新兴工业城东方市，位于三亚经济圈现代渔业产业核心节点，拥有国务院批复的乐东莺歌海港区开放口岸，具有对接越南等东盟国家的巨大优势。莺歌海渔港位于莺歌嘴，在岭头港南 20 km，左边是南中国海，右边是北部湾。2018 年 7 月，莺歌海渔业码头一期交工验收，包括渔港配套码头泊位 14 个，长 799 m，其中渔船泊位 11 个，冷藏运输船、执法船、加油泊位各 1 个，护岸堤长 467 m，防波堤长 908 m，形成港内水域总面积 54.5 万 m²。为落实国家及海南省渔港建设相关规划，推动乐东县休闲渔业与一二产业融合发展，2021 年建设乐东莺歌海一级渔港，对已建成的莺歌海渔业加工区及配套码头工程进行改扩建，目前已完工（图 3-66）。

图 3-66 莺歌海渔港码头

2. 自然条件

（1）气温。年均气温 25.6 ℃，最热月为 5—6 月，月均最高气温为 34.7 ℃，年极端最高气温为 36.6 ℃。最冷月为 12 月，月均最低气温为 11.6 ℃，年极端最低气温为 4.5 ℃。

（2）降水。年均降水量 1 220.2 mm，年最大降水量为 1 674.7 mm，年最小降水量为 746.5 mm，每年 5—10 月为雨季，其降水量约占全年降水总量的 85%，最大日降水量为 407.6 mm。

（3）风况。根据莺歌海盐场气象站 1956—1975 年风况资料统计，风向主要集中在 SSE～E 向（频率占 51%）和 WNW～N 向（频率占 23%）两个范围内，SSW～WSW 向风总的频率仅占 9%。

（4）热带气旋。台风多发生在 8 月与 9 月，在三十多年的观测中，影响该区的台风平均每年出现 2.9 次，台风极少在乐东县直接登陆，一般到达乐东后风力减弱。每次影响历时 1～2 d。

（5）设计水位（1985 国家高程基准）。设计高水位为 1.86 m（高潮累积频率 10% 的潮位），设计低水位为 −0.25 m（低潮累积频率 90% 的潮位），极值高水位为 2.94 m（100年一遇），极端高水位为 2.76 m（50 年一遇），极端低水位为 −1.05 m（50 年一遇）。

3. 年渔获物卸港量及停泊渔船情况 渔港年渔获物卸港量 6 万 t，可停泊渔船数量 600 艘。

4. 水工建筑物 码头岸线 799 m，共布置 18 个渔业生产泊位和 1 个公务船（渔政）泊位。码头主体结构采用沉箱结构，沉箱底宽 5.1 m（含 0.8 m 前后趾），长 7.05 m，高 5.25 m，沉箱壁厚 0.3 m，底板厚 0.4 m，隔墙厚 0.25 m，单个沉箱重 120 t。码头防撞设施采用 H300 L1500 拱形橡胶护舷，竖向布置在胸墙上，间距 7.1 m，水平向布置 D 300 半圆形橡胶护舷。码头系缆设施采用 150 kn 系船柱，间距 7.1 m。由北至南分别布置 6 个卸鱼泊位、5 个物资泊位、3 个加水加冰泊位、1 个渔政泊位、2 个修船泊位及 2 个加油泊位。护岸和防波堤采用抛石斜坡结构，护岸堤长 467 m，防波堤长 908 m，港内水域总面积 54.5 万 m²。

5. 陆域功能区布置及港区产业发展情况 港区陆域主要分为渔业生产区和休闲渔业区两个功能区。渔业生产区位于陆域北侧、西侧和南侧，以渔业基础设施建设、生产配套设施建设为主；休闲渔业区位于陆域东侧，以渔港生产配套远期发展预留、休闲度假、水上渔业休闲、城市景观配套等为主（图 3-67）。

图 3-67 莺歌海渔港陆域

第三节 二级渔港建设案例

一、河北省二级渔港建设案例

戴河口二级渔港

1. 渔港现状 戴河口渔港位于秦皇岛市北戴河区，坐标位置北纬 39°48′10″，东经 119°26′21″。2002 年，中央财政补助 4 000 万元用于改扩建戴河口渔港，该工程于 2005 年 12 月开始建设，于 2006 年完工，建设码头岸线 624.5 m、防波堤 635 m、护岸 422 m，陆域面积 4 万 m²，水域面积 4.4 万 m²，港池水深 3 m，航道宽 35 m，满足 300 艘渔船停靠。渔港建立了渔港视频监控系统分中心，港区内安装了高清视频摄像头，做到了对渔港监控全覆盖，所有在港渔船安装了通导、北斗 AIS 等设备，渔船信息化管理水平不断提升。2019 年，又实施了戴河口渔港环境整治提升项目，进一步提升了渔港环境，建设成为花园式渔港（图 3-68）。

图 3-68 戴河口渔港全景

2. 自然条件

(1) 气温。年均气温 10.3 ℃，夏季最热在 8 月，月均 24.5 ℃，冬季最冷在 1 月，月均气温−6.5 ℃。

(2) 降水。年平均降水量 656.2 mm，年最大降水量 1 221.21 mm，年最小降水量 419.5 mm。年降水主要在 6—8 月，占全年降水总量的 70% 以上。日最大降水量 215.4 mm。

(3) 风况。常风向为 WSW 向，出现频率为 10.6%。强风向为 ENE 向，实测年平均风速 3.9 m/s，最大风速 23.9 m/s。春、秋季多西南风或西南西风，冬季为东北或东北东风，夏季多南风。

(4) 雾况。秦皇岛港能见度小于 1 000 m 影响港口作业的雾天数年平均为 9.2 d，其中持续在 4 h 以上的雾天数为 5.8 d。雾日多发生在春末夏初。

(5) 潮汐及潮流。秦皇岛港潮汐类型是以日潮为主的相对不规则的混合潮型，验潮零点在黄海平均海平面下 0.835 m（即验潮零点与理论深度基准面相同）。最高高潮位 2.55 m，最低低潮位−1.43 m，平均海面 0.89 m，平均高潮位 1.24 m，平均低潮位 0.53 m，平均潮差 0.7 m。

秦皇岛港涨潮流向为 WSW 向，落潮流向为 ENE 向，属往复流，平均流速 0.5 kn，最大涨落潮流速分别为 1 kn 和 0.7 kn。

(6) 波浪。秦皇岛港外海水域开阔，波浪比较大，以风浪（含以风浪为主的混合浪）为主，约占 75%，常浪向是南向，频率为 39%。实测最大波高 3.3 m，波向南东，该海区波浪特点是无浪日少，无浪的频率仅为 6.3%，小浪多，其中 0.8 m 以下的波高占 87%，0.9~1.2 m 的波高约占 8.8%，1.3 m 以上的波高仅占 4.2%。

(7) 海冰。秦皇岛港附近海域每年初冰日为 11 月下旬，终冰日为翌年 3 月中上旬，冰期平均为 105 d，最长可达 124 d，常年岸边有少量固定冰，冰的厚度一般为 10~30 cm，5 m 等深线以外很少出现固定冰，对船舶航行和港口装卸运输生产无影响。

(8) 设计水位（秦皇岛港理论深度基准面）。设计高水位为 1.76 m（历时 1% 累积频率潮位），设计低水位为−0.15 m（历时 98% 累积频率潮位），极端高水位为 2.66 m（50 年一遇），极端低水位为−1.71 m（50 年一遇）。

3. 年渔获物卸港量及停泊渔船情况 年渔获物卸港量约 2 万 t，港内常年停靠渔船 100 余艘。

4. 水工建筑物 港区拥有水域面积 3.27 万 m²，现有岸线总长 638 m，其中，码头长 588 m，宽度 10 m。

5. 陆域功能区布置及港区产业发展情况 陆域面积 3.93 万 m²，配套建设有加油站、渔船修造厂、水产品交易市场等附属设施。

二、山东省二级渔港建设案例

（一）海阳市顺鑫渔港

1. 渔港现状 海阳市顺鑫渔港位于海阳市辛安镇南邵家村东南部海域，濒临黄海，渔港陆域面积 3.09 万 m²，港池面积 14.85 万 m²，码头岸线长 620 m，其中前沿底标高−3.0 m 码头长 250 m，前沿底标高−1.5 m 码头长 370 m。共有渔业码头泊位 21 个，其中 270 HP 渔船泊位 6 个、100 HP 渔船泊位 15 个，可满足中小型渔船停泊、避风和补给。陆域配套建筑面积 1 620 m²，港区道路 2 810 m²。港区设有监控、照明、系船柱、橡胶护舷等设施，码头装卸作业采用移动式输送机和固定吊，港区内还设有渔需物资商店、办公室、招待所等生产生活服务设施，另外供水、供电等设施较齐全，交通、通讯十分便利。

2. 自然条件

（1）气温。年平均气温 11.9 ℃，最热月为 8 月，月平均气温 24.8 ℃，历年极端最高气温 37.6 ℃，最冷月为 1 月，月平均气温−2.5 ℃，历年极端最低气温−16.3 ℃。

（2）降水。降水主要集中在 7—8 月。年均降水量 732.5 mm，年最多降水量 1 661.0 mm，年最少降水量 390.7 mm。年均降水天数 10 d，年均暴雨天数为 3.2 d。

（3）风况。常风向为 WNW 和 NW 向，频率分别为 9% 和 8%，次常风向为 NNW 向和 S 向，频率均为 7%；SW 向风最少，仅为 2%；静风频率高达 18%。强风向为 NW 向，最大风速 22 m/s，SW 向和 WSW 向风最小，仅为 12 m/s。年均风速 3.2 m/s，其中以 SSW 向和 WNW 向风最大（4.4 m/s），E 向、SW 向和 WSW 向最小（2.8 m/s）。年平均风速≥8 级（即≥17 m/s）的天数为 27 d，该地区风向的季节变化很明显。

（4）热带气旋与寒潮。主要海洋灾害为台风，每年 6—9 月可能受台风或热带风暴影响。据多年统计，明显影响本区的台风，平均每年不到 1 次，但其对渔业生产、海上航行、海区设施造成的危害却相当大。另外，大风、台风和寒潮引发的风暴潮往往数年才出现一次，但其引发的灾害却相当严重。

（5）雾况。海雾主要出现于 4—8 月，其中 7 月最多，9 月至翌年 3 月很少出现海雾，能见距离≤1km 的年平均雾天数 23.9 d，年最多雾天数 44 d，年最少雾天数 8 d。

（6）潮流。顺鑫渔港位于丁字湾湾口北端，在大潮期和小潮期的潮流均为往复流，涨潮主流向为 NE 向，落潮主流向为 SW 向。涨潮流大于落潮流，小潮期表层、中层、底层的最大瞬时流速分别为 61.8 cm/s、51 cm/s、45.4 cm/s；大潮期表层、中层、底层的最大瞬时流速分别为 69.6 cm/s、77.4 cm/s、81.2 cm/s。

（7）波浪。以风浪为主，一年中风浪频率占 70%，涌浪占 67%，二者相差很小。涌浪多来自外海偏南各向，且夏季最多。据资料统计，本区的常波向为 SSW 向，出现频率为 10.74%，强波向为 SE 向，最大波高 5.8 m，次强波向为 SSE 向，最大波高为 3.9 m。

（8）设计水位（当地理论最低潮面）。设计高水位为 3.97 m，设计低水位为 0.49 m，极端高水位为 4.97 m，极端低水位为−1.12 m。

3. 年渔获物卸港量及停泊渔船情况
渔港陆域北侧设有水产品交易市场，其面积为 800 m²，另有部分渔货在码头进行交易，年渔获物卸港量可达 1.5 万 t。渔港水域通常可停泊大小渔船约 300 艘，目前在港注册停泊各类大小渔船 205 艘，其中，从事捕捞的渔船 53 艘，忙时船员 300 人左右，捕捞季日渔获上岸量 5～6 t，从事养殖渔船 152 艘，主要以牡蛎、沙蛤和菲律宾蛤仔养殖为主。

4. 水工建筑物
渔港码头采用重力式方块结构，码头顶高程 5.2 m，堤顶宽度 21.0 m，码头基床采用 10～100 kg 块石，顶高程−3.0 m，墙身由混凝土卸荷板和两层混凝土方块构成，上部现浇混凝土胸墙，胸墙上布置系船柱、护舷等各种设施。墙后回填 10～100 kg 块石，设置倒滤层，面层采用混凝土面层。外侧防波堤采用斜坡式结构，坡顶设置砼挡浪墙，挡浪墙顶高程 6.5 m，防波堤外侧采用 2 t 扭王块护面，护面块体下设置 100～200 kg 垫层块石，内部抛填开山石，护底采用 200～300 kg 块石，宽 5 m，防波堤内侧采用干砌块石护面，护面块体下设置 80～100 kg 蹬脚块石，顶高程 5.5 m，堤顶宽度 10.0 m。

5. 陆域功能区布置及港区产业发展情况 码头设有监控、照明、系船柱、橡胶护舷等设施，码头装卸作业采用移动式输送机和固定吊。在渔港东侧建设渔港陆域配套设施，布置四栋单层建筑，包括冷库、仓库办公室、渔货中转站便利店、厕所等，陆域配套房总建筑面积 1 620 m²。码头后方设置卸渔场，场地面积为 2 000 m²，在防波堤兼码头拐角处设置水产品交易区，场地面积为 1 500 m²。渔港码头前沿均设有供水、供电设施，供水设施通过管道与自来水厂相连接，供电设备与海阳市电网相连，供油方式为外来油罐车加油。目前，顺鑫渔港主要以经营捕捞业为主，兼具养殖渔获经营，实现了海产品生产、加工、销售的一体化、规模化和专业化，推进渔业产业化的进程及产业结构优化升级。

6. 渔港建设亮点 渔港所在的南邵家村周围拥有丰富的渔业资源和旅游资源，通过整合渔村、渔港及"祭海景点龙王庙"等资源，打造"住渔家屋、吃渔家饭、乘渔家船、做渔家活、享渔家乐"的休闲渔业品牌。

（二）人和渔港

1. 渔港现状 荣成市人和渔港位于山东省荣成市人和镇码头村，王家湾西海岸。码头长 1 360 m，水域面积 43.5 万 m²，陆域 35 万 m²，岸线长度 2 000 m，提供渔船泊位 24 个。拥有水产品交易市场、水产品加工厂、冷藏制冰厂、水上加油站、修船厂等设施（图 3 - 69）。

图 3 - 69　人和渔港现状

2. 自然条件

（1）气温。该区域属暖温带季风气候，季风影响显著，四季分明，年平均气温为 11.5 ℃。冬季各月气温在 −1.2～2.0 ℃，其中 1 月为 −1.2 ℃，是全年温度最低的月份。春季各月气温在 3.6～14.1 ℃。夏季月平均气温在 18.3～24.7 ℃，8 月为全年气温最高月份，可达 24.7 ℃。秋季月平均气温在 8.9～21.0 ℃，以 11 月降温最甚，达 7.0 ℃。年极端最高气温为 35.0 ℃（1966 年 8 月 5 日），年极端最低温度为 −17.7 ℃（1976 年 12 月 17 日）。

（2）降水。石岛湾年平均降水量为 826.1 mm。降水量的季节变化很大，冬季降水量最少，各月降水量在 10.3～11.1 mm，12 月为最少月，为 10.3 mm，夏季降水量最大，各月降水量在 76.1～204.3 mm，其中 8 月最多，为 204.3 mm，秋季降水量略大于春季。石岛湾年均降水天数为 86.3 d，降水强度达 9.6 mm/日。冬季降水天数最少，各月降水天数在 3.2～4.1 d，降水强度在 2.5～3.5 mm/d，夏季各月在 8.9～15.4 d，其中 7 月为全年最多，年平均达 15.4 d，降水强度在 8.6～17.5 mm/d，秋季无论是降水天数还是降水强度均比春季略大。

（3）风况。石岛地区地处北温带，山东半岛的最东端。半岛地区三面环海，具有典型的海洋性气候特征，为东亚季风区，季风特点十分明显。冬无严寒，夏无酷暑，雨量充沛。夏季多吹偏南风，冬季受蒙古冷高压的影响，多吹偏北风。春秋季为南北风交替出现的季节，春季多西南风，且偏南风多于偏北风，秋季则相反。夏、秋季频受南太平洋形成的热带低压气旋影响，至该区往往演变成强热带风暴或台风。从而产生强风和暴雨，形成灾害性天气。

（4）雾况。雾大多为平流雾，年平均雾天数为 36.7 d，最多年雾天数为 47 d（1967年），最少的 13 d（1952 年），雾日出现在春、夏两季。

（5）湿度。年均相对湿度为 73%，相对湿度冬季小，12 月为 62%，是全年最小月；夏季相对湿度大，7 月是一年相对湿度最大的月，为 93%，春季的相对湿度比秋季略大。

（6）潮流。工程海域潮流变化以半日分潮的往复流为主，全日分潮的变化较小。本海区余流较弱，最大流速 0.1 m/s。

（7）波浪。本海区属于以风浪为主、涌浪为辅的混合浪海域，其中风浪频率为99.75%，涌浪频率为 26.7%，风浪频率年变化不大，而涌浪频率随季节变化于 9.4%～66.5%之间，变化差较大，而且夏季明显大于秋、冬季。

（8）设计水位（1985 国家高程基准）。设计高水位为 1.18 m，设计低水位为－1.40 m，极端高水位为 2.18 m，极端低水位为－2.54 m。

3. 年渔获物卸港量及停泊渔船情况　渔港码头设 24 个 300 HP 以上渔船泊位和小船停泊泊位，其中 300 HP 渔船泊位 10 个，450 HP 渔船泊位 9 个，600 HP 渔船泊位 5 个，年渔获物卸港量约 6 万 t。年可停泊各类渔船 600 多艘。

4. 水工建筑物　码头总长 1 360 m，为重力式实心方块结构。码头前沿顶标高分别为3.8 m、3.3 m（小船码头），码头前沿水深为－6.0～－4.0 m 不等。防波堤总长 200 m，为斜坡式结构，采用大块石护面。护岸总长 600 m，为斜坡式结构，采用大块石护面。

5. 陆域功能区布置及港区产业发展情况

水产品加工厂：港区渔获物的理鱼、加工、冷藏、冷冻均在此处进行，年加工渔获物3 万 t，其来源包括本港渔获物及周边供应。

供油设施：渔港配套油库占地面积 3 000 m²，建设 1 500 t 油罐 6 座，设置独立加油房，管道与罐体连接，满足港区内所有渔船的燃油使用，年售油量达 3 万 t。

制冰厂：制冰厂区建筑面积 3 000 m²，包括日制冰能力 400 t 的制冰厂及库容 7 000 t的冰库 1 座，为港区渔船用冰等服务提供基础保障。

消防设施：渔港内配套消防船 1 艘，室外消防栓 16 套，8 kg 灭火器（型号：MFZ/ABC8A 型）24 个，手抬式消防泵（型号：JBQ5.0/8.6）4 台，消防专用车 2 辆。

船厂：修船厂年承修渔船 300 余艘，拥有 1 000 t 主滑道和横移区，船台 7 个，是山东省渔业互保协会定点修船厂之一。

通信、监控设施：渔港办公区配备电信及宽带网络。有线生产调度电话直接依托港区已有有线通信系统，码头区临时调度通信主要依托无线手机通信。港区配备短波单边带电台两台，主用、备用各一台，功率为 250 W，用于远距离船舶遇险、紧急、安全通讯的值守、呼叫及各类船岸有线、无线电话业务联系。码头配备甚高频无线电台两台，主用、备用各一台，功率为 5 W，使用水上甚高频无线频道。另有渔用对讲机 10 台，用于近距离实现船岸通讯。渔港共安装高清监控探头 12 只，设置总监控室一间，实现渔港码头、港池水域、渔港航道等视频监控全覆盖，并与公安、渔业主管部门联网，对突发事件，能够做到第一时间发现、反应和处置。

6. **渔港建设亮点** 人和渔港经过十多年的持续发展，港口规模迅速壮大，现已形成以渔港服务为主，配套冷链物流、鱼粉生产、船舶修造、海产养殖等四大产业为辅的多元化发展格局。有大型冷冻海产品物流库 3 座，总建筑面积 30 000 m²，储存能力 10 万 t，年冷冻水产品周转量达 30 万 t；日加工鲜鱼 300 t 的新型环保鱼粉生产线 4 条，年鱼粉、虾粉、鱼油生产能力分别在 10 万 t、1 万 t 和 2 万 t 以上。依托自身及关联企业雄厚的冷冻渔获物储存及鲜品收购能力，可充分满足全年满负荷生产的原料需求。港口配套设施包括库容 7 000 t 冰库一处，日制冰 400 t，加油站及库容 6 000 t 油库一座，渔业物资仓储办公等商业服务设施 4 500 m²，配之以渔获物储存、船舶维修等生产设施，可满足进出港船只的油、冰、水等物质补给，渔获物、船只卸载维修等需求，形成一站式服务模式，是各地渔船靠泊的良港，渔港在充分发挥渔船靠泊、避风、修整、补给等功能的基础上，逐步成为集渔船避风与补给、渔业生产修整、水产品流通与信息服务基地于一体的多功能、全方位、综合性渔港。

三、江苏省二级渔港建设案例

（一）刘埠二级渔港

1. **渔港现状** 刘埠渔港位于掘苴新闸外侧，因东有万亩海参园高涂，西有掘苴垦区，导致掘苴新闸形成一个凹地，再加之掘苴新闸设计建造的通行能力较小，仅能通过宽 12 m，水面以上高 8 m 的船只，于是在万亩海参园高涂与掘苴垦区之间进行匡围，建成了刘埠渔港，形成面积约 6.04 km²。在此区域内规划布局渔用码头、护岸及隔堤、船闸、导流堤、进港航道、换水闸、水闸、海堤、陆域港区道路、给排水管网、供配电照明、通信监控指挥系统及管理用房等配套设施。其中渔用码头泊位数 22 个，导流堤 1 128 m，斜坡护岸及隔堤 4 350 m，疏浚进港航道 4 346 m，海堤 3 040 m，水闸设计流量 534 m³/s，船闸基本尺度 18 m×230 m×2.8 m，其中口门宽 18 m，闸室宽 23 m，最大通行能力达到 650HP 渔船，能同时容纳 750 艘渔船（图 3 - 70）。

图 3 - 70 刘埠渔港全景

2. **自然条件**

（1）气温。本港区属北亚热带季风气候，温暖湿润，四季分明，雨水充沛，阳光充足，无霜期长，梅雨、台风等地区性气候显著。年平均气温 14.8 ℃，极端最高气温 38.6 ℃（1978 年 7 月 9 日），极端最低气温 -10.6 ℃（1969 年 2 月 6 日）。最高月平均气温 30.8 ℃，最低月平均气温 -0.9 ℃。年均日照时间为 2 100～2 200 h，日照百分率为 49%。霜期一般为 11 月至翌年 3 月，年均无霜期 203 d。雪期一般在 12 月至翌年 3 月。

（2）降水。本港区属北亚热带海洋性季风气候，受海洋调节及季风环流的影响，具有四季分明、降水充沛的特点。本区年平均降水量为 1 063.0 mm，最大年降水量 1 560.9 mm（1969 年），最小年降水量 469.9 mm（1978 年）。因梅雨、台风及季风环流的影响，年内降水分配很不平衡，全年约 55% 的降水集中在汛期 6—9 月，其中又以 7 月最大，占汛期的 77% 左右。全年降雨大于 10 mm 的天数为 31.9 d，大于等于 25 mm 的天数为 10.7 d，大于等于 50 mm 的天数为 2.8 d，全年平均降水天数为 121.7 d，月最大降水量 287.1 mm。

（3）风况。如东县气象站位于北纬 32°11′，东经 121°11′，距海岸线约 20 km。根据该站 1959—1988 年共计 30 年风速资料的统计，该区域常风向为 ESE 向，频率为 9.3%；其次为 SE 向，频率为 8.4%；NNE 向、NE 向、ENE 向、E 向频率为 7.5%～7.7%，其他风向频率较小。年平均风速为 3.70 m/s。根据 1974—2002 年 29 年资料统计，实测最大风速为 20.0 m/s，风向为 ESE 向，其次为 19.0 m/s，风向为 NNE 向、SW 向。

（4）雾况。该区域年平均雾天数 40 d，其中在夜间生成的雾天数为 35 d，白天生成的雾天数 5 d。雾大多维持时间较短，维持时间≤1.0 h 的雾天数占年总雾天数的 63%；维持时间≥6.0 h 的雾天数较少，占年总雾天数的 8%。从各月分布情况来看，一年中 4 月平均雾天数最多，达 4.9 d，11—12 月及 3—5 月出现次数最多。

（5）湿度。年平均相对湿度为 79%，平均相对湿度 7 月最大为 89%，平均相对湿度 9 月最小为 70%，最小相对湿度为 23%，最大相对湿度为 100%。从季节变化看，一年中相对湿度夏季大于冬季。一般而言，一天中相对湿度最大值出现在日出前后，最小值出现在 14 时左右。

（6）波浪。工程区海域波浪以风浪为主，常浪向为 N 向，次常浪向为 NNW 向，出现频率分别为 19.60% 和 10.52%；强浪向为 N 向、NNE 向、NE 向和 ENE 向。从总体上看，由于外围有众多沙洲掩护，波浪强度不大，以轻浪、小浪占优势。据 1996—1997 年西太阳沙海域一年观测资料统计，有效波高≤0.3 m、平均周期 4.0～4.9 s 的波浪出现频率为 40%；有效波高 0.4～1.1 m、平均周期 4.0～4.9 s 的波浪出现频率为 32%。

（7）设计水位（1985 国家高程基准）。港池设计水位如下：设计高水位为 2.2 m，设计低水位为 1.0 m。水闸上游内河侧设计水位如下：排涝最高水位为 2.93 m，警戒水位为 2.62 m，汛期正常低水位为 1.32 m，内河正常水位为 1.82～2.12 m。水闸下游外海侧设计水位如下：300 年一遇高潮位值为 6.96 m，100 年一遇高潮位值为 6.53 m，50 年一遇高潮位值为 6.25 m，20 年一遇高潮位值为 5.2 m，平均高潮位为 2.68 m，平均低潮位−2.40 m。

3. 年渔获物卸港量及停泊渔船情况　随着沿海养殖业的迅猛发展，刘埠渔港年渔获物卸港量达到 4.4 万 t（其中海洋捕捞产量 1.1 万 t，海水养殖产量 3.3 万 t），渔汛期间，来自辽宁、山东、浙江等地以及本省其他地区 600 余艘渔船停泊在刘埠渔港。

4. 水工建筑物　码头结构和护岸总长度 2 664 m，其中港池码头长 981 m，包括卸鱼码头 322.5 m，加水、加冰码头 160 m，物资码头 202.5 m，渔政、海事码头 91 m，加油码头 205 m。直立式护岸长度 1 683 m，其中停泊岸线 1 321 m，码头顶面标高为 3.30 m，避风港以及港池设计河底高程为—2.50 m。

避风港护坡以及斜坡式隔堤两部分结构总长度 4 236 m，其中避风港护坡长度 1 373 m，斜坡式隔堤长度 2 863 m。护岸顶标高为 3.30 m，前沿设计河底高程为—2.50 m。

（二）翻身河二级渔港

1. **渔港现状**　翻身河渔港位于滨海县滨海港镇六合庄村，是江苏省海洋捕捞渔船的重要集散港。目前，常年进出翻身河港的渔船近千艘。翻身河港属闸下港，现有挡潮闸 1 座，可通航 270 HP 的渔船，港区陆域总面积 67 万 m²，水域总面积 20 万 m²，港池长约 2 100 m，宽 100～130 m，群众自建简易小码头 10 座，简易护坡 100 m，千吨级码头 3 座长 300 m。现有渔业修造船厂 3 座，年可修造 88 kW 以下渔船 100 艘。陆域现有加工、冷藏制冰厂 2 座，速冻 30 t/d，制冰 20 t/d，冷藏 50 t/次，储冰20 t/次；地面水厂 1 座，供水能力 50 t/h。另外，小型加油站、供电设施一应俱全（图 3-71）。

图 3-71　翻身河渔港全景

2. **自然条件**

（1）气温。年平均气温 14.7℃，年平均最高气温 17.0℃，年平均最低气温 11.3℃，7 月平均气温最高，为 28.3℃，1 月平均气温最低，为—1.2℃，极端最高气温 38.4℃，极端最低气温—13.2℃。

（2）降水。年平均降水量为 931.6 mm，最大年降水量为 1 381.2 mm，年平均降水天数为 121.5 d，年平均降水量>25.0 mm 的天数为 9.4 d。

（3）相对湿度。年平均相对湿度 81%，年最大相对湿度 100%，年最小相对湿度 13%。

（4）风况。根据六合庄海洋站 2000—2006 年共七年每日 24 次风速、风向实测资料统计，该区常风为 SE 向，次常风为 N 向，出现频率分别为 8.97%、8.30%；强风向为 NE 向，该向≥7 级风出现频率为 0.27%。

（5）雾况。多发生在秋冬或春夏之交的月份，根据新滩盐场气象站资料统计，年平均雾天数为 39.9 d。另据六合庄海洋站 1998—2006 年的雾况资料统计，能见度≤1 km 的大雾年平均天数为 17.3 d，最长持续 83 h。

（6）潮汐。根据翻身河闸下潮位站（北纬 34°15′，东经 120°17′）1993 年及连云港海洋站（北纬 34°45′，东经 119°25′）1963—1994 年资料统计分析得出潮位特征值（1985 国家高程基准）如下：最高高潮位为 1.77 m（1993 年 8 月 6 日），最低低潮位为—1.42 m（1993 年 6 月 4 日），平均高潮位为 1.06 m，平均低潮位为—0.73 m，平均海平面为 0.10 m，平均潮差为 0.13 m，最大潮差为 1.50 m（1985 年 8 月 20 日），平均涨潮历时为 4 h 50 min，平均落潮历时为 7 h 36 min。

（7）设计水位（1985 国家高程基准）。设计高水位为 1.57 m，高潮累积频率 10%；设计低水位为－1.19 m，低潮累积频率 90%；极端高水位为 2.63 m（50 年一遇）；极端低水位为－2.24 m（50 年一遇）；乘潮水位为 0.68 m（乘潮 1 h，保证率为 90%）。

3. 年渔获物卸港量及停泊渔船情况 年渔获物卸港量约 5.5 万 t，常年停靠渔船约 400 艘。

4. 水工建筑物 翻身河渔港水域面积达 30 万 m²，北岸顺岸依次建设直立式护岸 405 m、码头泊位 1 152.5 m、直立式护岸 60 m，均采用板桩结构，南岸建设码头 800 m（图 3－72）。

5. 陆域功能区布置及港区产业发展情况 北岸生产性配套区由水产品集贸中心、冷链物流园、水产品深加工区、渔港仓储晒工坊、

图 3-72　翻身河渔港码头

制储冰厂、加油站、修船厂、渔业邻里中心组成，可满足渔船日常生产的补给需求，也能满足水产品加工、冷链物流等产业一体化运营需求。

6. 渔港建设亮点 对港区南北岸进行整体规划和改扩建，港区面貌焕然一新。

四、浙江省二级渔港建设案例

岱山县万良二级渔港

1. 渔港现状 万良二级渔港地处浙江省舟山群岛中北部衢山岛的东侧，目前有 600HP 渔业码头 2 座，护岸 549.5 m（包括三个闸门出口），管理用房 1 处（图 3－73）。

2. 自然条件 该工程区域风况主要有频率高、风向多变、持续时间长、季节变化明显等特点。年最高气温 38.6 ℃，年最低气温－6.7 ℃，年平均气温 16.2 ℃，最高月平均气温（8 月）27.5 ℃，最低月平均气温（1 月）5.3 ℃，累年最大降水量 1 273.5 mm，年最少降

图 3-73　万良渔港码头

水量 515.5 mm，年平均降水量 936.3 mm，最大月降水量 294.3 mm，日降水量 25 mm 以上的天数为 7 d。

工程位置潮汐性质属于正规半日潮，以往复流为主并伴有旋转性质的混合流态，涨落潮流方向与蛇移门水道走向轴线基本一致。工程海域潮流的变化主要受东海前进波潮波所控制，全年波浪的主浪向为东南向。是海床较稳定的海域。泥沙来源主要为港址水域来沙，总平均含沙量为 0.204 kg/m³。

3. 年渔获物卸港量及停泊渔船情况　年渔获物卸港量约 0.5 万 t，港区内可停泊约 200 艘渔船。

4. 水工建筑物　600 HP 渔业码头共 2 座，为高桩框架式结构，1#码头"T"字形布置，平台长 50 m，宽 12 m，2#码头呈突堤式布置，平台长 50 m，宽 12 m。码头栈桥均采用高桩梁板结构形式，其中 1#码头引桥长 26.6 m，宽 8 m，2#码头引桥长 10.7 m，宽 6 m。护岸长 549.5 m（包括三个闸门出水口）。防波堤长 55 m，宽 10 m，采用重力式结构。

5. 陆域功能区布置及港区产业发展情况　万良渔港内现有加冰码头 2 座，加油码头 1 座，附近有一座小型修船厂，渔港管理用房 1 间，渔港功能基本齐全。

6. 渔港建设亮点　万良渔港建设和布局注重与小城镇建设、新农村建设、产业发展的衔接，把渔业特色、时代精神、海洋文化进行有机融合，促进渔业经济和区域经济发展，使渔港成为水产品集散中心、渔业信息、技术推广和文化教育中心，实现"以渔兴港、以港兴镇"。

五、福建省二级渔港建设案例

东山县前楼下西坑二级渔港

1. 渔港现状　东山县前楼下西坑二级渔港位于福建省漳州市东山岛西南侧，诏安湾东侧，中心地理坐标为北纬 23°40′58″、东经 117°20′35″。下西坑二级渔港于 2015 年开工建设，于 2018 年 3 月完工，二级渔港建成后增加了渔业泊位，形成了港区避风水域，进一步完善了港区基础设施，形成了集生产、避风、交易等多种功能于一体的综合型渔港。

本港建设防波堤 380 m，港内有水域面积约 4.0 万 m²，码头长 110 m，码头泊位 6 个，护岸长 320 m，形成陆域面积 3.3 万 m²（图 3-74）。

2. 自然条件　该区域年平均气温 21.7 ℃，年平均降水量 1 519.4 mm，强风向 NE～ENE 向，最大风速 40 m/s，常风向 NE 向，平均风速 9 m/s，频率 26%，下西坑渔港主要受 S～SSW 向波浪作用。

3. 年渔获物卸港量及渔船发展水平　年渔获物卸港量 3.04 万 t，停泊渔船 305 艘。

图 3-74　下西坑二级渔港

4. **水工建筑物**　防波堤长 380 m，为斜坡式结构，基础采用抛石挤淤，外坡采用四脚空心方块护面。渔业码头长 110 m，采用重力式实心方块结构。护岸长 320 m，分别采用直立式和斜坡式结构。

5. **陆域功能区布置及港区产业发展情况**　港区已建陆域 3.3 万 m²，布置有卸渔区、堆场、综合服务及交易区、综合仓储区、冷藏制冰区、加工区等，对带动渔货加工、贸易、经营以及其他配套产业的发展具有重要意义。

6. **渔港建设亮点**　通过下西坑渔港的建设，当地以传统海洋渔业作业码头为依托，融入高附加值的二三产业，实现海洋渔业与临港工业、服务业的融合，扩大有效的服务供给，提升当地海洋渔业现代化水平，推动传统渔业转型升级，实现海洋渔业经济又好又快发展。

六、广东省二级渔港建设案例

江门市广海二级渔港

1. **渔港现状**　广海渔港位于台山市广海镇，该镇海域辽阔，海岸线总长 15km，有机动渔船 284 艘。广海渔港位于北纬 21°56′43″、东经 112°47′28″，是台山市三大渔港之一。港内设有台山市水产品中心批发市场，吸引来往福建、汕头、阳江、湛江等地水产品物流车辆进场贸易。2022 年，广海渔港被农业农村部批准为第三批国家海洋捕捞渔获物定点上岸渔港。

2. **自然条件**　广海属于海洋季风气候区，具有明显的亚热带气候特征，气温常年较高，日照充足，雨量充沛，相对湿度高，本地区偶受热带气旋影响，雷暴天气多。冬季盛行东北季风，夏季盛行西南季风，春秋为转换季节。冬短夏长，气候宜人，雨量丰沛，光照充足。年平均气温 23.0 ℃，年降水量 2 424.4 mm 左右，年平均日照 1 612.5 h，无霜期在 360 d 以上，全年无雪。降水分布不均，南多北少，雨季为 4—9 月。全年多北风和西北偏北风，年平均风速 2.4 m/s。

3. **年渔获物卸港量及停泊渔船情况**　渔港年渔获物卸港量达 3 万 t，可满足 200 艘以上中小型渔船的停泊、避风、交易和管理需要。

4. **水工建筑物**　建设渔业码头 219 m，防波堤 220 m（含灯标 1 座），渔港护岸加固 275 m（其中东护岸 150 m、西护岸 125 m）。

5. **陆域功能区布置及港区产业发展情况**　现有容量 1 000 t 的水产油库 1 座；现有水塔 1 座，总容量 5 000 t；现有制冰厂 4 间，日制冰能力 320 t，日速冻能力 50 t，冷藏每次 3 000 t，储冰 500 t；现有渔获物加工场 1 万 m²；现有渔船修造厂 4 间，船排 4 座，船坞 1 座，年造船能力为 3 000 kW 渔船 10 艘，修船能力 3 000 t；现有渔网厂 6 间；有 17 家高标准、无害化水产品加工企业。

6. **渔港建设亮点**　历史上广海镇是有名的古城，是古代海上"丝绸之路"重要节点，国家海丝文化的最早发源地之一，也是台山市最旺、最发达的商埠和渔港，是台山市最具发展优势的区域之一，广海渔港是广东省中部和西部渔船停泊、补给、水产品销售的重要渔港。2021 年广东省农业农村厅将广海渔港列为全省 4 个渔船渔港综合管理改革试点之一，并拨付专项资金通过港区风貌提升工程和渔港智慧管理系统建设，探索渔港经济区建设管理一体化，促进广海打造美丽渔港及特色渔村。

七、广西壮族自治区二级渔港建设案例

双墩二级渔港

1. 渔港现状 双墩渔港始建于 1977 年，位于防城港市防城区江山镇，地理位置十分优越，水陆交通便利，与广东、海南渔船来往密切，中越民间渔业往来也十分方便，中越边贸交易活跃。海岸线长 12 km，现有水产码头 200 m，护岸堤 800 m，有简易的陆上配套设施；港口水域面积 16 km²，航道长 3 600 m、宽 40 m，平均水深 4.5 m。双墩渔港是防城港市距北部湾渔场最近、自然条件良好、具备一定服务功能的渔港。目前，双墩渔港已经成为防城港市深远海网箱养殖、新型贝类浮筏养殖、海洋牧场等现代海洋渔业发展的重要后方码头及陆域基地。

2. 自然条件

（1）气温。年平均气温 22.2 ℃，月平均最高气温 28.4 ℃（出现在 7 月），月平均最低气温 14.2 ℃（出现在 1 月），极端最高气温 35.4 ℃（1979 年 9 月 19 日），极端最低气温 2.8 ℃（1977 年 1 月 31 日）。

（2）降水。该地区降水主要集中在 6—9 月，该 4 个月的降水量占全年降水总量的 71%，其中以 8 月降水量最为集中，达 528.7 mm，而 11 月至翌年 3 月共 5 个月的降水量只占全年降水总量的 6.4%，其中以 12 月降水量最少，仅有 23.9 mm，年平均雷暴天数为 85.2 d。年最大降水量为 3 111.9 mm（1973 年），年最小降水量为 1 745.6 mm（1974 年），年平均降水量为 2 362.6 mm，日最大降水量为 337.9 mm（1980 年 9 月 3 日），年降水量＞25 mm 的年均天数为 27 d。

（3）风况。该港区属季节性地区，冬季多偏北风，夏季多偏南风，春秋季节是南北风向转换季节。全年常风向为 NNE 向，频率为 30.5%，次常风向为 SSW 向，其频率为 8.4%，强风向为 E 向，频率为 4.9%，其最大风速为 36 m/s，次强风向为 NNE 向，其最大风速为 27 m/s。年平均风速约为 5 m/s。年均大风天数（≥6 级）为 31.7 d，最多为 92 d，最少为 17 d。

（4）雾况。多发生在冬春两季，夏季雾出现概率最小。年平均雾天数 22.2 d，最多年雾天数为 36 d，最少年雾天数为 8 d，雾多发生在冬末春初夜晚至翌日的清晨，一般延续 2～3 h，日出雾散。

（5）湿度。年平均相对湿度 81%，最大月平均相对湿度 88%，出现在 3 月，最小月平均相对湿度 71%，出现在 11 月，最小相对湿度约为 18%。

（6）潮汐。防城港潮汐系统由北部湾潮汐系统控制，属全日潮为主的混合潮。每月小潮汛 6～8 d，属不规则半日潮，其余为正规半日潮。潮位特征值如下（最低理论最低潮面起算）：最高高潮位为 5.54 m（1986 年 7 月 22 日），最高低潮位为 -0.29 m（1990 年 11 月 12 日），平均潮位为 2.27 m，平均高潮位为 3.62 m，平均低潮位为 1.12 m，最大潮差为 5.32 m（1987 年 11 月 14 日），平均潮差为 2.55 m，平均涨潮历时为 10 h 53 min，平均落潮历时为 8 h 11 min。

（7）设计水位（1956 黄海高程）。设计高水位为 2.72 m，高潮累积频率 10%；设计

低水位为-1.62 m，低潮累积频率90%；极端高水位为3.77 m（50年一遇）；极端低水位为-2.65 m（50年一遇）；施工水位为0.80 m。

3. 年渔获物卸港量及停泊渔船情况 年渔获物卸港量2万～3万 t，年进出双墩渔港补给的渔船有500多艘，港内可停泊渔船数650艘。

4. 水工建筑物 现有水产码头200 m，护岸堤800 m，拟规划扩建码头长度588 m，其中包括13个200 HP渔船泊位、2个600 HP渔船泊位，建设进港航道长990 m、宽60 m。

5. 陆域功能区布置及港区产业发展情况 双墩渔港仅有简易的陆上配套设施，但白龙珍珠湾海域是防城港市的深水抗风浪网箱养殖的核心示范区，0～15 m等深线内可利用的深海养殖海域达66.7 km²，养殖品种以金鲳鱼为主、军曹鱼等为辅，另外还有牡蛎养殖。正在建设双墩渔港码头一期工程，陆域正在建设进港道路及供电照明、通信、环保、给排水、消防等工程和购置装卸设备。

6. 渔港建设亮点 双墩渔港位于白龙珍珠湾东侧深水岸线，水深条件较好。白龙珍珠湾水域近年养殖水产品量增速较快，充足的水产品来源有利于渔港后方陆域设施效益的发挥。另外，双墩渔港背靠江山半岛，有较多的旅游资源吸引游客，有利于休闲渔业产业的发展。陆域规划50.6万 m²用于重点建设生鲜产品交易、冷库、仓储、加工、配送、综合服务等设施，逐步打造双墩渔港经济区（图3-75）。

图3-75 双墩渔港规划效果

第四章　中国沿海渔港未来发展方向与对策建议

第一节　中国沿海渔港建设未来发展面临的形势

一、沿海渔港防灾减灾体系亟须完善

沿海渔港作为重大民生基础设施，是构建沿海渔业防灾减灾体系的重要屏障。1945—2019 年登陆中国沿海的台风达 692 次，年均 9.2 次，中国南至海南岛、北至辽东半岛的广阔海岸带均遭受过台风侵袭，其中东南沿海以及长江口等地区受台风影响最为严重。根据《2021 中国渔业统计年鉴》的统计数据，2020 年因台风、洪涝造成养殖设施、堤坝、码头、护岸、防波堤等损失达到 29.37 亿元。根据各国防台避险经验，渔船就近进港、分散避风能最大限度地分散和降低台风危害风险，许多国家和地区建设的渔港分布密度都较高，目的也在于方便渔船分散避风从而分散风险。而在中国平均每 140 km 海岸线上才有 1 个国家投资建设的二级或二级以上等级的渔港，远低于日本平均每 12 km、韩国平均每 13 km 就有 1 个国家投资（或补助）建设的渔港的规模。目前，我国海洋渔船数量和沿海渔港分布之间存在一定程度的不匹配，例如福建沿海渔港群有效避风率为 67%、广东沿海渔港群有效避风率为 57%、海南沿海渔港群有效避风率不足 40% 等等，"船多港少"的矛盾依然突出，迫切需要在重点渔区增加渔港和避风锚地建设密度，逐步改善东南沿海"船多港少"和黄海、渤海地区部分渔船无法就近停泊避风的现实状况，不断完善以国家级中心渔港、一级渔港为主体，以二级、三级渔港和避风锚地为支撑的渔港防灾减灾体系。

二、渔港经济区建设任重道远

在党的十九大和二十大报告中，高度重视"三农"工作，坚持农业农村优先发展，实施乡村振兴战略，加快建设农业强国。渔村振兴是乡村振兴的重要板块，全面推进乡村振兴战略给渔港建设带来了重大战略机遇和挑战，渔村要振兴首先要实现产业振兴，迫切要求不断强化渔港的产业融合发展功能。《全国沿海渔港建设规划（2018—2025 年）》提出在全国打造 93 个渔港经济区，2022 年农业农村部一号文件、2023 年农业农村部一号文件都明确提出稳步推进渔港经济区建设。这些都说明了沿海中心渔港、一级渔港要更好地发挥核心平台作用，通过建设智慧渔港、平安渔港、绿色渔港、产业渔港、人文渔港，打造"渔港＋产业"模式，以渔港为中心吸引和集聚各类生产要素，不断做大、做强、做优关联产业，推动沿海经济转型升级和渔区新型城镇化，使之形成以渔港为龙头、渔业产业为基础、临近村镇为依托，贯通产加销、融合渔文旅、一二三产融合发展的渔港经济区。

三、渔港综合管理改革亟待加强

2021年中央一号文件提出推进渔港建设和管理改革，目的是要依托渔港建设渔业综合监管体系。推动试行港长制，逐步实现渔业管理重心由投入管理为主向投入产出并重、渔业执法重心由海上执法向渔港执法转变，聚焦渔业生态保护、渔区振兴和安全监管目标，推行船舶进出渔港报告、渔获物定港上岸、渔业船员违法记分、渔获物可追溯绿色标签等制度，全面推进渔船渔港综合改革，促进捕捞业可持续发展。渔港要充分发挥在渔业管理中的关口作用，并借助信息化技术，提升渔港管理的信息化、智能化水平，充分实现依港管船、管人、管渔获物、管安全。

四、渔港环境治理需求日益突出

随着生态文明建设的不断推进，对渔港建设也提出了绿色低碳、生态环保和可持续发展的要求。目前仍存在部分沿海渔港污水、垃圾收集处理设施配备不到位的问题，以及为了满足锚泊泊稳条件而对水域采用防波堤进行近乎封闭式掩护，导致水体交换不足，局部形成永久死水团等问题，渔港水陆域环境亟须治理的问题十分突出。这就要求沿海渔港按照渔港污染防治有关要求加强污染防治设施设备的配备、采取促进港内水体交换的工程措施、建设和改造有利于海洋生物生息繁殖的水工建筑物、采用节能环保的生产工艺，最大限度减少渔港建设对海洋生态环境的影响，促进渔港建设实现绿色低碳、生态环保和可持续发展，助推渔业生态文明建设。

面对新的发展形势，在总结中国沿海渔港建设取得成就的同时，我们也要看到，中国沿海渔港建设还存在总体有效避风率不足、部分设施建设标准不高、渔港功能单一、产业集聚能力不强、同质化发展导致竞争加剧等问题。渔港现代化管理水平、信息技术的利用与发达国家相比，尚有较大的差距。渔港建设与城市发展争夺空间，港城融合发展不强，新建渔港选址难度大。渔业资源衰退趋势尚未根本性扭转，为使渔港发展获得新的动力，要求渔港从单一的传统生产功能向功能多元化转型的压力倍增。在新的时期，实现渔港的现代化建设任重而道远。

第二节　中国沿海渔港建设未来发展趋势及展望

中国沿海渔港的未来发展目标是：牢固树立和贯彻落实新发展理念，坚持"依港兴港、依港拓渔、依港管渔、依港兴业、依港兴城"，因地制宜加快陆海统筹发展，巩固和提升渔港传统服务功能，加快发展特色商贸、水产品精深加工、冷链物流、金融服务、渔业休闲、滨海旅游等二、三产业，注重渔业产业和休闲旅游业优势互补、协同发展，串珠成链打造陆海岛统筹、港产城融合、渔工贸游一体化发展的渔港经济区，推动渔业高质量发展，为全面推进乡村振兴，加快实现农业农村现代化提供有力支撑。

一、继续加大中国沿海渔港和避风锚地布局建设力度

《全国沿海渔港建设规划（2018—2025 年）》提出了沿海渔港布局规划，即加大东南沿海区和黄渤海区中心渔港、一级渔港的建设力度，持续开展二级渔港和避风锚地的升级改造，加密渔港建设布局，高标准建设防波堤、码头、港池航道锚地，着力提升全国沿海渔港安全避风容量和海洋渔船的有效避风率，不断强化沿海渔港避风减灾体系，使中国全部海洋渔船和渔民得到安全保障和庇护，为推进渔港现代化奠定安全基础。

二、走高质量的发展道路，稳步推进渔港经济区建设

坚持陆海岛统筹、港产城融合、渔工贸游一体化发展，以"渔港＋"为驱动，统筹谋划陆海空间，推进陆海开发对接，推动向海一侧发展深水网箱、海洋牧场、海岛旅游等，向陆一侧发展水产绿色健康养殖、精深加工、冷链物流、休闲渔业等产业集聚，在全国择优建设一批渔港经济区，逐步实现渔港现代化、产业现代化、业态多元化、渔区城镇化。积极探索渔港经济区投融资机制和完善扶持政策，调动社会各方积极性，拓宽渔港经济区建设资金投入渠道，鼓励、支持社会资本通过出资入股等形式参与渔港经济区建设、运营，形成渔港经济区建设的强大合力。

三、充分发挥稳产保供作用，加强渔港水产品交易冷链物流一体化项目的建设

随着生活水平的提高，我国居民消费需求从吃得饱向吃得好、吃得健康转变，呈现口粮需求下降而肉蛋奶、"鱼果蔬"等农产品消费快速增长的趋势。中国水产品年产量多年保持在 6 500 万 t 以上，2021 年，全国水产品总产量达 6 690.29 万 t，比上年增长 2.16％。水产品主要来源于养殖和捕捞，中国是世界上主要渔业国家中唯一养殖产量超过捕捞产量的国家。在大食物观的指引下，中国渔业为解决群众"吃鱼难"、丰富城乡居民"菜篮子"做出了突出的贡献。渔港是保障国民水产品安全供给的重要枢纽。优先选择地处城市、交通便利、毗邻巨大消费市场的渔港，重点加强渔港区域性现代化水产品交易市场的建立，发挥市场的中枢纽带作用，针对大多数渔港目前缺乏冷库及物流设施的问题，优先发展冷链物流产业，全面推进水产品现代冷链物流体系平台建设，将现代多功能渔港和渔港经济区建设成具有强竞争力、高效率的水产品交易冷链物流贸易中心。

四、加强港城融合，促进渔港渔村一体化建设

渔港不但是渔业生产的后方基地，还能与后方渔村相互依赖。当前，渔港建设已走向港城融合、产城融合、城乡融合的新渔港时代，渔港和渔村是一个有机的结合体，从渔港产业集聚的发展过程看，捕捞、养殖渔船所体现的是第一产业集聚，渔港的发展带动了水产品交易、冷藏加工和渔船、渔网制造等第二产业，逐步繁荣了商贸、物流、餐饮、休闲乃至金融等第三产业，为当地的建设开发创造机会，尤其为当地渔民及其他居民带来各种就业的机会，也促进了渔村的繁荣。渔村环境的改善，就业机会的增多，渔民收入的增加，反过来起到聚集人流的作用，保障了渔船生产作业和陆域产业发展所需要劳动力的供

给。对于新建渔港，要把渔民居住和生活设施一并进行规划，同步建设，对于已建渔港，要把渔港建设纳入美丽乡村建设整体规划，将渔业与文化结合，依托渔港打造特色渔业风情小镇，促进渔港渔村一体化建设，实现依港兴村、港村融合。

五、注重环境治理，建设绿色渔港

对于地处城区、环境影响较大的老港区，可以按照现代多功能都市型渔港进行功能转型，拓展海鲜餐饮、电子商务、文化科普、休闲旅游等多元服务功能，强化与城市功能的融合，也可以异地迁建同样规模和功能的渔港，还城市优美环境；继续在全国加强沿海渔港环境综合整治工作，完善港区污水、固体废物收集及处理设施设备，配备溢油应急设施设备，实现沿海渔港污染防治设施设备配备全覆盖；对于半封闭的港域，采取建设具有海水交换功能的防波堤等工程的措施加大港内外水体交换能力，以提升港区内水体环境质量；积极构建自然化、生态化、绿植化港区景观，建设与环境相协调的生态型护岸和具有增养殖功能的生态型防波堤，以减少渔港工程对生态环境的影响。

第三节　对策与建议

渔港现代化建设的关键在于科技创新，要积极加快渔港领域科技创新，支撑渔港现代化建设。

一、避风减灾对策的研究是需要长期研究的重点内容

保障渔港渔村安全是渔港渔村持续健康发展的基础条件，面对近年来极端天气灾害频率和强度增大的严峻形势，通过数值模拟和物理模拟技术，开展港内不同尺度渔船安全锚泊泊稳、新型防波堤消波性能和结构安全、渔港及锚地避风等级和安全容量评估、渔港及锚地避风能力提升技术、海洋岛礁（人工岛）渔港建设技术、渔船渔港消防安全保障技术等研究，加快提升渔船渔港渔村防灾减灾技术水平，保障渔港和渔村的安全，支撑平安渔业建设。

二、渔港渔村的功能多元化技术研究将成为主流

面对海洋捕捞产量逐渐萎缩的趋势，需不断深入渔业产业结构优化和融合发展。随着经济社会的发展，国民休闲旅游需求日趋增加，发达国家也一直致力于渔港渔村功能多元化的发展研究，通过对渔港渔村功能多元化措施和规划技术、渔港经济区构建技术、水产品交易加工配送冷链物流一体化建设技术的研究，以实现港产镇（城）融合发展，加快实现渔港渔村的振兴和繁荣。

三、渔港环境整治提升技术成为热点

随着经济社会的发展，环境治理和追求食物安全有效供给成为全球的共识，发达国家对环境治理和水产品质量卫生高度重视，也开展了很多的研究，对提升渔港环境、拓展渔港功能和水产品流通安全起到了重要的作用。通过开展清洁低温海水导入设施、港区污水

处理设施、高效卫生的水产品流通设施、渔港卫生管理机制的研究，用最少的投资完成渔港卫生管理设施的改造和建设，保障水产品的安全有效供给和国民健康。

四、自然生态型渔港建设技术成为前沿

随着生态文明建设的不断推进，对渔港建设提出了绿色低碳、生态环保和可持续发展要求。把工程技术和水产学科进行有机的集成，打造自然生态型渔港，研究具备海水交换功能和海洋牧场功能的新型防波堤，利用波浪、潮汐能量的海水导入设施，强消波、高稳性的浮式防波堤，利用红树林护岸改善港内水质，增设过水闸门等工程技术，促进港内外水体交换和港内水质净化，是未来渔港工程技术发展的前沿。

五、信息技术在渔港综合管理领域逐步拓展

借助数字地理信息、数字视频监控、北斗定位、泛在物联网、云计算等高科技手段，研究搭建数字渔港综合管理系统，加快推动实现"依港管船""依港管人""依港管安全""依港管渔获物"；通过研发智能手机应用程序（App），可为港内管理和从业人员完成信息查询及快速传递、渔港设施的日常检查、灾害的报告、照片影像资料的拍摄取证等提供技术手段；研发提高渔港装卸和陆域生产工艺的自动化、智能化技术，降低劳动成本硬约束。通过智慧渔港建设技术的应用，提高渔船渔港的综合管理效率和智能化管理水平。

参考文献 REFERENCES

陈国强，桂劲松，王刚，2011. 我国沿海渔港建设投融资现状及存在问题分析 [J]. 中国渔业经济，29（3）：140-144.

陈海军，吕琪，方咏来，2014. 爆炸挤淤置换法在温岭渔港工程中的应用 [J]. 中国水运，14（6）：317-319.

陈长泰，2007. 祥芝渔港挡浪墙顶高程与港内泊稳条件的研究 [J]. 渔业现代化，402（5）：708-711.

陈自荣，王刚，2010. 我国渔港建设的回顾与展望 [J]. 中国渔业经济，28（3）：66-70.

陈自荣，张建侨，2010. 我国渔港工程建设技术现状与展望 [J]. 渔业现代化，37（3）：6-9.

方君旺，2003. 渔港建设的"五性"追求 [J]. 中国渔业经济（3）：42.

郭科，曲淑媛，张世琦，等，2008. 开孔沉箱码头结构形式对消浪效果的影响 [J]. 水运工程，412（2）：70-72.

季飞，2017. 温州洞头中心渔港透空式防波堤设计 [J]. 中国水运，17（3）：123-124.

林文毅，卢昌彩，2003. 关于渔港经济区思路和实践的初探 [J]. 中国渔业经济（s1）：13-15.

刘景景，龙文军，2014. 我国海洋捕捞政策及其转型方向研究 [J]. 中国渔业经济，32（2）：29-34.

栾曙光，王云天，孟宪钦，1999. 渔港港内作业水域泊稳条件的研究 [J]. 海洋工程，17（3）：69-76.

栾曙光，周效国，2004. 多功能生态环保渔港的建设构想 [J]. 中国水产（3）：26-29.

苏广明，杨伦庆，周颖，2015. 阳江市渔港发展对策 [J]. 当代经济（19）：66-67.

孙大洋，2012. 爆炸处理软基技术在防波堤工程上的应用 [J]. 中国水运，12（8）：255-256.

孙龙，刘淑娟，候子顺，2016. 基于渔港防灾减灾功能对海洋渔船发展的思考 [J]. 中国渔业经济，30（6）：35-38.

孙龙，王刚，张建侨，2014. 三沙设施渔业发展战略研究 [J]. 中国渔业经济，32（3）：5-9.

孙一艳，王刚，陈国强，等，2015. 风浪流作用下单船舶艉锚泊允许波高的试验研究 [J]. 水运工程（11）：25-29.

孙一艳，王刚，陈国强，等，2016. 单船港内首尾双锚锚泊允许波高的试验研究 [J]. 水道港口，37（3）：217-223.

孙一艳，于德双，雷鹏，等，2018. 三船并排首尾锚泊时港内允许波高的试验研究 [J]. 水运工程（1）：51-57.

王传聪，栾曙光，郝晓燕，等，2009. 避风型渔港避风因素浅析 [J]. 渔业现代化（1）：65-66.

王刚，陈国强，李醒，等，2013. 渔船避风锚地建设内容探讨 [J]. 中国水产（4）：22-25.

王刚，陈国强，王新鸣，2017. 连云港市高公岛国家一级渔港防波堤兼码头结构设计 [J]. 中国水运，17（2）：176-177.

王刚，雷鹏，王占行，等，2015. 日本渔港建设、管理情况及对我国渔港建设的建议 [J]. 中国水产，（9）：19-24.

王刚，王新鸣，王占行，等，2019. 乡村振兴战略下渔港建设探究 [J]. 中国水产（10）：57-60.

王刚. 2011，浅谈多功能渔港建设 [J]. 河北渔业（11）：39-43.

王南图，王晓亮，栾曙光，2013. 海南省清澜渔港近岸台风浪数值模拟及波高重现值的推算 [J]. 大连海洋大学学报，28（5）：506-510.

王占行，张建侨，王刚，2015. 硇洲渔港南港海洋波浪场数值模拟研究［J］. 中国水运，15（2）：69-71.

肖放，孙海文，2011. 台湾地区渔港建设考察报告［J］. 中国水产（1）：16-18.

谢冲，2016. 城镇化建设进程中"多规合一"探索与应用［J］. 建设科技（21）：46-47.

徐芳，2006. 韩国渔港建设及管理的经验与启示［N］. 中国渔业报.

闫少华，陈德春，马林，2013. 透空式防波堤在渔船避风港中的综合研究［J］. 江南大学学报（自然科学版），12（4）：452-457.

张亦飞，闵中中，宁顺理，等，2009. 渔港避风锚地面积计算的随机模拟［J］. 海洋学研究，27（4）：39-43.

张毅，杨钰，刘昌凤，2019. 台风作用下儋州泊潮渔港波浪数值模拟研究［J］. 大连大学学报，40（3）：28-32.

赵蕾，刘红梅，杨子江，2014. 基于渔文化视角的休闲渔业发展初探［J］. 中国海洋大学学报（1）：45-49.

邹建强，樊亮亮，2020. 基于CIVIL 3D的防波堤工程量计算分析［J］. 港工技术，57（2）：39-40.

大村智宏，2001. 新世紀の水産基盤整備の一展望と海水導入工による 水域環境保全技托の現状［J］. 水産工学，38（1）：69-77.

日本全国漁港漁場協会，2014. 2014渔港渔场渔村［M］. 东京：全国漁港漁場協会発行.

西暗孝之，劔崎聖生，2015. 東日本大震災を踏まえた漁港施設の地震・津波対策について［J］. 水産工学，52（1）：33-35.

Yu D S，Zhou G T，Lu G R，et al.，2019. Experimental Study on Physical Model of Concrete Block Quay Wall with Wave Dissipation Hole Structure［C］. Proceedings of the Twenty-ninth（2019）International Ocean and Polar Engineering Conference，Honolulu，Hawaii：3696-3701.

附录 1　全国沿海中心渔港、一级渔港分布图

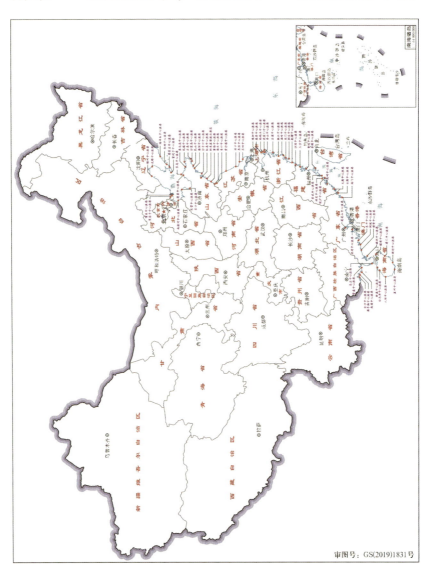

审图号：GS(2019)1831号

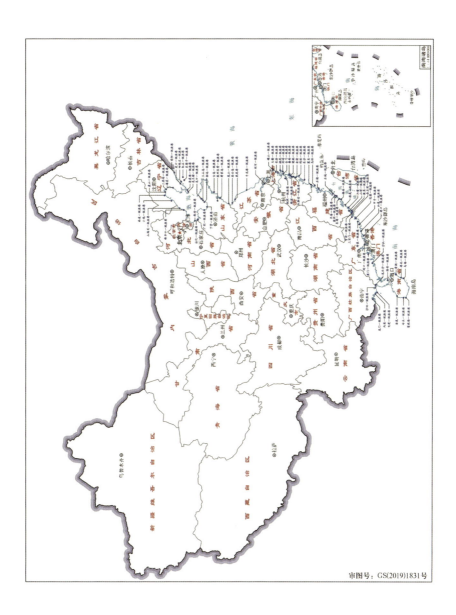

审图号：GS(2019)1831号

附录 2　全国沿海渔港建设标准

（一）沿海中心渔港

年渔获物卸港量 8 万 t 以上，可满足 800 艘以上各类渔船停泊、避风和补给需要，成为以停泊避风和装卸补给为重点，集执法管理、加工流通、渔船修造、技术推广、信息服务、休闲渔业和环保消防等功能为一体的区域性渔业基地。

建设标准：港内有效掩护水域（采用 50 年重现期标准，设计高水位时，在各向波浪作用下，累积频率为 1‰ 的波高 $H_{1‰}$ 在 1 m 以内，下同）不小于 40 万 m^2，码头长度不小于 600 m，陆域面积不小于 20 万 m^2，渔港综合防风最低等级 11 级。浙、闽、粤、琼、桂地区防波堤工程设计波浪采用 100 年重现期标准，其他地区采用 50 年重现期标准。

（二）沿海一级渔港

年渔获物卸港量 4 万 t 以上，可满足 600 艘以上各类渔船停泊、避风和补给需要，基础设施齐全，配套设施完善，具备区域服务功能和辐射带动能力。

建设标准：港内有效掩护水域不小于 30 万 m^2，码头长度不小于 400 m，陆域面积不小于 10 万 m^2，渔港综合防风最低等级 11 级。浙、闽、粤、琼、桂地区防波堤工程设计波浪采用 100 年重现期标准，其他地区采用 50 年重现期标准。

（三）沿海二级渔港

港内有效掩护水域面积不小于 5 万 m^2，码头泊位长度不少于 150 m，陆域面积原则上不小于 2 万 m^2，综合管理中心根据需要建设，可满足 200 艘以上中、小型渔船的停泊和避风需要，渔港综合防风等级达到 11 级。

附录 3　全国沿海渔港建设规划（2018—2025 年）

引　言

我国是世界渔业大国，渔船数、渔民数和水产品产量均居世界第一。渔港既是渔业安全生产最重要的基础设施，也是开发海洋生物资源的重要基地和枢纽，是沿海众多中小城镇的重要依托。多年来，各级政府通过出台支持政策，加大资金投入，渔港基础设施得到了较大改善，渔港服务功能得到了扩充和完善，初步形成了覆盖沿海重点经济区域、重要渔区的渔港布局，为提高我国沿海渔业防灾减灾能力、促进渔区经济社会发展和产业结构调整发挥了重要作用。但由于历史欠账较多，渔港基础设施建设仍显薄弱，与强化渔业安全生产的需求有一定差距，难以满足推动渔港经济区建设、持续提高渔民收入和加快社会主义新渔村建设的需要。

为促进海洋渔业持续健康发展，加快形成渔港经济区，提高渔业防灾减灾能力，依据近年来中央一号文件精神、《国务院关于促进海洋渔业持续健康发展的若干意见》（国发〔2013〕11 号）、《全国农业现代化规划（2016—2020 年）》、《全国渔业发展第十三个五年规划》，国家发展改革委会同农业农村部在深入调研的基础上，组织编制了《全国沿海渔港建设规划（2018—2025 年）》（以下简称《规划》）。本《规划》所述渔港，是指主要为海洋渔业生产服务和供渔业船舶停泊、避风、装卸渔获物、补给渔需物资的人工港口、自然港湾以及综合港的渔业港区，包括水域、岸线、陆域等。《规划》在总结近年来我国海洋渔业发展状况和渔港建设情况的基础上，提出了到 2025 年全国沿海渔港建设的指导思想、建设原则、总体目标、区域布局和建设内容，并与相关专项规划进行了衔接协调，将作为各地区开展沿海渔港建设工作的基本依据。

本《规划》期限为 2018—2025 年。本《规划》各项统计数据、建设布局均不包括港澳台。

一、渔港的主要功能和重要作用

我国是海洋大国，海洋国土面积约为 300 万 km²，海岸线总长度 3.2 万 km（大陆岸线 1.8 万 km），自北至南分别为渤海、黄海、东海、南海四大海区，分布有黄海北部、辽东湾、渤海湾、莱州湾、烟威、连青石、海州湾、吕四、舟山、温台、闽东、闽南、粤东、珠江口、粤西、北部湾、西南中沙等 17 个主要渔场。我国是世界渔业大国，海洋渔业是我国沿海传统基础性产业，也是三百万沿海渔民的重要生活来源。我国海水产品总产量 3 410 万 t，其中海洋捕捞产量 1 315 万 t，目前拥有海洋渔船 27.74 万艘，海洋渔业传统渔民 305.59 万人。

近年来，随着海洋渔业等产业的持续发展和沿海城镇建设的不断推进，渔港的重要作用日益凸显，综合功能逐步拓展。

（一）渔港是推动海洋渔业发展的重要基础设施

渔港是集渔船停泊与避风、渔获物装卸、物资补给、冷藏加工、流通贸易、船网工具修造为一体的渔业综合生产基地,是渔区人流、物流、资金流、信息流的重要集散地,是现代渔业综合管理的核心。一方面,通过渔港建设提升生产服务能力,有力促进渔业生产、流通、消费的有机结合,推动渔业与水产品冷藏加工、配送、休闲渔业等相关产业的融合发展,成为推动我国海洋渔业发展的重要抓手;另一方面,通过渔港建设构建集渔港安全监控、灾害预警、信息服务、渔船签证、渔船检验、船员培训、渔政执法等为一体的渔港综合服务与管理平台,集成互联网和物联网技术,推动实现对港、船、人、渔获物的规范化管理。

(二)渔港是构建沿海防灾减灾体系的重要屏障

我国是受台风袭击最多的国家之一,强台风、超强台风在我国沿海频繁登陆,对海洋渔业等涉海产业和广大渔民生命财产安全造成严重威胁。选择渔船重点集中区和重要渔业生产区,加快沿海渔港建设,提高沿海地区综合防灾水平,既能给渔船和渔民建造一个安全的"家",满足渔船安全避风和休渔期停泊需要,真正解决渔民民生问题,使渔民群众共享改革开放和经济发展的成果,又能降低恶劣气候对沿海地区侵袭造成的损失,保障沿海相关产业健康发展和渔区基础设施安全。

(三)渔港是推进沿海经济社会发展的重要平台

我国经济已由高速增长阶段转向高质量发展阶段,正处在转变发展方式、优化经济结构、转换增长动力的攻关期。依托渔港建设,完善渔港功能,建设集多种功能于一体的渔港经济区,不仅可以促进渔业提质增效、减量增收、绿色发展、富裕渔民,而且在补短板、调结构、推进渔区新型城镇化等方面发挥重要的作用,是构建现代农业产业体系、生产体系、经营体系的重要内容。

(四)渔港是加快建设海洋强国的重要支点

党的十九大提出坚持陆海统筹、加快建设海洋强国,海洋渔业在拓展蓝色经济空间、维护国家海洋权益等方面具有不可替代的地位。加强渔港建设,推动形成沿海渔港经济区、保税渔港和南海渔港群,一方面可为渔民、渔船和远洋渔业发展提供后方基地和安全保障,另一方面,也为推动海上丝绸之路建设、加强国际渔业合作、促进海洋渔业的可持续发展提供有效支撑。

二、沿海渔港建设情况

(一)渔港建设现状

渔港是为渔业生产服务和供渔业船舶停泊、避风、装卸渔获物、补给渔需物资的人工港口、自然港湾以及综合港的渔业港区。目前,我国沿海渔港按其服务范围、来港作业渔船和渔获物卸港量等情况分为中心渔港、一级渔港、二级渔港、三级渔港以及其他渔港五级,具体分级标准见专栏1。

从20世纪90年代初开始,国家对渔港建设予以补助,大体分为两个阶段:1991—1997年,以民办公助的方式补助建设83座群众渔港,每港中央补助100万~300万元;1998年利用国债资金建设渔港后,在国家大力支持下,我国渔港建设进入稳步发展阶段。1998—2015年,累计投资83.05亿元,其中中央投资39.11亿元,共建设了辽宁、山东、福建等10个沿海省、自治区、直辖市148座渔港(中心渔港66座、一级渔港82座)。

1998—2005 年，共投资 33.88 亿元，中央投资 14.49 亿元，重点扶持建设了 36 座沿海中心渔港，38 座沿海一级渔港；"十一五"期间，共投资 19.78 亿元，中央投资 9.26 亿元，建设了中心渔港 19 座、一级渔港 18 座；"十二五"期间，共投资 29.39 亿元，中央投资 15.36 亿元，建设了中心渔港 12 座（其中由一级渔港升级 6 座，中心渔港改扩建 1 座）、一级渔港 32 座。目前，渤海、黄海、东海、南海四大海区的 17 个主要渔场沿岸均分布有中心渔港和一级渔港，已初步形成覆盖重点省区、重要渔区和台风路径海域的沿海渔港布局。

专栏 1   渔港分级标准

渔港类别	渔获物卸港量（万 t）	有效掩护水域面积（万 m²）	满足停泊、避风、补给渔船数（艘）	服务范围
中心渔港	≥8	≥40	≥800	为跨省、自治区、直辖市渔船提供服务
一级渔港	≥4	≥30	≥600	为本省及邻近省、自治区、直辖市渔船提供服务
二级渔港	≥2		≥200	为本省、自治区、直辖市渔船提供服务
三级渔港	/	/	≥50	为本县（市）渔船提供服务
其他渔港	/	/	/	为传统及自然形成的渔船停泊点（舀口）或避风锚地

专栏 2   沿海渔港现状

渔港群名称	沿海渔港数量（座）					
	小计	中心	一级	二级	三级	其他渔港
合计	1 292	66	82	141	303	700
辽东半岛沿海渔港群	239	6	12	20	76	125
渤海湾沿海渔港群	33	3	4	10	1	15
山东半岛沿海渔港群	274	14	12	13	7	228
江苏沿海渔港群	50	6	5	5	0	34
上海-浙江沿海渔港群	256	10	17	19	55	155
海峡西岸沿海渔港群	245	9	13	39	117	67
广东沿海渔港群	104	8	11	25	30	30
北部湾沿海渔港群	23	4	4	2	4	9
海南岛沿海渔港群	68	6	4	8	13	37
西南中沙渔港群	西南中沙海域辽阔，停泊点众多分散，尚未进行系统分类和统计。					

注：渔港总数为 2016 年渔港调查数据，其中中心渔港、一级渔港数为 1998—2015 年中央投资建设渔港数。

（二）渔港建设成效

1. 提升渔业防灾减灾能力   渔港基础设施的建设，有力改善了渔船"上岸抓岩礁、下船舢板摇、避风到处逃"的局面，渔船停泊和避风条件有了很大改善，有效缓解了渔船回港航程远、避风难、安全保障低的局面。中央投资渔港形成有效掩护水域面积 5 100 万 m²，渔港综合防风水平提升到 10 级，可满足 10.2 万艘海洋渔船在 10 级以下（含 10 级）大风天气时的就近分散避风和休渔期停泊。

2. 增强渔船安全监管水平 渔港是实施渔船管理的核心区域和重要依托。通过对传统群众渔港的升级改造，强化渔港安全保障能力建设，改善港内停泊条件，为渔船集中休渔和集中管理提供了有利条件。渔港综合执法办证中心、港口监控、航标、消防等一系列设施的配套完善，拓展和提升了渔港管理及服务功能，提升了渔政港监机构综合执法水平，降低了执法成本，特别是加强了休渔期渔船管理和防台减灾指挥调度，提高了工作效率。

3. 促进渔区经济快速发展 渔港建设和设施完善带动了渔区水产品交易流通、冷藏加工、生产补给、休闲渔业等二、三产业迅速发展，为渔民从事水产品加工、流通和餐饮服务业创造了条件和就业机会。渔港的建设为渔港陆域产业聚集创造了平台，带动了民间投资和银行融资。据测算，1998 年以来，渔港的建设带动了地方和社会投资近 50 亿元，保障了 850 万 t 的渔获物装卸交易和 85 万 t 的水产品加工，提供了 15 万个就业机会，综合经济效益超过 240 亿元。渔港所在地区通过建设渔港经济区，兴市场、抓配套、拓街道、建小区，推动了港区城镇化和渔民转产转业，促进了渔民增收，辐射带动了沿海重要渔区经济的发展。

（三）新时期渔港建设的必要性

尽管近年来，各地建设了一批中心渔港和一级渔港，在渔业防灾减灾、发展渔区经济等方面发挥了重要作用，但由于历史欠账多、投资渠道单一等原因，渔港基础设施依然相对薄弱，与周边国家和地区相比都存在较大差距，与渔业安全生产、渔区繁荣稳定和沿海社会经济发展的要求不相适应，迫切需要在现有基础上进一步加强渔港建设，为现代渔业和沿海经济社会持续健康发展创造条件。

1. 加强渔港建设是改善渔船停泊条件的需要 渔港是渔业生产和渔业管理的核心区域和重要平台，目前我国大多数渔港建设标准偏低，码头、锚地、航道等设施不能有效地满足渔船装卸、补给、避风锚泊的需求，通讯导航、消防、照明和管理等设施缺乏，而伏季休渔期间大量渔船又蜂拥至中心、一级渔港，导致超容量停泊，极易造成碰撞、火灾等安全隐患，制约了渔业生产的发展。近年来，海洋开发力度不断加大，渔业传统岸线不断缩小，部分传统避风岙口、锚地被侵占，渔船停泊安全受到严重威胁。同时，部分渔港设施老化失修，港池淤积和水域污染严重，渔船无法锚泊或处于无序状态，渔港"脏乱差"情况较为突出，迫切需要对部分渔港的基础设施进行改扩建，不断提高渔港的防台减灾能力。

2. 加强渔港建设是优化渔港布局的需要 我国地处太平洋西岸，南起海南岛、北至辽东半岛的广阔海岸带均遭受台风侵袭，东南沿海以及长江口等地区受台风影响最为严重。目前，我国海洋渔船和沿海渔港分布还不匹配，福建、广东、海南沿海渔港群的有效避风率基本不超过 40%，东南沿海的福建、广东、广西、海南等省（自治区、直辖市）"船多港少"的矛盾依然突出，如广东湛江湾、福建黄岐半岛、海南儋州等渔港经济区渔船数量均超过 4 000 艘，每个渔港经济区只有 1 座中心或一级渔港。黄渤海区部分重点渔业县（市）还没有布局建设中心或一级渔港。迫切需要在重点渔区加密渔港建设布局，逐步改善东南沿海"船多港少"和黄渤海区部分渔船无法就近停泊避风的现实状况。

专栏3　主要渔港群渔船安全避风容量和有效避风率

渔港群名称	海洋渔船数量（艘）	渔船安全避风容量需求（艘）	各类渔港数量（座）	渔船安全避风容量（艘）	有效避风率
辽东半岛沿海渔港群	38 153	45 784	239	19 800	43.25%
渤海湾沿海渔港群	9 631	11 557	33	6 850	59.27%
山东半岛沿海渔港群	44 588	53 506	274	21 350	39.90%
江苏沿海渔港群	9 069	10 883	50	8 800	80.86%
上海-浙江沿海渔港群	28 782	34 538	256	24 750	71.66%
东南沿海渔港群	58 420	70 104	245	28 650	40.87%
广东沿海渔港群	51 568	61 882	104	19 500	31.51%
北部湾沿海渔港群	10 752	12 902	23	6 200	48.05%
海南岛沿海渔港群	26 429	31 715	68	9 450	29.80%
南海渔港群			略		
合计	277 392	332 870	1 292	145 350	43.67%

注：渔船数据来源于《2016中国渔业统计年鉴》；有效避风率是指满足渔船跨区域流动避风需求特点的避风率，此表计算方法为：有效避风率＝（渔船安全避风容量/渔船安全避风容量需求）×100%，渔船安全避风容量需求＝海洋渔船数×1.2。

3. 加强渔港建设是拓展渔港综合服务功能的需要　我国渔港建设主要以提升渔业防灾减灾能力为目标，普遍存在经营性设施建设不同步或缺失，水产品交易物流、冷藏加工、休闲渔业总体配套滞后，功能较为单一，与其他产业和基础设施建设、与区域经济和海洋经济的发展缺少有机的结合和紧密的联系，制约着临港型工业以及加工贸易、运输、旅游、休闲渔业等二、三产业的发展，无法有效支撑渔业转型升级，无法适应促进渔区经济和海洋经济发展的要求，迫切需要完善部分渔港的服务功能。

三、渔港建设总体思路

（一）指导思想

全面贯彻党的十九大精神，以习近平新时代中国特色社会主义思想为指导，统筹推进"五位一体"总体布局和协调推进"四个全面"战略布局，牢固树立和贯彻落实新发展理念，认真落实《国务院关于促进海洋渔业持续健康发展的若干意见》，紧紧围绕建设现代渔业、加快建设海洋强国的总体目标，积极推进渔业供给侧结构性改革，按照"政府牵头、统筹规划，市场运作、综合开发，依港养港、多业发展"的方针，加快水域、陆域、岸线的联合滚动开发，推动形成以中心渔港、一级渔港为核心的渔港经济区，加快将渔港经济区建设成为沿海经济社会发展的重要平台、产业融合发展的重要基地、防灾减灾的重要屏障、现代渔业管理的重要支撑和特色城镇建设的重要载体。

（二）建设原则

统筹规划，合理布局。根据渔港现有设施情况，明确渔港功能定位，全面统筹规划渔港经济区建设，并与主体功能区划、海洋功能区划、海洋经济发展规划、渔业发展规划、沿海港口（船舶航道及锚地）规划、近岸海域环境功能区划、城乡规划和旅游规划等相衔接，与海洋经济示范区建设相协调，优化渔港和渔港经济区建设的空间布局。

突出重点，分步推进。综合考虑各地渔港资源、渔业发展状况，将防灾减灾需求突出、建设条件适宜、对周边经济和社会发展具有拉动辐射作用的渔港作为建设重点。在实际建设过程中，根据资源及资金条件，进一步落实开发时序和功能区块，做到近期开发与中远期发展相结合，分步推进。

完善功能，协同发展。着眼于渔业安全管理和防灾减灾功能的同时，突破传统渔港建设模式，促进渔港综合开发，拓展沿海经济社会发展空间，延伸产业链，提升渔港多元化功能和现代化水平，依港兴产、以产带城、以城促港，实现港、产、城一体化，繁荣发展沿海经济。

政府引导，多元投入。加强顶层设计和规划引导，发挥政府在渔港公益性基础设施建设中的引导作用，积极优化财政支出和信贷投放结构，吸引社会各方投资，加大渔港建设投入。完善扶持政策，吸引社会资金投资渔港经济区功能区块、经营性设施和项目建设，形成渔港经济区建设的强大合力。

创新机制，建管结合。渔港建设与管理并重，提高渔港经济区入园产业准入门槛，建立健全渔港建设、管理、维护机制，明晰渔港所有权、使用权、管理权、经营权，促进渔港建、管、护良性循环和可持续发展。

集约节约，生态用海。坚持集聚发展，节约集约，贯彻生态用海、生态管海理念，新建渔港应严格控制用海面积和围填海面积，满足所在地域岸线管控要求。加强渔港环评管理，渔港内渔船严格执行污染物排放标准，渔船产生的污染物达到国家相关标准的控制水平，建设生态、美丽、文明渔港。

（三）基本思路

依港养港。发挥市场配置资源决定性作用，更好发挥政府作用，吸引社会资本投资经营渔港、系统性开发渔港陆域区块和高附加值产业，进一步增强渔港自身造血功能，提升渔港的综合发展水平，达到依港养港。

依港拓渔。通过渔港经济区规划建设，完善渔港配套设施和基本服务功能，发展水产品加工、冷链物流、市场交易等渔区二、三产业，延伸渔业产业链条，促进渔业供给侧结构性改革和产业融合发展。

依港管渔。以渔港经济区为平台和载体，加快建设智慧渔港，全面提升渔港管理的信息化水平，促进"依港管港""依港管船""依港管鱼""依港管人"，推动渔业科学管理。

依港兴业。依托渔港经济区平台，吸引和集聚各类生产要素，推动沿海二、三产业发展，合理布局生产力，转变经济发展方式，调整优化产业结构，推动海洋渔业经济转型升级。

依港兴城。统筹考虑各种资源要素，加快沿海土地滩涂开发，在集聚产业的同时促进人口集聚，建设特色渔乡小镇，推动产城融合，建设美丽渔区。

（四）建设目标

通过建设中心渔港64座、一级渔港85座，渔船安全避风容量从14.53万艘渔船增加到21.43万艘渔船，有效避风率从10级避风水平的43%提升到11级避风水平的70%，推动形成 10 大沿海渔港群、93 个渔港经济区，带动一二三产业融合发展，形成新增万亿产值的产业规模，成为渔业的增长点和沿海经济社会发展的增长极。

四、渔港建设布局

新时期渔港建设要适应经济社会发展新常态和供给侧结构性改革的基本要求，转变发展方式、优化产业结构，立足沿海经济社会发展需要、区域产业基础、海洋渔业发展现状、城镇分布特点和渔港自身条件，规划建设辽东半岛、渤海湾、山东半岛、江苏、上海-浙江、东南沿海、广东、北部湾、海南岛、南海等 10 大沿海渔港群，依托现有中心渔港、一级渔港及周边其他渔港，根据各地区区位条件、产业基础、城镇发展、海域岸线分布，建设形成 93 个渔港经济区，推动产业集聚、人流集聚和各种资源要素集聚，进一步繁荣区域经济，为沿海经济社会可持续发展做出重要贡献。

专栏 4　渔港经济区

渔港经济区是在建设现代渔港的基础上，密切结合城镇建设和产业集聚，使之形成以渔港为龙头、城镇为依托、渔业为基础，集渔船避风补给、渔获物交易、冷链物流、精深加工、海洋药物、休闲观光、城镇建设为一体，区域产业结构平衡、产业层次较高、辐射效应明显的现代渔业经济区。

渔港经济区选择依据：

1. 依托沿海主要渔业市、县，建设渔港经济区；

2. 渔港经济区内至少拥有或规划建设 1 座一级及以上渔港；

3. 渔港经济区海洋渔船数量原则上不低于 800 艘；

4. 渔港经济区渔获物卸港量原则上不低于 8 万 t；

5. 渔港经济区具有产业发展基础，拥有精深加工、休闲旅游、两岸交流、冷链物流等特色优势发展平台。

专栏 5　2025 年各渔港群安全避风容量和有效避风率

渔港群名称	现有避风率	规划期末海洋渔船数量（艘）	规划期末渔船安全避风容量需求（艘）	拟布局渔港（座）					规划期末渔船安全避风容量（艘）	规划期末有效避风率
				合计	中心		一级			
					新建	改扩建	新建	改扩建		
辽东半岛沿海渔港群	43.25%	35 680	42 816	11	3	2	6		27 600	64.46%
渤海湾沿海渔港群	59.27%	8 906	10 687	2	1		1		8 650	80.94%
山东半岛沿海渔港群	39.90%	41 806	50 167	15	2	3	10		31 700	63.19%
江苏沿海渔港群	80.86%	8 224	9 869	6		3	3		13 050	100%
上海-浙江沿海渔港群	71.66%	26 152	31 382	23	1	10	3	9	29 250	93.21%
东南沿海渔港群	40.87%	55 129	66 155	40	3	16	21		45 600	68.93%

（续）

渔港群名称	现有避风率	规划期末海洋渔船数量（艘）	规划期末渔船安全避风容量需求（艘）	拟布局渔港（座）					规划期末渔船安全避风容量（艘）	规划期末有效避风率
				合计	中心		一级			
					新建	改扩建	新建	改扩建		
广东沿海渔港群	31.51%	46 786	56 143	27	3	8	15	1	32 450	57.80%
北部湾沿海渔港群	48.05%	9 592	11 510	12		4	6	2	10 650	92.53%
海南岛沿海渔港群	29.80%	25 117	30 140	13	1	4	8		15 400	51.09%
南海渔港群				略						
合计	43.67%	257 392	308 870	149	14	50	73	12	214 350	69.40%

注：依据"十三五"期间农业农村部减船目标2万艘，至2025年渔船安全避风容量需求为已考虑减船后的需求。

（一）辽东半岛沿海渔港群

辽东半岛沿海渔港群涉及辽宁省丹东市、大连市、营口市、盘锦市、锦州市、葫芦岛市，大陆岸线长2 110km。区域内海水产品总产量431.98万t，拥有海洋渔船38 153艘，分布有大小渔港239座，其中中心渔港6座，一级渔港12座，二级渔港20座，三级及以下渔港201座，目前渔船安全避风容量19 800艘，有效避风率为43.25%。规划期内支持建设中心渔港5座（其中新建中心渔港3座，由现有中心渔港扩建1座，由现有一级渔港升级为中心渔港1座），新建一级渔港6座，渔船安全避风容量达到27 600艘，有效避风率达到64.46%，推动形成丹东、庄河、长山列岛、旅顺口、金州-普兰店、瓦房店、营口、盘锦、锦州、葫芦岛10个渔港经济区（附表1）。

1. **丹东渔港经济区** 该区域内海水产品总产量48.02万t，拥有海洋渔船3 380艘，分布有大小渔港9座，其中中心渔港1座（丹东海洋红中心渔港），一级渔港1座（丹东前阳一级渔港），二级渔港4座，三级及以下渔港3座。规划期内以丹东海洋红中心渔港和前阳一级渔港为基础，重点支持新建丹东大东沟中心渔港和灯塔山一级渔港，推动形成集朝韩渔业进出口贸易、水产养殖、修造船、远洋渔业配套、海洋生物制药、海产品研发等为特色的渔港经济区。

2. **庄河渔港经济区** 该区域内海水产品总产量60.99万t，拥有海洋渔船4 725艘，分布有大小渔港38座，其中二级渔港5座，三级及以下渔港33座。规划期内重点支持新建庄河黑岛中心渔港、金港湾一级渔港和张虾网一级渔港，推动形成集观光休闲、综合服务、加工商贸等为特色的渔港经济区。

3. **长山列岛渔港经济区** 该区域内海水产品总产量61.02万t，拥有海洋渔船10 450艘，分布有大小渔港24座，其中一级渔港3座（长海獐子岛一级渔港、四块石一级渔港、海洋岛红石一级渔港），二级渔港2座，三级及以下渔港19座。规划期内以长海獐子岛一级渔港、四块石一级渔港、海洋岛红石一级渔港为基础，推动形成集海洋牧场、旅游观光垂钓、度假休闲渔业和水产品精深加工等为特色的渔港经济区。

4. **旅顺口渔港经济区**　该区域内海水产品总产量 50.09 万 t，拥有海洋渔船 4 686 艘，分布有大小渔港 42 座，其中中心渔港 1 座（旅顺董砣子中心渔港），一级渔港 2 座（旅顺龙王塘一级渔港、大连老虎滩一级渔港），二级渔港 2 座，三级及以下渔港 37 座。规划期内以旅顺董砣子中心渔港、龙王塘一级渔港、大连老虎滩一级渔港为基础，重点支持新建旅顺二嘴子一级渔港，推动形成集休闲渔业、综合服务、水产品冷链物流配送等为特色的渔港经济区。

5. **金州-普兰店渔港经济区**　该区域内海水产品总产量 59.52 万 t，拥有海洋渔船 5 192 艘，分布有大小渔港 39 座，其中中心渔港 1 座（金州杏树中心渔港），一级渔港 1 座（普兰店皮口一级渔港），二级渔港 2 座，三级及以下渔港 35 座。规划期内以金州杏树中心渔港、普兰店皮口一级渔港为基础，推动形成集综合服务、水产品加工、冷链物流、商贸等为特色的渔港经济区。

6. **瓦房店渔港经济区**　该区域内海水产品总产量 16.46 万 t，拥有海洋渔船 1 255 艘，分布有大小渔港 25 座，其中中心渔港 1 座（大连将军石中心渔港），二级渔港 1 座，三级及以下渔港 23 座。规划期内以大连将军石中心渔港为基础，推动形成集综合服务、水产品集散、水产品加工、冷链物流、水上运动等为特色的渔港经济区。

7. **营口渔港经济区**　该区域内海水产品总产量 36.87 万 t，拥有海洋渔船 2 494 艘，分布有大小渔港 9 座，其中中心渔港 1 座（营口光辉中心渔港），一级渔港 1 座（营口海星一级渔港），二级渔港 1 座，三级及以下渔港 6 座。规划期内以营口光辉中心渔港和海星一级渔港为基础，重点支持新建鲅鱼圈望海中心渔港，推动形成集水产品集散、水产品加工、修造船、垂钓产品研发、亲渔体验服务等为特色的渔港经济区。

8. **盘锦渔港经济区**　该区域内海水产品总产量 16.53 万 t，拥有海洋渔船 1 952 艘，分布有大小渔港 4 座，其中一级渔港 2 座（盘锦二界沟一级渔港、盘锦盘山一级渔港），三级及以下渔港 2 座。规划期内重点支持盘锦二界沟一级渔港升级为盘锦三道沟中心渔港，推动形成集休闲渔业、海鲜食品电商交易平台等为特色的渔港经济区。

9. **锦州渔港经济区**　该区域内海水产品总产量 38.70 万 t，拥有海洋渔船 1 408 艘，分布有大小渔港 7 座，其中中心渔港 1 座（锦州中心渔港），一级渔港 1 座（锦州南凌一级渔港），三级及以下渔港 5 座。规划期内重点支持扩建锦州中心渔港、新建锦州大有一级渔港，推动形成集休闲渔业、海洋食品开发和水产品电商交易平台等为特色的渔港经济区。

10. **葫芦岛渔港经济区**　该区域内海水产品总产量 43.78 万 t，拥有海洋渔船 2 611 艘，分布有大小渔港 42 座，其中一级渔港 1 座（兴城小坞一级渔港），二级渔港 3 座，三级及以下渔港 38 座。规划期内以兴城小坞一级渔港为基础，重点支持新建兴城觉华岛一级渔港，推动形成集休闲渔业、水产品精深加工业等为特色的渔港经济区。

（二）渤海湾沿海渔港群

渤海湾沿海渔港群涉及天津市、河北省秦皇岛市、唐山市和沧州市。天津市大陆岸线长 153km，河北省大陆岸线长 485km。区域内海水产品总产量 83.66 万 t，拥有海洋渔船 9 631 艘，分布有大小渔港 33 座，其中中心渔港 3 座，一级渔港 4 座，二级渔港 10 座，三级及以下渔港 16 座，目前渔船安全避风容量 6 850 艘，有效避风率为 59.27%。规划期内支持建设中心渔港 1 座、一级渔港 1 座，渔船安全避风容量达到 8 650 艘，有效避风率达到 80.94%，推动形成秦皇岛、唐山、沧州 3 个渔港经济区（附表 2）。

1. 秦皇岛渔港经济区 该区域内海水产品总产量 35.26 万 t，拥有海洋渔船 3 713 艘，分布有大小渔港 8 座，其中一级渔港 2 座（昌黎新开口一级渔港、山海关一级渔港），二级渔港 2 座，三级及以下渔港 4 座。规划期内以昌黎新开口一级渔港、山海关一级渔港为基础，推动形成以水产品交易、水产品加工及流通、渔业休闲、旅游观光等为特色的渔港经济区。

2. 唐山渔港经济区 该区域内海水产品产量 36.73 万 t，拥有海洋渔船 4 396 艘，分布有大小渔港 18 座，其中中心渔港 2 座（滦南嘴东中心渔港、丰南黑沿子中心渔港），一级渔港 1 座（乐亭一级渔港），二级渔港 4 座，三级及以下渔港 11 座。规划期内以丰南黑沿子中心渔港、滦南嘴东中心渔港、乐亭一级渔港为基础，重点支持新建曹妃甸中心渔港，推动形成集水产品交易、水产品加工及流通、渔业休闲、旅游观光、远洋渔业等为特色的渔港经济区。

3. 沧州渔港经济区 该区域内海水产品产量 11.67 万 t，拥有海洋渔船 1 522 艘，分布有大小渔港 7 座，其中中心渔港 1 座（黄骅南排河中心渔港），一级渔港 1 座（渤海新区新村一级渔港），二级渔港 4 座，三级及以下渔港 1 座。规划期内以黄骅南排河中心渔港、渤海新区新村一级渔港为基础，重点支持新建海兴大口河一级渔港，推动形成集冷链物流、精深加工、远洋渔业为特色的渔港经济区。

（三）山东半岛沿海渔港群

山东半岛沿海渔港群涉及山东省滨州市、东营市、潍坊市、烟台市、威海市、青岛市、日照市，大陆岸线长 3 345km。区域内海水产品总产量 774.70 万 t，拥有海洋渔船 44 588 艘，分布有大小渔港 274 座，其中中心渔港 14 座，一级渔港 12 座，二级渔港 13 座，三级及以下渔港 235 座，目前渔船安全避风容量 21 350 艘，有效避风率为 39.90%。规划支持建设中心渔港 5 座（其中新建中心渔港 2 座，由现有中心渔港扩建 1 座，由现有一级渔港升级为中心渔港 2 座），新建一级渔港 10 座，渔船安全避风容量达到 31 700 艘，有效避风率达到 63.19%，推动形成滨州、东营、潍坊、莱州湾东岸、长岛-蓬莱、烟台北部、威海远遥、荣成、威海南部、海阳、即墨-崂山、胶州湾、青岛西海岸、日照黄海、岚山 15 个渔港经济区（附表 3）。

1. 滨州渔港经济区 该区域内海水产品总产量 30.13 万 t，拥有海洋渔船 1 240 艘，分布有大小渔港 3 座，其中一级渔港 1 座（沾化一级渔港），三级及以下渔港 2 座。规划期内以沾化一级渔港为基础，重点支持新建滨州北海岔尖一级渔港和无棣大口河一级渔港，推动形成集滩涂养殖、工厂化循环水养殖、水产品精深加工、休闲渔业等为特色的渔港经济区。

2. 东营渔港经济区 该区域内海水产品总产量 46.56 万 t，拥有海洋渔船 1 650 艘，分布有大小渔港 7 座，其中中心渔港 1 座（东营中心渔港），一级渔港 1 座（东营广利一级渔港），二级渔港 1 座，三级及以下渔港 5 座。规划期内以东营中心渔港、广利一级渔港为基础，推动形成集旅游观光、休闲渔业、滩涂养殖、工厂化循环水养殖、水产品精深加工等为特色的渔港经济区。

3. **潍坊渔港经济区** 该区域内海水产品总产量 49.23 万 t，拥有海洋渔船 1 166 艘，分布有大小渔港 11 座，其中中心渔港 1 座（寿光羊口中心渔港），一级渔港 1 座（昌邑下营一级渔港），二级渔港 1 座，三级及以下渔港 8 座。规划期内以寿光羊口中心渔港、昌邑下营一级渔港为基础，重点支持扩建寿光羊口中心渔港、升级扩建昌邑下营一级渔港为中心渔港、新建潍坊滨海一级渔港，推动形成集循环生态养殖、水产品加工、冷链物流等为特色的渔港经济区。

4. **莱州湾东岸渔港经济区** 该区域内海水产品总产量 9.71 万 t，拥有海洋渔船 3 169 艘，分布有大小渔港 12 座，其中一级渔港 2 座（龙口一级渔港、莱州三山岛一级渔港），三级及以下渔港 10 座。规划期内以莱州三山岛一级渔港、龙口一级渔港为基础，新建莱州西由一级渔港、招远一级渔港，推动形成集渔业高效养殖、休闲渔业、水产品加工、水产品冷链物流、海洋牧场等为特色的渔港经济区。

5. **长岛-蓬莱渔港经济区** 该区域内海水产品总产量 83.23 万 t，拥有海洋渔船 3 536 艘，分布有大小渔港 35 座，其中中心渔港 2 座（蓬莱中心渔港、长岛中心渔港），二级渔港 2 座，三级及以下渔港 31 座。规划期内以长岛中心渔港、蓬莱中心渔港为基础，重点支持新建长岛大钦岛一级渔港，推动形成集海洋休闲垂钓、旅游观光、船舶修造、水产品精深加工、水产品冷链物流、远洋渔业产业等为特色的渔港经济区。

6. **烟台北部渔港经济区** 该区域内海水产品总产量 72.28 万 t，拥有海洋渔船 3 507 艘，分布有大小渔港 8 座，其中中心渔港 1 座（牟平养马岛中心渔港），一级渔港 1 座（烟台八角一级渔港），二级渔港 1 座，三级及以下渔港 5 座。规划期内以牟平养马岛中心渔港、烟台八角一级渔港为基础，重点支持扩建烟台八角一级渔港为中心渔港、推动形成集高端养殖、休闲渔业、水产品精深加工、水产品冷链物流等为特色的渔港经济区。

7. **威海远遥渔港经济区** 该区域内海水产品总产量 51.89 万 t，拥有海洋渔船 2 450 艘，分布有大小渔港 15 座，其中中心渔港 1 座（威海远遥中心渔港），二级渔港 1 座，三级及以下渔港 13 座。规划期内以威海远遥中心渔港为基础，推动形成集渔业高效养殖、休闲渔业、水产品加工、远洋渔业、海洋牧场、旅游休闲等为特色的渔港经济区。

8. **荣成渔港经济区** 该区域内海水产品总产量 131.23 万 t，拥有海洋渔船 8 254 艘，分布有大小渔港 56 座，其中中心渔港 2 座（荣成石岛中心渔港、沙窝岛中心渔港），二级渔港 2 座，三级及以下渔港 52 座。规划期内以荣成石岛中心渔港、沙窝岛中心渔港为基础，重点支持新建荣成龙须岛一级渔港，推动形成集渔业生产、远洋渔业、渔船修建、休闲旅游等为特色的渔港经济区。

9. **威海南部渔港经济区** 该区域内海水产品总产量 94.30 万 t，拥有海洋渔船 2 349 艘，分布有大小渔港 13 座，其中中心渔港 1 座（乳山中心渔港），二级渔港 1 座，三级及以下渔港 11 座。规划期内以乳山中心渔港为基础，重点支持新建文登中心渔港，推动形成集水产品养殖及精深加工、休闲渔业、观光旅游、渔船修造等为特色的渔港经济区。

10. **海阳渔港经济区** 该区域内海水产品总产量 31.47 万 t，拥有海洋渔船 3 347 艘，分布有大小渔港 15 座，其中中心渔港 1 座（海阳中心渔港），一级渔港 1 座（海阳大埠圈一级渔港），二级渔港 1 座，三级及以下渔港 12 座。规划期以海阳中心渔港、海阳大埠圈一级渔港为基础，推动形成集高端养殖、休闲渔业、水产品精深加工、水产品冷链物流等为特色的渔港经济区。

11. 即墨-崂山渔港经济区 该区域内海水产品总产量 41.10 万 t，拥有海洋渔船 3 339 艘，分布有大小渔港 28 座，其中中心渔港 1 座（崂山沙子口中心渔港），一级渔港 1 座（即墨女岛一级渔港），二级渔港 1 座，三级及以下渔港 25 座。规划期内以崂山沙子口中心渔港为基础，重点支持新建即墨周戈庄中心渔港和崂山仰口一级渔港，推动形成集渔业生产、水产品批发、休闲渔业等为特色的渔港经济区。

12. 胶州湾渔港经济区 该区域内海水产品总产量 37.30 万 t，拥有海洋渔船 1 619 艘，分布有大小渔港 17 座，其中中心渔港 1 座（红岛中心渔港），一级渔港 1 座（胶州东营一级渔港），三级及以下渔港 15 座。规划期内以红岛中心渔港、胶州东营一级渔港为基础，推动形成集水产品加工、水产品商贸、休闲渔业等为特色的渔港经济区。

13. 青岛西海岸渔港经济区 该区域内海水产品总产量 39.96 万 t，拥有海洋渔船 4 919 艘，分布有大小渔港 24 座，其中中心渔港 1 座（黄岛积米崖中心渔港），一级渔港 1 座（薛家岛一级渔港），二级渔港 1 座，三级及以下渔港 21 座。规划期内以黄岛积米崖中心渔港、薛家岛一级渔港为基础，重点支持新建黄岛琅琊一级渔港，推动形成集冷链物流、休闲渔业等为特色的渔港经济区。

14. 日照黄海渔港经济区 该区域内海水产品总产量 24.17 万 t，拥有海洋渔船 2 427 艘，分布有大小渔港 11 座，其中中心渔港 1 座（日照中心渔港），一级渔港 1 座（日照石臼所一级渔港），二级渔港 1 座，三级及以下渔港 8 座。规划期内以日照中心渔港为基础，重点支持新建日照山海天张家台一级渔港，推动形成集渔业高效养殖、休闲渔业、水产品加工、冷链物流等为特色的渔港经济区。

15. 岚山渔港经济区 该区域内海水产品总产量 32.14 万 t，拥有海洋渔船 1 616 艘，分布有大小渔港 18 座，其中一级渔港 1 座（日照岚山一级渔港），三级及以下渔港 17 座。规划期内以日照岚山一级渔港为基础，推动形成集水产品养殖、休闲垂钓、水产品加工贸易、海洋牧场等为特色的渔港经济区。

（四）江苏沿海渔港群

江苏沿海渔港群涉及江苏省连云港市、盐城市、南通市、苏州市，大陆岸线长 744 km。区域内海水产品总产量 148.18 万 t，拥有海洋渔船 9 069 艘，分布有大小渔港 50 座，其中中心渔港 6 座，一级渔港 5 座，二级渔港 5 座，三级及以下渔港 34 座，目前渔船安全避风容量 8 800 艘，有效避风率为 80.86%。规划期内支持建设中心渔港 3 座（其中由现有中心渔港扩建 2 座，由现有一级渔港升级为中心渔港 1 座），新建一级渔港 3 座，渔船安全避风容量达到 13 050 艘，有效避风率达到 100%，推动形成赣榆、连云、灌云-响水、射阳、大丰、东台、如东、海门、吕四-浏河 9 个渔港经济区（附表 4）。

1. 赣榆渔港经济区 该区域内海水产品总产量 36.70 万 t，拥有海洋渔船 2 646 艘。区域内分布有大小渔港 9 座，其中中心渔港 2 座（赣榆青口中心渔港、海头中心渔港），二级渔港 2 座，三级及以下渔港 5 座。规划期内以赣榆青口中心渔港、海头中心渔港为基础，重点支持扩建赣榆青口中心渔港，推动形成集冷链加工物流、远洋渔业配套、渔船修造、海洋生物制药等为特色的渔港经济区。

2. 连云渔港经济区 该区域内海水产品总产量 7.14 万 t，拥有海洋渔船 576 艘，分布有大小渔港3座，其中一级渔港2座（连岛一级渔港、高公岛一级渔港），三级及以下渔港1座。规划期内重点升级扩建连岛一级渔港为连岛中心渔港，推动形成集滨海观光、旅游综合服务、渔业生产、商贸于一体的渔港经济区。

3. **灌云-响水渔港经济区** 该区域内海水产品总产量9.19万t，拥有海洋渔船数量1 282艘，分布有大小渔港7座，其中一级渔港1座（灌云燕尾港一级渔港），二级渔港1座，三级及以下渔港5座。规划期内以灌云燕尾港一级渔港为基础，重点支持新建响水灌河一级渔港，推动形成集渔业生产、旅游商贸、海钓基地、海洋主题公园等为特色的渔港经济区。

4. **射阳渔港经济区** 该区域内海水产品总产量10.46万t，拥有海洋渔船535艘，分布有大小渔港6座，其中中心渔港1座（射阳黄沙港中心渔港），三级及以下渔港5座。规划期内重点支持扩建射阳黄沙港中心渔港，推动形成集渔业生产、旅游观光、海洋牧场等为特色的渔港经济区。

5. **大丰渔港经济区** 该区域内海水产品总产量7.53万t，拥有海洋渔船547艘，分布有大小渔港5座，其中一级渔港1座（大丰斗龙港一级渔港），三级及以下渔港4座。规划期内以大丰斗龙港一级渔港为基础，推动形成集高优海产品生产、海洋产品精深加工、水产品一条街、渔船修造、生态旅游观光等为特色的渔港经济区。

6. **东台渔港经济区** 该区域内海水产品总产量9.70万t，拥有海洋渔船889艘，分布有三级及以下渔港3座。规划期内重点支持新建东台㟃港一级渔港，推动形成集渔业生产、近海养殖、水产品精深加工、休闲渔业和旅游观光为特色的渔港经济区。

7. **如东渔港经济区** 该区域内海水产品总产量29.76万t，拥有海洋渔船981艘，分布有大小渔港7座，其中中心渔港1座（如东洋口中心渔港），二级渔港1座，三级及以下渔港5座。规划期内以如东洋口中心渔港为基础，重点支持新建如东刘埠一级渔港，推动形成集渔业生产、海水养殖、滨海旅游和休闲体验等为特色的渔港经济区。

8. **海门渔港经济区** 该区域内海水产品总产量3.97万t，拥有海洋渔船573艘，分布有大小渔港2座，其中中心渔港1座（海门东灶中心渔港），三级及以下渔港1座。规划期内以海门东灶中心渔港为基础，推动形成集渔港商贸、海洋生物科技、滨海旅游、远洋渔业、渔业休闲等为特色的渔港经济区。

9. **吕四-浏河渔港经济区** 该区域内海水产品总产量33.73万t，拥有海洋渔船1 240艘，分布有大小渔港8座，其中中心渔港1座（启东吕四中心渔港），一级渔港1座（太仓浏河一级渔港），二级渔港1座，三级及以下渔港5座。规划期内以启东吕四中心渔港和太仓浏河一级渔港为基础，推动形成集水产品贸易物流、水产品加工、远洋渔业、滨海旅游等为特色的渔港经济区。

（五）上海-浙江沿海渔港群

上海-浙江沿海渔港群涉及上海市和浙江省宁波市、舟山市、台州市、温州市，大陆岸线长2 329km。区域内海水产品总产量504.04万t，拥有海洋渔船30 377艘，分布有大小渔港256座，其中中心渔港10座，一级渔港17座，二级渔港19座，三级及以下渔港210座，目前渔船安全避风容量24 750艘，有效避风率71.66%。规划期内支持建设中心渔港11座（其中新建中心渔港1座，由现有中心渔港扩建7座，由现有一级渔港升级为中心渔港 3 座），建设一级渔港 12 座（其中新建一级渔港 3 座、改扩建现有一级渔港 9 座），渔船安全避风容量达到 29 250 艘，有效避风率达到 93.21％，推动形成横沙、芦潮港、嵊泗、岱山、定海、普陀、奉化、象山、台州中北部、台州南部、洞头、瑞安、巴曹、霞关 14 个渔港经济区（附表 5）。

1. **横沙渔港经济区** 该区域内海水产品总产量 9.93 万 t，拥有海洋渔船 416 艘，分布有大小渔港 19 座，其中一级渔港 1 座（横沙一级渔港），二级渔港 1 座，三级及以下渔港 17 座。规划期内重点支持升级横沙一级渔港为中心渔港，推动形成集水产品交易、水产品加工、冷链物流、远洋渔业、休闲渔业、海洋文化展示等为特色的渔港经济区。

2. **芦潮港渔港经济区** 该区域内海水产品总产量 19.79 万 t，拥有海洋渔船 901 艘，分布有三级及以下渔港 10 座。规划期内重点支持新建芦潮港一级渔港，推动形成集远洋渔业、保税农产品展示和交易、农产品冷链物流、海洋文化展示、滨海旅游等为特色的渔港经济区。

3. **嵊泗渔港经济区** 该区域内海水产品总产量 55.65 万 t，拥有海洋渔船 3 926 艘，分布有大小渔港 18 座，其中一级渔港 2 座（嵊泗一级渔港、嵊山一级渔港），二级渔港 2 座，三级及以下渔港 14 座。规划期内以嵊泗一级渔港、嵊山一级渔港为基础，重点支持升级扩建嵊泗一级渔港为中心渔港，推动形成集现代渔业、海洋休闲旅游等为特色的渔港经济区。

4. **岱山渔港经济区** 该区域内海水产品总产量 63.29 万 t，拥有海洋渔船 3 412 艘，分布有大小渔港 14 座，其中中心渔港 1 座（岱山高亭中心渔港），一级渔港 2 座（岱山长涂一级渔港、大衢一级渔港），二级渔港 1 座，三级及以下渔港 10 座，规划期内以岱山高亭中心渔港、长涂一级渔港、大衢一级渔港为基础，重点支持扩建岱山高亭中心渔港、长涂一级渔港，升级扩建岱山大衢一级渔港为中心渔港，推动形成集水产品加工、冷链物流、休闲渔业等为特色的渔港经济区。

5. **定海渔港经济区** 该区域内海水产品总产量 25.26 万 t，拥有海洋渔船 701 艘，分布有大小渔港 16 座，其中中心渔港 2 座（定海西码头中心渔港、定海中心渔港），二级渔港 1 座，三级及以下渔港 13 座。规划期内以定海西码头中心渔港、定海中心渔港为基础，重点支持扩建定海西码头中心渔港，推动形成集远洋水产品商贸交易、水产品精深加工、物流配送、渔民新村等为特色的渔港经济区。

6. **普陀渔港经济区** 该区域内海水产品总产量 129.96 万 t，拥有海洋渔船 4 729 艘，分布有大小渔港 26 座，其中中心渔港 1 座（沈家门中心渔港），一级渔港 3 座（普陀虾峙一级渔港、台门一级渔港、桃花一级渔港），二级渔港 2 座，三级及以下渔港 20 座，规划期内以沈家门中心渔港、普陀虾峙一级渔港、台门一级渔港、桃花一级渔港为基础，重点支持扩建沈家门中心渔港、普陀虾峙一级渔港、台门一级渔港，推动形成集自然风光、人文景观、海上游乐、休闲度假等为特色的渔港经济区。

7. **奉化渔港经济区** 该区域内海水产品总产量 38.60 万 t，拥有海洋渔船 3 199 艘，分布有大小渔港 37 座，其中一级渔港 1 座（奉化桐照一级渔港），二级渔港 2 座，三级及以下渔港 34 座。规划期内重点支持扩建奉化桐照一级渔港，推动形成集渔业产业、商贸物流、海洋休闲等为特色的渔港经济区。

8. **象山渔港经济区**　该区域内海水产品总产量 58.51 万 t，拥有海洋渔船 3 984 艘，分布有大小渔港 35 座，其中中心渔港 1 座（石浦中心渔港），一级渔港 2 座（象山鹤浦一级渔港、石浦番西一级渔港），二级渔港 2 座，三级及以下渔港 30 座。规划期内以石浦中心渔港、象山鹤浦一级渔港、石浦番西一级渔港为基础，重点支持扩建石浦中心渔港、新建象山高塘临门一级渔港，推动形成集水产品精深加工、海洋生物医药、电子商务、海洋公园和渔文化特色创意街区等为特色的渔港经济区。

9. **台州中北部渔港经济区**　该区域内海水产品总产量 11.92 万 t，拥有海洋渔船 723 艘，分布有大小渔港 12 座，其中中心渔港 1 座（台州椒江中心渔港），一级渔港 3 座（台州路桥金清一级渔港、三门健跳一级渔港、临海红脚岩一级渔港），二级渔港 1 座，三级及以下渔港 7 座。规划期内以台州椒江中心渔港、临海红脚岩一级渔港、三门健跳一级渔港、台州路桥金清一级渔港为基础，重点支持扩建台州路桥金清一级渔港、三门健跳一级渔港、临海红脚岩一级渔港，推动形成集冷链加工物流、渔业配套、海洋生物、海洋装备与渔业休闲产业等为特色的渔港经济区。

10. **台州南部渔港经济区**　该区域内海水产品总产量 28.87 万 t，拥有海洋渔船 880 艘，分布有大小渔港 17 座，其中中心渔港 2 座（温岭石塘中心渔港、玉环坎门中心渔港），一级渔港 1 座（温岭钓浜一级渔港），二级渔港 2 座，三级及以下渔港 12 座，规划期内以玉环坎门中心渔港为基础，重点支持扩建玉环坎门中心渔港和温岭钓浜一级渔港，新建玉环西沙门一级渔港，推动形成集生产服务、旅游休闲、宜游宜居等为特色的渔港经济区。

11. **洞头渔港经济区**　该区域内海水产品总产量 25.29 万 t，拥有海洋渔船 1 630 艘，分布有大小渔港 23 座，其中中心渔港 1 座（洞头渔岙中心渔港），一级渔港 1 座（洞头东沙一级渔港），二级渔港 1 座，三级及以下渔港 20 座。规划期内以洞头渔岙中心渔港、东沙一级渔港为基础，重点支持扩建洞头渔岙中心渔港，推动形成集船舶配套服务、水产品加工、水产品商贸流通、休闲度假、观光旅游、海洋文化展示等为特色的渔港经济区。

12. **瑞安渔港经济区**　该区域内海水产品总产量 15.58 万 t，拥有海洋渔船 1 334 艘，分布有大小渔港 13 座，其中二级渔港 1 座，三级及以下渔港 12 座。规划期内重点支持新建瑞安中心渔港，推动形成集渔业生产、交易物流等为特色的渔港经济区。

13. **巴曹渔港经济区**　该区域内海水产品总产量 11.08 万 t，拥有海洋渔船 1 873 艘，分布有大小渔港 10 座，其中中心渔港 1 座（苍南巴曹中心渔港），二级渔港 2 座，三级及以下渔港 7 座。规划期内重点支持扩建苍南巴曹中心渔港，推动形成集渔业生产、产城融合、休闲旅游等为特色的渔港经济区。

14. **霞关渔港经济区**　该区域内海水产品总产量 10.31 万 t，拥有海洋渔船 2 669 艘，分布有大小渔港 6 座，其中一级渔港 1 座（苍南霞关一级渔港），二级渔港 1 座，三级及以下渔港 4 座。规划期内重点支持扩建苍南霞关一级渔港，推动形成集对台贸易、渔业生产、休闲旅游等为特色的渔港经济区。

（六）东南沿海渔港群

东南沿海渔港群涉及福建省宁德市、福州市、平潭综合实验区、莆田市、泉州市、厦门市、漳州市，大陆岸线长 3 752km。区域内海水产品总产量 695.84 万 t，拥有海洋渔船

58 420 艘，分布有大小渔港 245 座，其中中心港 9 座，一级渔港 13 座，二级渔港 39 座，三级及以下渔港 184 座，目前渔船安全避风容量 28 650 艘，有效避风率 40.87%。规划期内支持建设中心渔港 19 座（其中新建中心渔港 3 座、由现有中心渔港扩建 7 座，由现有一级渔港升级为中心渔港 9 座），新建一级渔港 21 座，渔船安全避风容量达到 45 600 艘，有效避风率达到 68.93%，推动形成福鼎、三沙湾、三都澳东冲半岛、黄岐半岛、平潭岛群、莆田、泉港、惠安、石狮、晋江、厦门、龙海、漳浦-云霄、东山、诏安 15 个渔港经济区（附表 6）。

1. **福鼎渔港经济区**　该区域内海水产品总产量 19.05 万 t，拥有海洋渔船 4 653 艘，分布有大小渔港 26 座，其中中心渔港 1 座（沙埕中心渔港），一级渔港 1 座（福鼎嵛山妈祖一级渔港），二级渔港 3 座，三级及以下渔港 21 座。规划期内重点支持扩建沙埕中心渔港，升级扩建福鼎嵛山妈祖一级渔港为中心渔港，新建福鼎员当一级渔港，推动形成集滨海观光、旅游综合服务、渔业生产、商贸等为特色的渔港经济区。

2. **三沙湾渔港经济区**　该区域内海水产品总产量 39.50 万 t，拥有海洋渔船 6 089 艘，分布有大小渔港 15 座，其中中心渔港 1 座（霞浦三沙中心渔港），二级渔港 4 座，三级及以下渔港 10 座。规划期内重点支持扩建霞浦三沙中心渔港，推动形成集冷链物流、水产品加工、修造船、对台商贸、远洋渔业配套等为特色的渔港经济区。

3. **三都澳东冲半岛渔港经济区**　该区域内海水产品总产量 50 万 t，拥有海洋渔船 7 966 艘，分布有大小渔港 26 座，其中一级渔港 1 座（霞浦石湖一级渔港），二级渔港 5 座，三级及以下渔港 20 座。规划期内以霞浦石湖一级渔港为基础，重点支持新建霞浦西洋一级渔港、闾峡一级渔港，推动形成集海岛观光、旅游综合服务和渔业生产贸易等为特色的渔港经济区。

4. **黄岐半岛渔港经济区**　该区域内海水产品总产量 94.68 万 t，拥有海洋渔船 6 513 艘，分布有大小渔港 19 座，其中中心渔港 1 座（连江黄岐中心渔港），二级渔港 3 座，三级及以下渔港 15 座。规划期内以连江黄岐中心渔港为基础，重点支持新建连江苔菉、筱埕中心渔港，扩建连江黄岐中心渔港，新建连江晓澳、长赤、下宫、长乐潭头、福清海亮沃口 5 座一级渔港，推动形成集水产品精深加工、渔业休闲、对台贸易、旅游观光等为特色的渔港经济区。

5. **平潭岛群渔港经济区**　该区域内海水产品总产量 65.97 万 t，拥有海洋渔船 2 665 艘，分布有大小渔港 22 座，其中中心渔港 1 座（平潭东澳中心渔港），二级渔港 5 座，三级及以下渔港 16 座。规划期内以平潭东澳中心渔港为基础，重点支持扩建平潭东澳中心渔港，新建平潭葫芦澳、钱便澳、下湖澳、福清泽湖 4 座一级渔港，推动形成集水产品冷链物流、旅游观光、对台贸易等为特色的渔港经济区。

6. **莆田渔港经济区**　该区域内海水产品总产量 88.06 万 t，拥有海洋渔船 5 085 艘，分布有大小渔港 23 座，其中一级渔港 3 座（莆田秀屿平海一级渔港、石城一级渔港、湄洲一级渔港），二级渔港 3 座，三级及以下渔港 17 座。规划期内以莆田秀屿平海一级渔港、石城一级渔港、湄洲一级渔港为基础，重点支持升级扩建莆田湄洲一级渔港、秀屿石城一级渔港为中心渔港，新建莆田浮叶一级渔港、山城妈祖城一级渔港，推动形成集渔业生产、旅游观光、海洋牧场等为特色的渔港经济区。

7. **泉港渔港经济区** 该区域内海水产品总产量 25.67 万 t，拥有海洋渔船 2 117 艘，分布有大小渔港 7 座，其中二级渔港 1 座，三级及以下渔港 6 座。规划期内重点支持新建泉港诚峰一级渔港，推动形成集旅游观光、海鲜美食、渔家渔村民俗体验、休闲度假等为特色的渔港经济区。

8. **惠安渔港经济区** 该区域内海水产品总产量 45.67 万 t，拥有海洋渔船 3 200 艘，分布有大小渔港 12 座，其中中心渔港 1 座（惠安崇武中心渔港），二级渔港 2 座，三级及以下渔港 9 座。规划期内以惠安崇武中心渔港为基础，重点支持扩建惠安崇武中心渔港、新建惠安前内一级渔港，推动形成集旅游观光、海鲜美食、渔家渔村民俗体验等为特色的渔港经济区。

9. **石狮渔港经济区** 该区域内海水产品总产量 53.77 万 t，拥有海洋渔船 3 251 艘，分布有大小渔港 17 座，其中中心渔港 1 座（石狮祥芝中心渔港），一级渔港 2 座（石狮梅林一级渔港、东浦一级渔港），二级渔港 1 座，三级及以下渔港 13 座。规划期内以石狮祥芝中心渔港、梅林一级渔港、东浦一级渔港为基础，重点支持扩建石狮祥芝中心渔港、新建石狮东店一级渔港，推动形成集冷链加工物流、远洋渔业配套、海洋生物制药、旅游观光、海鲜美食等为特色的渔港经济区。

10. **晋江渔港经济区** 该区域内海水产品总产量 24.40 万 t，拥有海洋渔船 2 298 艘，分布有大小渔港 10 座，其中中心渔港 1 座（晋江深沪中心渔港），二级渔港 1 座，三级及以下渔港 8 座。规划期内以晋江深沪中心渔港为基础，重点支持新建晋江围头一级渔港，推动形成集渔港商贸、海洋生物科技、滨海旅游等为特色的渔港经济区。

11. **厦门渔港经济区** 该区域内海水产品总产量 5.21 万 t，拥有海洋渔船 1 845 艘，分布有大小渔港 6 座，其中中心渔港 1 座（厦门高崎闽台中心渔港），二级渔港 2 座，三级及以下渔港 3 座。规划期内以厦门高崎闽台中心渔港为基础，重点支持新建对台渔业基地，推动形成集对台贸易、滨海休闲旅游等为特色的渔港经济区。

12. **龙海渔港经济区** 该区域内海水产品总产量 42.43 万 t，拥有海洋渔船 2 632 艘，分布有大小渔港 10 座，其中一级渔港 1 座（龙海港尾一级渔港），二级渔港 1 座，三级及以下渔港 8 座。规划期内重点支持升级扩建龙海港尾一级渔港为中心渔港，推动形成集水产品集散、水产品加工、水产品冷链物流配送等为特色的渔港经济区。

13. **漳浦-云霄渔港经济区** 该区域内海水产品总产量 61.82 万 t，拥有海洋渔船 4 045 艘，分布有大小渔港 21 座，其中一级渔港 2 座（漳浦六鳌一级渔港、云霄山前一级渔港），二级渔港 3 座，三级及以下渔港 16 座。规划期内重点支持升级扩建漳浦六鳌一级渔港、云霄山前一级渔港为中心渔港，新建漳浦岱嵩一级渔港，推动形成集水产品集散、水产品加工、水产品冷链物流配送等为特色的渔港经济区。

14. **东山渔港经济区** 该区域内海水产品总产量 48.78 万 t，拥有海洋渔船 3 750 艘，分布有大小渔港 20 座，其中中心渔港 1 座（东山大澳中心渔港），一级渔港 2 座（东山澳角一级渔港、宫前一级渔港），二级渔港 3 座，三级及以下渔港 14 座。规划期内重点支持扩建东山大澳中心渔港，升级扩建东山澳角一级渔港、宫前一级渔港为中心渔港，新建东山东古一级渔港，推动形成集远洋渔业、休闲渔业和水产品加工等为特色的渔港经济区。

15. **诏安渔港经济区** 该区域内海水产品总产量 30.83 万 t，拥有海洋渔船 2 311 艘，区域内分布有大小渔港 11 座，其中一级渔港 1 座（诏安赤石湾一级渔港），二级渔港 2 座，三级及以下渔港 8 座。规划期内以诏安赤石湾一级渔港为基础，重点支持升级扩建诏安赤石湾一级渔港为中心渔港，新建诏安田厝一级渔港，推动形成集水产品集散、水产品加工、水产品冷链物流配送等为特色的渔港经济区。

（七）广东沿海渔港群

广东沿海渔港群涉及广东省潮州市、汕头市、揭阳市、汕尾市、惠州市、深圳市、东莞市、广州市、中山市、珠海市、江门市、阳江市、茂名市、湛江市，大陆岸线长 4 114km。区域内海水产品总产量 459.23 万 t，拥有海洋渔船 51 568 艘，分布有大小渔港 104 座，其中中心港 8 座，一级渔港 11 座，二级渔港 25 座，三级及以下渔港 60 座，目前渔船安全避风容量 19 500 艘，有效避风率 31.51%。规划期内支持建设中心渔港 11 座（其中新建中心渔港 3 座、由现有中心渔港扩建 5 座，由现有一级渔港升级为中心渔港 3 座），建设一级渔港 16 座（其中改扩建现有一级渔港 1 座、新建一级渔港 15 座），渔船安全避风容量达到 32 450 艘，有效避风率达到 57.80%，推动形成饶平、南澳岛、汕头海门、揭阳、陆丰、汕尾（马宫）、惠州-深圳、珠江口、珠海、江门、阳东、海陵岛-阳西、茂名、湛江湾、遂溪-廉江、雷州、徐闻 17 个渔港经济区（附表7）。

1. **饶平渔港经济区**　该区域内海水产品总产量 14.93 万 t，拥有海洋渔船 1 642 艘，分布有大小渔港 8 座，其中一级渔港 1 座（饶平三百门一级渔港），三级及以下渔港 7 座。规划期内以饶平三百门一级渔港为基础，重点支持升级扩建饶平三百门一级渔港为中心渔港，推动形成集滨海旅游综合服务、渔业生产、商贸等为特色的渔港经济区。

2. **南澳岛渔港经济区**　该区域内海水产品总产量 18.88 万 t，拥有海洋渔船 896 艘，分布有大小渔港 2 座，其中中心渔港 1 座（南澳云澳中心渔港），二级渔港 1 座。规划期内以南澳云澳中心渔港为基础，推动形成集滨海旅游综合服务、渔业生产、商贸、水产品加工等为特色的渔港经济区。

3. **汕头海门渔港经济区**　该区域内海水产品总产量 17.35 万 t，拥有海洋渔船 1 602 艘，分布有大小渔港 5 座，其中中心渔港 1 座（汕头海门中心渔港），一级渔港 1 座（汕头达濠一级渔港），三级及以下渔港 3 座。规划期内以汕头海门中心渔港、达濠一级渔港为基础，重点支持扩建汕头海门中心渔港，推动形成集渔业生产、渔获物交易、水产品加工、修造船等为特色的渔港经济区。

4. **揭阳渔港经济区**　该区域内海水产品总产量 7.96 万 t，拥有海洋渔船 1 812 艘，分布有大小渔港 4 座，其中一级渔港 1 座（惠来神泉一级渔港），二级渔港 1 座，三级及以下渔港 2 座。规划期内以惠来神泉一级渔港为基础，重点支持升级扩建惠来神泉一级渔港为中心渔港，新建揭阳靖海一级渔港，推动形成集现代渔业生产、水产品深加工、水产品集散、滨海旅游等为特色的渔港经济区。

5. **陆丰渔港经济区**　该区域内海水产品总产量 21.66 万 t，拥有海洋渔船 2 592 艘，分布有大小渔港 3 座，其中一级渔港 1 座（陆丰甲子一级渔港），三级及以下渔港 2 座。规划期内以陆丰甲子一级渔港为基础，重点支持新建陆丰湖东一级渔港，推动形成集现代渔业生产、水产品深加工、水产品集散等为一体的渔港经济区。

6. **汕尾（马宫）渔港经济区**　该区域内海水产品总产量 35.94 万 t，拥有海洋渔船

3 851 艘，分布有大小渔港 7 座，其中一级渔港 1 座（汕尾一级渔港），二级渔港 4 座，三级及以下渔港 2 座。规划期内重点支持新建汕尾（马宫）中心渔港和汕尾鲘门一级渔港，推动形成集现代渔业生产、水产品深加工、水产品集散中心、渔业科技创新、滨海旅游、渔文化观光等为特色的渔港经济区。

7. **惠州-深圳渔港经济区**　该区域内海水产品总产量 12.27 万 t，拥有海洋渔船 2 985 艘，分布有大小渔港 9 座，其中一级渔港 2 座（惠东港口一级渔港、深圳蛇口一级渔港），二级渔港 3 座，三级及以下渔港 4 座。规划期内以惠东港口一级渔港、深圳蛇口一级渔港为基础，重点支持扩建惠东港口一级渔港，推动形成集渔业生产、滨海旅游、水产品加工等为特色的渔港经济区。

8. **珠江口渔港经济区**　该区域内海水产品总产量 11.75 万 t，拥有海洋渔船 2 692 艘，分布有大小渔港 9 座，其中中心渔港 1 座（广州莲花山中心渔港），二级渔港 3 座，三级及以下渔港 5 座。规划期内以广州莲花山中心渔港为基础，推动形成集渔业生产、水产品加工、休闲渔业、滨海旅游等为特色的渔港经济区。

9. **珠海渔港经济区**　该区域内海水产品总产量 7.17 万 t，拥有海洋渔船 2 148 艘，分布有大小渔港 12 座，其中二级渔港 2 座，三级及以下渔港 10 座。规划期内重点支持新建珠海洪湾中心渔港，推动形成集现代渔业生产、滨海旅游和海洋生物科技等为特色的渔港经济区。

10. **江门渔港经济区**　该区域内海水产品总产量 31.22 万 t，拥有海洋渔船 3 570 艘，分布有大小渔港 4 座，其中一级渔港 1 座（江门崖门一级渔港），二级渔港 2 座，三级及以下渔港 1 座。规划期内以江门崖门一级渔港为基础，重点支持新建台山沙堤中心渔港和横山一级渔港，推动形成集水产品交易集散、冷链物流、修造船、休闲渔业等为特色的渔港经济区。

11. **阳东渔港经济区**　该区域内海水产品总产量 42.23 万 t，拥有海洋渔船 2 254 艘，分布有大小渔港 3 座，其中中心渔港 1 座（阳江东平中心渔港），三级及以下渔港 2 座。规划期内以阳江东平中心渔港为基础，重点支持扩建阳江东平中心渔港，新建阳江江城对岸一级渔港，推动形成集水产品集散、水产品加工、水产品冷链物流等为特色的渔港经济区。

12. **海陵岛-阳西渔港经济区**　该区域内海水产品总产量 67.22 万 t，拥有海洋渔船 3 404 艘，分布有大小渔港 3 座，其中中心渔港 1 座（阳江闸坡中心渔港），一级渔港 1 座（阳西沙扒一级渔港），三级及以下渔港 1 座。规划期内以阳江闸坡中心渔港、阳西沙扒一级渔港为基础，重点支持扩建阳江闸坡中心渔港，升级扩建阳西沙扒一级渔港为中心渔港，新建阳西溪头一级渔港、阳江马村一级渔港，推动形成集现代渔业生产、水产品交易集散、冷链物流、滨海旅游等为特色的渔港经济区。

13. **茂名渔港经济区**　该区域内海水产品总产量 57.92 万 t，拥有海洋渔船 3 724 艘，分布有大小渔港 4 座，其中中心渔港 1 座（电白博贺中心渔港），二级渔港 1 座，三级及以下渔港 2 座。规划期内以电白博贺中心渔港为基础，重点支持新建电白水东一级渔港、电城一级渔港，推动形成集现代渔业生产、远洋渔业、水产品加工、滨海旅游等为特色的渔港经济区。

14. **湛江湾渔港经济区**   该区域内海水产品总产量 37.27 万 t，拥有海洋渔船 6 969 艘，分布有大小渔港 11 座，其中中心渔港 1 座（湛江硇洲中心渔港），二级渔港 2 座，三级及以下渔港 8 座。规划期内重点支持扩建湛江硇洲中心渔港，新建湛江吴川博茂一级渔港、通明一级渔港、坡头一级渔港，推动形成集现代渔业生产、远洋渔业、水产品加工、海洋生物科技、滨海旅游等为特色的渔港经济区。

15. **遂溪-廉江渔港经济区**   该区域内海水产品总产量 53.04 万 t，拥有海洋渔船 4 423 艘，分布有大小渔港 8 座，其中一级渔港 1 座（廉江龙头沙一级渔港），二级渔港 4 座，三级及以下渔港 3 座。规划期内以廉江龙头沙一级渔港为基础，重点支持新建遂溪草潭一级渔港、江洪一级渔港，推动形成集冷链加工物流、休闲渔业、旅游观光等为特色的渔港经济区。

16. **雷州渔港经济区**   该区域内海水产品总产量 15.25 万 t，拥有海洋渔船 4 330 艘，分布有大小渔港 5 座，其中中心渔港 1 座（雷州乌石中心渔港），二级渔港 1 座，三级及以下渔港 3 座。规划期内重点支持扩建雷州乌石中心渔港，推动形成集冷链加工物流、远洋渔业配套等为特色的渔港经济区。

17. **徐闻渔港经济区**   该区域内海水产品总产量 7.17 万 t，拥有海洋渔船 2 674 艘，分布有大小渔港 7 座，其中一级渔港 1 座（徐闻海安一级渔港），二级渔港 1 座，三级及以下渔港 5 座。规划期内以徐闻海安一级渔港为基础，重点支持新建徐闻外罗一级渔港，推动形成集水产品冷链加工物流、远洋渔业配套等为特色的渔港经济区。

（八）北部湾沿海渔港群

北部湾沿海渔港群涉及广西壮族自治区北海市、钦州市和防城港市，大陆岸线长 1 629 km。区域内海水产品总产量 179.72 万 t，拥有海洋渔船 10 752 艘，分布有大小渔港 23 座，其中中心渔港 4 座，一级渔港 4 座，二级渔港 2 座，三级及以下渔港 13 座，目前渔船安全避风容量 6 200 艘，有效避风率 48.05%。规划期内支持建设中心渔港 4 座（其中由现有中心渔港扩建 3 座，由现有一级渔港升级为中心渔港 1 座），建设一级渔港 8 座（其中新建一级渔港 6 座，改扩建现有一级渔港 2 座），渔船安全避风容量达到 10 650 艘，有效避风率达到 92.53%，推动形成北海、南澫、钦州、防城港 4 个渔港经济区（附表8）。

1. **北海渔港经济区**   该区域海水产品总产量 88.21 万 t，拥有海洋渔船 5 711 艘，分布有大小渔港 11 座，其中中心渔港 1 座（合浦营盘中心渔港），一级渔港 3 座（北海内港一级渔港、合浦沙田一级渔港、北海电建一级渔港），三级及以下渔港 7 座。规划期内以合浦营盘中心渔港、北海内港一级渔港和电建一级渔港为基础，重点支持升级扩建北海内港一级渔港为中心渔港，扩建合浦沙田一级渔港，新建北海大风江一级渔港，推动形成集渔业生产、水产品冷链物流交易、渔需物资补给、渔业管理、休闲旅游等为特色的渔港经济区。

2. **南澫渔港经济区**   该区域内海水产品总产量 12 万 t，拥有海洋渔船 760 艘，分布有中心渔港 1 座（南澫中心渔港）。规划期内重点支持扩建南澫中心渔港，推动形成集远洋渔业、水产品冷链物流交易、渔需物资补给、渔业管理和休闲旅游等为特色的渔港经济区。

3. **钦州渔港经济区**   该区域海水产品总产量 40.36 万 t，拥有海洋渔船 1 513 艘，分布有大小渔港4座，其中中心渔港1座（钦州犀牛脚中心渔港），一级渔港1座（钦州龙门一级渔港），三级及以下渔港2座。规划期内以钦州犀牛脚中心渔港、龙门一级渔港、沙角一级渔港为基础，重点支持扩建钦州犀牛脚中心渔港，扩建钦州龙门一级渔港、钦州港一级渔港，新建钦州沙角一级渔港，推动形成集避风减灾、渔获物生产、水产品交易、冷链物流加工、渔需物资补给、渔业休闲旅游等为特色的渔港经济区。

4. **防城港渔港经济区**　该区域海水产品总产量39.15万t，拥有海洋渔船2 768艘，分布有大小渔港7座，其中中心渔港1座（防城港企沙中心渔港），二级渔港2座，三级及以下渔港4座。规划期内以防城港企沙中心渔港为基础，重点支持扩建防城港企沙中心渔港，新建防城港渔洲一级渔港、双墩一级渔港、东兴天鹅湾一级渔港，推动形成集渔业生产、水产品交易、冷链物流、加工贸易等为特色的渔港经济区。

（九）海南岛沿海渔港群

海南岛沿海渔港群涉及海南省海口市、文昌市、琼海市、万宁市、陵水县、三亚市、乐东县、东方市、昌江县、儋州市、临高县、澄迈县，海岸线长1 823km。区域内海水产品总产量达207.29万t，拥有海洋渔船26 429艘，分布有大小渔港68座，其中中心港6座，一级渔港4座，二级渔港8座，三级及以下渔港50座，目前渔船安全避风容量9 450艘，有效避风率29.80%。规划期内支持建设中心渔港5座（其中新建中心渔港1座、由现有中心渔港扩建3座、由现有一级渔港升级为中心渔港1座），新建一级渔港8座，渔船安全避风容量达到15 400艘，有效避风率达到51.09%，推动形成海澄文、琼海-万宁、大三亚圈、东方-昌江、儋州、临高6个渔港经济区（附表9）。

1. **海澄文渔港经济区**　该区域内海水产品总产量46.08万t，拥有海洋渔船6 515艘，分布有大小渔港40座，其中一级渔港1座（海口一级渔港），二级渔港1座，三级及以下渔港38座。规划期内重点支持新建文昌铺前中心渔港，升级海口一级渔港为海口新兴中心渔港，推动形成集渔业生产服务、远洋渔业发展等为特色的渔港经济区。

2. **琼海-万宁渔港经济区**　该区域内海水产品总产量19.77万t，拥有海洋渔船2 975艘，分布有大小渔港5座，其中中心渔港1座（琼海潭门中心渔港），一级渔港1座（万宁港北一级渔港），二级渔港2座，三级及以下渔港1座。规划期内以琼海潭门中心渔港和万宁港北一级渔港为基础，重点支持扩建琼海潭门中心渔港，新建万宁乌场一级渔港，推动形成集渔业生产服务、休闲渔业、滨海旅游等为特色的渔港经济区。

3. **大三亚圈渔港经济区**　该区域内海水产品总产量24.26万t，拥有海洋渔船4 596艘，分布有大小渔港7座，其中中心渔港2座（陵水新村中心渔港、三亚崖州中心渔港），一级渔港1座（乐东岭头一级渔港），三级及以下渔港4座。规划期内重点支持扩建陵水新村中心渔港，新建乐东莺歌海一级渔港、赤岭一级渔港、后海一级渔港、三亚一级渔港，推动形成集渔业休闲、滨海旅游为特色的渔港经济区。

4. **东方-昌江渔港经济区**　该区域内海水产品总产量13.59万t，拥有海洋渔船3 058艘，分布有大小渔港5座，其中中心渔港1座（东方八所中心渔港），一级渔港1座（昌江海尾一级渔港），二级渔港2座，三级及以下渔港1座。规划期内以东方八所中心渔港、昌江海尾一级渔港为基础，重点支持扩建东方八所中心渔港，新建昌江昌化一级渔港，推动形成集东盟国家边境贸易、休闲旅游等为特色的渔港经济区。

5. **儋州渔港经济区** 该区域内海水产品总产量 41.93 万 t，拥有海洋渔船 4 557 艘，分布有大小渔港 6 座，其中中心渔港 1 座（儋州白马井中心渔港），二级渔港 3 座，三级及以下渔港 2 座。规划期内以儋州白马井中心渔港为基础，重点支持新建儋州新英一级渔港，推动形成集渔港、渔镇、渔村融合一体化发展等为特色的渔港经济区。

6. **临高渔港经济区** 该区域内海水产品总产量 61.66 万 t，拥有海洋渔船 4 728 艘，分布有大小渔港 5 座，其中中心渔港 1 座（临高新盈中心渔港），三级及以下渔港 4 座。规划期内以临高新盈中心渔港为基础，重点支持新建临高武莲一级渔港，推动形成渔船避风、水产品交易、水产品加工、休闲旅游等为特色的渔港经济区。

（十）南海渔港群

略。

五、建设内容与投融资模式

（一）建设内容

公益性设施建设内容：主要建设防波堤、拦沙堤、码头、护岸、港区道路、渔港综合管理设施、卸鱼棚等水陆域建筑物和港池航道锚地疏浚、陆域形成及通讯助航、系泊、监控、供电、照明、给排水、消防、公共卫生等配套设施。码头岸线布置需预留渔政执法船艇泊位。做好和船舶与港口污染防治专项行动方案的衔接，配套建设渔船含油污水、化学品洗舱水、生活污水和垃圾等接收设施，并做好与城市市政公共处理设施的衔接，实现船舶污染物按规定处置。

经营性设施建设内容：水产品交易市场、冷藏制冰厂、水产品加工厂、绳网厂、修船厂、油库、物资供应设施、渔船修造设施、休闲旅游设施等。在总平面布置设计时应将经营性建设内容一并列入总体布局，做好与城镇建设、综合交通、产业发展等规划的衔接。

（二）投融资模式

创新渔港建设投融资体制机制，采取政府投资和社会投资相结合的模式，并依托渔港经济区内经营收入和周边土地增值收益，广泛吸引社会资本投入，推进渔港和渔港经济区基础设施建设，提高渔港建设和运营效率。

六、效益分析与环境影响评价

（一）效益分析

1. 经济效益

一是有利于推动渔业转方式、调结构，促进现代渔业发展。通过规划建设渔港经济区，实现渔船科学管理，规范渔业捕捞行为，合理开发利用海洋生物资源，促进捕捞业的转型升级；大力发展水产品精深加工和冷链物流，延长产业链；推进渔港和相关产业、城镇建设的融合发展，提升价值链，推动渔业转方式、调结构，促进现代渔业发展。

二是有利于培育新的增长极，促进沿海地区经济发展提质增效。通过规划建设渔港经济区，可以集聚生产要素，扩大有效投资，从供给侧和需求侧两端发力，提升海洋渔业发展水平，推动沿海经济发展提质增效。据测算，到 2025 年将形成 10 大沿海渔港群、93 个渔港经济区，新增万亿元产值。

三是有利于提升综合服务能力，加快推进渔业管理现代化。通过配套建设渔港综合管理中心、渔船识别、港口监控、通讯导航、消防等设施，有效促进渔港管理的信息化、精准化和智能化，提升渔港的综合服务能力和渔业的科学管理水平，加快推进渔业管理现代化。

2. 社会效益

一是有利于提升防灾减灾能力，构建渔业安全生产体系。规划的实施和重点渔港工程的建设，可大力增加有效掩护水域面积，满足全国70％以上海洋渔船在11级以下（含11级）大风天气时的就近分散避风和休渔期停泊需求，保障200多万渔民的生命和财产安全，充分改善现有渔港渔船泊稳条件，大幅提高渔业防灾减灾能力，保障渔民生命财产安全。

二是有利于构建沿海经济发展平台，促进经济社会全面发展。通过规划建设渔港经济区，主动适应经济发展新常态，集聚各种生产要素，构建创新发展平台，集成发展渔业总部经济，形成良好的创业环境、产业业态和经济增长点，以创业带动就业，加大就业岗位的有效供给，可提供30万个就业岗位，增加人民群众就业机会和收入，促进经济社会全面发展。

3. 生态效益

一是有利于配合减船转产，压减渔业捕捞产能。通过规划建设渔港经济区，建设一批集渔船安全避风、渔获物集散、渔业生产、服务贸易、运输补给、滨海旅游、特色城镇等功能于一体的现代渔港，为捕捞渔民提供再就业岗位，有效拓宽捕捞渔民就业渠道，为压减近海渔业过剩捕捞产能做出贡献。

二是有利于渔港水域污染治理，建设美丽渔港。通过规划建设渔港经济区，建设污水处理、油水分离、港区绿化、公共卫生等配套设施，创建生态渔港、绿色渔港和节能渔港，建设现代文明渔港。

（二）环境影响评价

1. **环境敏感目标**　本规划涉及的渔港是指主要为海洋渔业生产服务和供渔业船舶停泊、避风、装卸渔获物、补给渔需物资的人工港口、自然港湾以及综合港的渔业港区，包括水域、岸线、陆域等。主要分布于我国黄渤海、东海和南海沿岸地区及部分岛礁，区域内环境保护目标主要包括海洋自然保护区、水生生物自然保护区、水产种质资源保护区、海洋特别保护区的重点保护区及预留区、重点河口区域、重要滨海湿地、重要砂质岸线及沙源保护海域、特殊保护海岛、重要的海洋生态系统和特殊生境（红树林和珊瑚礁等）、重要的渔业水域、海洋自然历史遗迹和自然景观等。

本规划对生态环境影响主要为占用海域、施工建设期悬浮泥沙增量超过海水水质Ⅰ、Ⅱ类标准、营运期维护性疏浚和进出港渔船数量增多而加大油污的风险。环境敏感要素包括水文动力、地形冲淤、海水水质、沉积物、生态环境、渔业资源（生产）等。

2. **环境协调性分析**　本《规划》紧紧围绕建设现代渔业、加快建设海洋强国的总体目标，着眼于渔业安全管理和防灾减灾功能的同时，突破传统渔港建设模式，集约节约，生态用海，促进渔港综合开发，实现港、产、城一体化，推动形成以中心渔港、一级渔港为核心的渔港经济区，符合国家产业发展政策对其性质、功能定位以及规模的决策内容。本《规划》根据有关部门意见，对渔港及渔港经济区布局与主体功能区划、海洋功能区划、生态保护红线和近岸海域环境功能区划等关系进行分析，对不符合相关功能区划功能定位要求的渔港和渔港经济区进行了调整。目前，规划建设的辽东半岛、渤海湾、山东半岛、江苏、上海-浙江、东南沿海、广东、北部湾、海南岛、南海等10大沿海渔港群总体布局，已与主体功能区划、海洋功能区划、海洋经济发展规划、近岸海域环境功能区划、沿海港口（船舶航道及锚地）规划、渔业发展规划等相协调。综上，本《规划》的编制充分体现了与相关规划和功能定位的相互衔接，明确了与生态环境保护相协调。

3. 对策措施

一是渔港经济区建设规划编制过程中应依法同步开展环境影响评价工作，编制环境影响报告书。

二是重点海湾、海洋自然保护区、水生生物自然保护区、水产种质资源保护区的核心区、海洋特别保护区的重点保护区及预留区、重点河口区域、重要滨海湿地、重要砂质岸线及沙源保护海域、特殊保护海岛及重要渔业海域禁止实施围填海建设渔港，环渤海内的渔港建设应确保不围填海。严格控制其他海域渔港建设围填海的规模，严格生态保护红线，尽可能采用透水式建造方式，将渔港工程对海域的影响降到最低。

三是重要航道附近渔港，开工前应开展通航安全评估，降低对水上交通安全的影响。

四是合理规划施工作业时间。在重要渔业生物资源产卵、索饵、洄游等敏感时期，应尽可能降低施工强度，以降低对渔业生物资源的影响程度；在种质资源保护区内的渔港工程，在安排海上施工时段时要避开保护区核心区的特别保护期。

五是海上施工应选择海况良好，潮流较缓的情况，防止恶劣天气引起海域泥沙不必要的扰动，减少由于施工引起的悬浮泥沙扩散影响范围。

六是优化施工方案，加强科学管理，在保证施工质量的前提下尽可能缩短水上作业时间，降低规划对海洋生态环境的影响。

七是合理划定施工作业海域和施工运输船舶的航行通道范围，禁止非施工船舶驶入，避免任意扩大施工范围，减小施工作业对海洋生物及养殖作业的影响范围。

八是严格执行施工操作规程，使施工区的排尘排放量控制在最低水平，烟气达标排放。严格施工管理，减少施工机械设备油类的跑、冒、滴、漏；施工中废油、生活污水等合理处置，避免污染滩涂生态环境。

九是施工期间生活垃圾等固废要求各施工单位负责处理，不得随意抛弃或填埋，以免污染环境，传播疾病，使鸟类误食而致病。建设单位应在施工招标文件中提出相应的处置和处罚条款。

十是对施工海域和施工运输船舶航行通道海域设置明显警示标志，告知施工周期，明示禁止进行养殖作业活动的范围、时间。

七、保障措施

（一）加强组织领导

各地要从推进沿海经济持续发展和全面建成小康社会的大局出发，切实加强对渔港经济区建设发展的领导，加大对渔港基础设施建设的支持力度，鼓励将渔港经济区建设纳入当地政府和有关部门约束性指标进行目标责任考核，层层落实责任。各相关部门要优先保障渔港用地指标，合理有序安排渔港建设的围填海指标，确保渔港经济区建设按时序推进。国家发展改革委会同农业农村部加强督促指导，推进渔港经济区建设取得实效。

（二）做好规划衔接

珍惜渔港资源，保护和合理利用传统渔港，强化政府空间管控能力，把渔港经济区建设规划纳入当地城镇发展规划，做好与土地利用总体规划、海洋功能区划和各级港口规划及生态保护红线的衔接。渔港经济区的规划建设，要与各级港口建设和海事管理相协调，依据自然条件和渔业生产发展的需要，立足当前、着眼长远、因地制宜、科学设计，确保渔港经济区功能充分发挥。渔港的规划布局与建设应充分考虑海洋灾害风险，并与灾害风险评估和区划结果相衔接，促进渔港范围内陆域、岸线、海域集约、高效和可持续利用。

（三）完善支持政策

加大渔港经济区建设的支持力度。创新金融产品和服务，推动政策性银行等金融机构出台相关优惠政策，发放信贷或发行债券，拓宽渔港建设投融资渠道。同时，深化渔港投资体制改革，建立渔港"产业基金"和投资"负面清单"。有条件的渔港经济区，可利用自由贸易区规则和国家优惠政策，积极参与合作，先行先试，尽快形成在国内外有影响力的海洋渔业综合发展平台。

（四）保障建设条件

渔港建设应严格按照基本建设程序要求，依法依规完成规划选址、用地预审、海域论证、环境影响评价等各项手续，严格执行渔港工程建设质量管理制度，全面推行项目资本金制度、项目法人制、招投标制、工程监理制和合同管理制等五项制度，积极创新渔港建设模式，鼓励渔港经济区可研和初设等前期工作一体式招标，推行建设项目专业化管理。

（五）健全渔港法规

加快《渔港管理条例》的立法进程，完善渔港投资、建设与管理的配套法规，明晰所有权、使用权和管理权，规范渔港规划、审批、建设、维护、经营等各个环节及渔港监督管理，为依法规范渔港相关活动提供法律依据。渔港所在地的渔业行政主管部门应当会同有关部门制定渔港港章，明确港域港界，报县级以上人民政府批准实施。县级以上人民政府要加强体制机制创新，加大维护力度，加强机构、人员配备，强化渔港的规范管理，确保渔港功能持续有效发挥。渔港范围一经确定，其性质和功能不能随意改变，任何单位和个人不得侵占。确需占用或改变性质的，应当经省级以上渔业行政主管部门审核批准后，按照"补偿在先、占用在后"的原则，重建相应规模和功能的渔港。

附表1 辽东半岛沿海渔港群渔港建设布局表

渔港群名称	地市	渔港经济区名称	已建中心、一级渔港（座）中心渔港 数量	中心渔港 渔港名称	一级渔港 数量	一级渔港 渔港名称	2017—2025年规划建设渔港数量（座）中心渔港 数量	中心渔港 新建	中心渔港 中心扩建	中心渔港 一级升级	一级渔港 数量	一级渔港 新建	一级渔港 一级扩建
		合计	6		12		5	3	1	1	6	6	
渤海湾沿海渔港群	丹东市	丹东港经济区	1	丹东海洋红渔港	1	丹东前阳渔港	1	丹东大东沟渔港			1	丹东灯塔山渔港	
	营口市	营口港经济区	1	营口光辉渔港	1	营口海星渔港	1	鲅鱼圈圈海望海渔港					
	盘锦市	盘锦港经济区			2	盘锦二界沟渔港、盘锦盘山渔港	1			盘锦二道沟渔港（由盘锦二界沟渔港升级）			
	锦州市	锦州港经济区	1	锦州渔港	1	锦州南渡渔港	1		锦州渔港		1	锦州大有渔港	
	葫芦岛市	葫芦岛渔港经济区			1	兴城小坞渔港					1	兴城觉华岛渔港	
辽东半岛沿海渔港群	大连市	庄河渔港经济区			1	庄河黑岛渔港	1	庄河黑岛渔港			2	庄河张虾网渔港、庄河金港湾渔港	
		长山列岛渔港经济区			3	长海獐子岛渔港、长海四块石渔港、长海海洋岛红石渔港							

（续）

渔港群名称	地市	渔港经济区名称	已建中心、一级渔港（座）中心渔港 数量	中心渔港 渔港名称	一级渔港 数量	一级渔港 渔港名称	2017—2025年规划建设渔港数量（座）中心渔港 数量	中心渔港 新建	中心扩建	一级升级	一级渔港 数量	一级渔港 新建	一级扩建
辽东半岛沿海渔港群	大连市	瓦房店渔港经济区	1	大连将军石渔港									
		旅顺口渔港经济区	1	旅顺董陀子渔港	2	旅顺龙王塘渔港、大连老虎滩渔港					1	旅顺二嘴子渔港	
		金州—普兰店渔港经济区	1	金州杏树渔港	1	普兰店皮口渔港							

附表 2　渤海湾沿海渔港群渔港建设布局表

渔港群名称	地市	渔港经济区名称	已建中心、一级渔港（座）中心渔港 数量	中心渔港 渔港名称	一级渔港 数量	一级渔港 渔港名称	2017—2025年规划建设渔港数量（座）中心渔港 数量	中心渔港 新建	中心扩建	一级升级	一级渔港 数量	一级渔港 新建	一级扩建
	合计		3		4		1	1			1	1	
渤海湾沿海渔港群	秦皇岛市	秦皇岛渔港经济区			2	昌黎新开口渔港、山海关渔港							
	唐山市	唐山渔港经济区	2	滦南嘴东渔港、丰南黑沿子渔港	1	乐亭渔港	1	曹妃甸渔港					
	沧州市	沧州渔港经济区	1	黄骅南排河渔港	1	渤海新区新村渔港					1	海兴大口河渔港	

附表3　山东半岛沿海渔港群渔港建设布局表

渔港群名称	地市	渔港经济区名称	已建中心、一级渔港（座）				2017—2025年规划建设渔港数量（座）						
			中心渔港 数量	中心渔港 渔港名称	一级渔港 数量	一级渔港 渔港名称	中心渔港 新建 数量	中心渔港 新建	中心扩建	一级升级	一级渔港 数量	一级渔港 新建	一级扩建
		合计	14		12		2		1	2	10		
山东半岛沿海渔港群	滨州市	滨州渔港经济区			1	沾化渔港					2	滨州北海岔尖渔港、无棣大口河渔港	
	东营市	东营渔港经济区	1	东营渔港	1	东营广利渔港							
	潍坊市	潍坊渔港经济区	1	寿光羊口渔港	1	昌邑下营渔港			寿光羊口渔港	昌邑下营渔港	1	潍坊滨海渔港	
	烟台市	莱州湾东岸渔港经济区			2	龙口渔港、莱州三山岛渔港					2	招远渔港、莱州西由渔港	
		长岛—蓬莱渔港经济区	2	蓬莱渔港、长岛渔港							1	长岛大钦岛渔港	
		烟台北部渔港经济区	1	牟平养马岛渔港	1	烟台八角渔港				烟台八角渔港			
		海阳渔港经济区	1	海阳渔港	1	海阳大埠圈渔港							
	威海市	威海远遥渔港经济区		威海远遥渔港									
		荣成渔港经济区	2	荣成石岛渔港、荣成沙窝岛渔港							1	荣成龙须岛渔港	
		威海南部渔港经济区	1	乳山渔港				文登渔港					

（续）

渔港群名称	地市	渔港经济区名称	已建中心、一级渔港（座）				2017—2025年规划建设渔港数量（座）						
			中心渔港		一级渔港		中心渔港			一级渔港			
			数量	渔港名称	数量	渔港名称	新建	数量	中心扩建	一级升级	数量	新建	一级扩建
山东半岛沿海渔港群	青岛市	即墨—崂山渔港经济区	1	崂山 沙子口渔港	1	即墨 女岛渔港	即墨 周戈庄渔港	1			1	崂山 仰口渔港	
		胶州湾渔港经济区	1	红岛渔港	1	胶州 东营渔港							
		青岛西海岸渔港经济区	1	黄岛 积米崖渔港	1	薛家岛渔港					1	黄岛 琅琊渔港	
	日照市	日照黄海渔港经济区	1	日照渔港	1	日照 石臼所渔港					1	日照山海天 张家台渔港	
		岚山渔港经济区			1	日照 岚山渔港							

附表 4 江苏沿海渔港群渔港建设布局表

渔港群名称	地市	渔港经济区名称	已建中心、一级渔港（座）				2017—2025年规划建设渔港数量（座）						
			中心渔港		一级渔港		中心渔港			一级渔港			
			数量	渔港名称	数量	渔港名称	中心扩建	数量	新建	一级升级	数量	新建	一级扩建
江苏沿海渔港群		合计	6		5			2			1		3
	连云港市	赣榆渔港经济区	2	赣榆青口渔港、赣榆海头渔港			赣榆 青口渔港	2					
	连云港市	连云渔港经济区			2	连岛渔港、高公岛渔港				连岛渔港	1		
	连云港市、盐城市	灌云—响水渔港经济区			1	灌云 燕尾港渔港						响水 灌河渔港	

（续）

渔港群名称	地市	渔港经济区名称	已建中心、一级渔港（座）				2017—2025年规划建设渔港数量（座）					
			中心渔港		一级渔港		中心渔港			数量	一级渔港	
			数量	渔港名称	数量	渔港名称	新建	中心扩建	一级升级		新建	一级扩建
江苏沿海渔港群	盐城市	射阳渔港经济区	1	射阳黄沙港渔港				射阳黄沙港渔港				
		大丰渔港经济区			1	大丰斗龙港渔港				1		
		东台渔港经济区									东台强港渔港	
	南通市	如东渔港经济区			1	如东洋口港渔港				1	如东刘埠渔港	
		海门渔港经济区			1	海门东灶渔港						
	南通市、苏州市	吕四—浏河渔港经济区	1	启东吕四渔港	1	太仓浏河渔港						

附表 5 上海—浙江沿海渔港群渔港建设布局表

渔港群名称	地市	渔港经济区名称	已建中心、一级渔港（座）				2017—2025年规划建设渔港数量（座）					
			中心渔港		一级渔港		中心渔港			数量	一级渔港	
			数量	渔港名称	数量	渔港名称	新建	中心扩建	一级升级		新建	一级扩建
		合计	10		17		1	7	3	12	3	9
上海—浙江沿海渔港群	上海市	横沙渔港经济区	1	横沙渔港					横沙渔港	1		
		芦潮港渔港经济区									芦潮渔港	
	舟山市	嵊泗渔港经济区			2	嵊山渔港、嵊泗渔港			嵊泗渔港	1		
		岱山渔港经济区	1	岱山高亭渔港	2	岱山长涂渔港、岱山大衢渔港		岱山高亭渔港	岱山大衢渔港	2		岱山长涂渔港
		定海渔港经济区			2	定海西码头渔港、定海渔港	1	定海西码头渔港		1		长涂渔港

（续）

渔港群名称	地市	渔港经济区名称	已建中心、一级渔港（座）				2017—2025 年规划建设渔港数量（座）							
			中心渔港		一级渔港		中心渔港			一级渔港				
			数量	渔港名称	数量	渔港名称	新建	中心扩建	一级升级	数量	新建	一级升级	一级扩建	
上海–浙江沿海渔港群	舟山市	普陀渔港经济区	1	沈家门渔港	3	普陀桃花渔港、普陀台门渔港、普陀虾峙渔港		沈家门渔港		2			普陀虾峙渔港、普陀台门渔港	
	宁波市	奉化港经济区			1	奉化桐照渔港				1			奉化桐照渔港	
		象山渔港经济区	1	石浦渔港	2	象山鹤浦渔港、石浦番西渔港		石浦渔港		1	象山高塘临门渔港			
	台州市	台州中北部渔港经济区			3	台州路桥金清渔港、三门健跳渔港、临海红脚岩渔港				3			台州路桥金清渔港、三门健跳渔港、临海红脚岩渔港	
		台州南部渔港经济区	2	温岭石塘渔港、玉环坎门渔港	1	温岭钓浜渔港		玉环坎门渔港		2	玉环西沙门渔港		温岭钓浜渔港	
	温州市	洞头渔港经济区	1	洞头渔岙渔港	1	洞头东沙港渔港		洞头渔岙渔港					洞头东沙港渔港	
		瑞安渔港经济区					瑞安渔港							
		巴曹港经济区	1	苍南巴曹港渔港				苍南巴曹港渔港						
		霞关港经济区			1	苍南霞关渔港				1			苍南霞关港渔港	

附表6 海峡西岸沿海渔港群渔港建设布局表

渔港群名称	地市	渔港经济区名称	已建中心、一级渔港（座）中心渔港 数量	渔港名称	一级渔港 数量	渔港名称	2017—2025年规划建设渔港数量（座）中心渔港 数量	新建	中心扩建	一级升级	一级渔港 数量	新建	一级扩建
海峡西岸沿海渔港群		合计	9		13		19	3	7	9	21	21	
	宁德市	福鼎渔港经济区	1	沙埕渔港	1	福鼎俞山妈祖渔港	2		福鼎沙埕渔港	福鼎俞山妈祖渔港	1	福鼎员当渔港	
		三沙湾渔港经济区	1	霞浦三沙渔港			1		霞浦三沙渔港				
		三都澳东冲半岛渔港经济区			1	霞浦石湖渔港					2	霞浦西洋渔港、霞浦同峡渔港	
	福州市	黄岐半岛渔港经济区	1	连江黄岐渔港			3	连江苔菉渔港、连江筱埕渔港	连江黄岐渔港		5	连江晓澳渔港、连江长沙赤渔港、长乐潭头渔港、连江下官渔港、福清海兑口渔港	
	平潭实验区	平潭岛群渔港经济区	1	平潭东澳渔港			1		平潭东澳渔港		4	平潭胡庐澳渔港、福清泽湖港、平潭钱便澳渔港、平潭下湖渔港	
	莆田市	莆田渔港港经济区			3	莆田秀屿石城渔港、莆田秀屿平海渔港、莆田湄洲渔港	2			莆田湄洲渔港、莆田秀屿石城渔港	2	莆田浮叶渔港、莆田山城妈祖渔港	

（续）

渔港群名称	地市	渔港经济区名称	已建中心、一级渔港（座）				2017—2025年规划建设渔港数量（座）							
			中心渔港		一级渔港		数量	新建	中心渔港		一级渔港			
			数量	渔港名称	数量	渔港名称			中心扩建	新建	一级升级	数量	新建	一级扩建
海峡西岸沿海渔港群	泉州市	泉港渔港经济区					1					1	泉港崎峰渔港	
		惠安渔港经济区	1	惠安崇武渔港			1		惠安崇武渔港			1	惠安前内渔港	
		石狮渔港经济区	1	石狮祥芝渔港	2	石狮东浦渔港、石狮梅林渔港	1		石狮祥芝渔港			1	石狮东店渔港	
		晋江渔港经济区	1	晋江深沪渔港			1					1	晋江围头渔港	
	厦门市	厦门渔港经济区	1	厦门高崎闽台渔港			1	对台渔业基地						
	漳州市	龙海渔港经济区			1	龙海港尾渔港	1				龙海港尾渔港			
		漳浦—云霄渔港经济区			2	云霄山前渔港、漳浦六鳌渔港	2				云霄山前渔港、漳浦六鳌渔港	1	漳浦岱嵩渔港	
		东山渔港经济区			2	东山澳角渔港、东山宫前渔港	3				东山澳角渔港、东山宫前渔港	1	东山东古渔港	
		诏安渔港经济区			1	诏安赤石湾渔港	1				诏安赤石湾渔港	1	诏安田厝渔港	

附表7　广东沿海渔港群港建设布局表

渔港群名称	地市	渔港经济区名称	已建中心渔港 数量	已建中心渔港 渔港名称	已建一级渔港 数量	已建一级渔港 渔港名称	规划中心渔港 数量	规划中心渔港 新建	规划中心渔港 中心扩建	规划中心渔港 一级升级	规划一级渔港 数量	规划一级渔港 新建	规划一级渔港 一级扩建
		合计	8		11		11	3	5	3	16	15	1
广东沿海渔港群	潮州市	饶平渔港经济区			1	饶平三百门渔港				饶平三百门渔港			
	汕头市	南澳岛渔港经济区	1	南澳云澳渔港									
	汕头市	汕头海门渔港经济区	1	汕头海门渔港	1	汕头达濠渔港			汕头海门渔港				
	揭阳市	揭阳渔港经济区			1	惠来神泉渔港				惠来神泉渔港		揭阳靖海渔港	
	汕尾市	陆丰渔港经济区			1	陆丰甲子渔港						陆丰湖东渔港	
	汕尾市	汕尾（马宫）渔港经济区			1	汕尾渔港		汕尾（马宫）渔港				汕尾鲘门渔港	
	惠州市、深圳市	惠州—深圳渔港经济区			2	惠东港口渔港、深圳蛇口渔港							惠东港口渔港
	广州市、东莞市、中山市	珠江口渔港经济区	1	广州莲花山渔港									
	珠海市	珠海渔港经济区						珠海洪湾渔港					

（续）

渔港群名称	地市	渔港经济区名称	已建中心、一级渔港（座）				2017—2025年规划建设渔港数量（座）					
			中心渔港		一级渔港		中心渔港		一级渔港			
			数量	渔港名称	数量	渔港名称	新建	中心扩建	一级升级	新建	数量	一级扩建
广东沿海渔港群	江门市	江门渔港经济区			1	江门崖门渔港	台山沙堤渔港			台山横山渔港	1	
	阳江市	阳东渔港经济区	1	阳江东平渔港				阳江东平渔港		阳江江城对岸渔港	1	
		海陵岛–阳西渔港经济区	1	阳江闸坡渔港	2	阳西沙扒渔港		阳江闸坡渔港	阳西沙扒渔港	阳西溪头渔港、阳江马村渔港	2	
	茂名市	茂名港渔港经济区	1	电白博贺渔港	1					电白水东渔港、电白电城渔港	2	
	湛江市	湛江湾渔港经济区	1	湛江硇洲渔港	1	湛江龙头沙渔港		湛江硇洲渔港		湛江吴川博茂、湛江通明渔港、湛江坡头渔港	3	
		遂溪–廉江渔港经济区			1	廉江龙头沙渔港				遂溪草潭渔港、遂溪江洪渔港	2	
		雷州渔港经济区	1	雷州乌石渔港				雷州乌石渔港				
		徐闻渔港经济区			1	徐闻海安渔港				徐闻外罗渔港	1	

附表 8　北部湾沿海渔港群渔港建设布局表

渔港群名称	地市	渔港经济区名称	已建中心、一级港（座）				2017—2025 年规划建设渔港数量（座）					
			中心渔港		一级渔港		中心渔港		一级渔港			
			数量	渔港名称	数量	渔港名称	新建	中心扩建	数量	一级升级	新建	一级扩建
		合计	4		4			3	8	1	6	2
北部湾沿海渔港群	北海市	北海港渔港经济区	1	合浦营盘渔港	3	北海内港渔港、北海沙田渔港、北海电建渔港			2	北海内港渔港	北海大风江渔港	北海沙田渔港
		南澫渔港经济区	1	南澫渔港				南澫渔港				
	钦州市	钦州港渔港经济区	1	钦州犀牛脚渔港	1	钦州龙门渔港		钦州犀牛脚渔港	3		钦州沙角渔港、钦州港渔港	钦州龙门渔港
	防城港市	防城港渔港经济区	1	防城港企沙渔港				防城港企沙渔港	3		防城港渔洲渔港、防城港双墩渔港、东兴天鹅湾渔港	

附表 9　海南岛沿海渔港群渔港建设布局表

渔港群名称	地市	渔港经济区名称	已建中心、一级渔港（座）				2017—2025 年规划建设渔港数量（座）						
			中心渔港		一级渔港		新建		中心渔港		一级渔港		
			数量	渔港名称	数量	渔港名称	数量	新建	中心扩建	一级升级	数量	新建	一级扩建
	合计		6		4		5		3	1	8		
海南岛沿海渔港群	海口市、文昌市、澄迈县	海澄文渔港经济区			1	海口口渔港	2	文昌铺前渔港		海口新兴渔港（由海口口渔港升级）			
	琼海市、万宁市	琼海-万宁渔港经济区	1	琼海潭门渔港	1	万宁港北渔港	1		琼海潭门渔港		1	万宁乌场港	
	三亚市、陵水县、乐东黎族自治县	大三亚圈港渔港经济区	2	陵水新村渔港、三亚崖州渔港	1	乐东岭头渔港	1		陵水新村渔港		4	乐东莺歌海渔港、乐东赤岭渔港、乐东后海渔港、三亚渔港	
	东方市、昌江黎族自治县	东方-昌江渔港经济区	1	东方八所渔港	1	昌江海尾渔港	1		东方八所渔港		1	昌江昌化渔港	
	儋州市	儋州港渔港经济区	1	儋州白马井渔港							1	儋州新英渔港	
	临高县	临高港渔港经济区	1	临高新盈渔港							1	临高武莲渔港	

附录 4 渔港升级改造和整治维护项目实施方案编制内容要求

一、项目实施方案编制规定

1. 项目实施方案编制应严格执行国家有关方针、政策和法律法规，符合渔港相关规范、规定和有关技术标准等，编制依据的基础资料真实、准确、齐全。

2. 工程建设方案应进行多方案比选，并从技术、经济、资源、环境和社会等多方面进行论证，有明确的结论和意见。工程建设方案的设计、工程概算的编制和相关设计图纸的内容及深度应达到初步设计阶段的要求。

3. 对于自然条件比较复杂的渔港项目，需要对相关内容进行专题论证，并形成专题研究报告。

二、项目实施方案文本组成

项目实施方案文本由项目实施方案说明书、工程概算和设计图纸三个部分组成。

项目实施方案说明书主要包括项目基本情况介绍、项目建设必要性分析、项目建设方案设计、项目工程总概算说明和项目实施与建设管理及相关附件等内容。附件主要包括项目建设单位法人证书，县级以上人民政府颁布的港章和港界，保障项目顺利实施的有关批文或意见（如规划选址、环境影响、用地审批、用海审批、防洪评价等相关文件）。

工程概算主要包括概算编制说明、项目总概算表、单项（单位）工程概算表和其他费用概算表等。

设计图纸主要包括渔港地理位置图、渔港形势图、港区现状图、项目建设方案总平面布置图、水工建筑物结构设计图（包括总结构图和断面图）、疏浚图、水电平面布置图及其他必要的相关设计图纸。

三、项目实施方案编制格式

渔港升级改造和整治维护项目实施方案共分为三篇，第一篇为实施方案说明书，第二篇为工程概算，第三篇为设计图纸，三篇均要求单独装订成册。

四、项目实施方案说明书编制要求

1. **第一章"概述"** 对项目建设单位概况、项目实施依据、项目建设背景、建设的必要性和意义、建设条件、建设目标、建设方案（包括总平面布置方案和主要水工建筑物结构方案）、工程概算、资金来源、项目效益等内容进行简述，并提出项目存在的主要问题及解决的措施和建议。

2. **第二章"项目背景和建设的必要性"** 对项目建设背景进行阐述，并从国家政策、产业发展、安全生产、经济效益、社会效益和生态效益等多方面详细论述项目建设的必要性和意义。必要性要与现状和存在问题相对应。

3. 第三章"建设条件" 简述与项目建设相关的各种条件，包括渔港地理位置及水陆域交通条件，项目所在地的气象、水文、地质等自然条件和供水、供电、施工等外部配套条件，分析各种条件对项目建设的影响，并对项目所在地的建设条件进行综合评价。

4. 第四章"渔获物卸港量、渔船数量及设计代表船型" 通过阐述渔港现有水陆域设施规模、渔获物卸港量、到港渔船数量及船型等，对渔港进行功能定位和综合评价，并根据港区现有渔获物卸港量和到港渔船数量及船型尺寸，对渔港未来的渔获物卸港量进行预测，并提出相应的设计代表船型。

5. 第五章"建设方案及总平面布置" 详细论证项目的建设内容及规模，包括码头、防波堤、护岸、港池、航道、锚地等水域主尺度和综合管理用房、港区道路等陆域主尺度以及水电、消防、环保、监控、导助航等配套设施的规模大小，对拟建工程的总平面布置进行多方案设计和比选，并提出推荐的总平面布置方案。

6. 第六章"渔港生产工艺" 根据渔港的生产特点确定相应的生产工艺，包括渔船港内作业工艺流程、码头装卸工艺流程、渔获物生产工艺流程等内容。

7. 第七章"水工建筑物" 根据项目中水工建筑物的种类和设计条件，对拟建的水工建筑物结构进行两个或两个以上技术可行的方案设计，并对各种结构方案进行技术和经济比较，提出推荐的结构方案并说明理由。

8. 第八章"陆域建（构）筑物和港区道路" 根据项目中陆域建（构）筑物和港区道路的建设规模，对拟建的陆域建（构）筑物和港区道路结构进行技术可行的方案设计。

9. 第九章"公用配套工程" 根据项目建设需要，对项目中涉及的供电、照明、给排水、消防、环保、监控、导助航等公用配套设施进行技术可行的方案设计。

10. 第十章"环境保护" 分析工程项目建设期及项目建成后产生的各种污染源和污染物，提出针对性地预防或减轻环境影响的对策和治理措施，并对环境影响进行相应评价。

11. 第十一章"安全生产和劳动卫生" 对影响安全生产的各种危险因素和劳动卫生危害因素进行分析，提出相应的安全生产防治措施和劳动卫生保护措施。

12. 第十二章"节能" 论述工程项目的能耗特点及其耗能水平，提出相应的节能措施，并分析其节能效果。

13. 第十三章"项目实施与管理" 简述渔港项目建设的特点，从项目的实施方式、建设管理、监督检查和绩效评价等方面对项目的招投标、工程质量、工期控制、资金使用等情况进行综合论述。

14. 第十四章"施工条件、方法与进度" 概述与工程施工有关的各种条件，分析可能影响施工的主要因素，根据主要工程项目的施工特点，确定合理可行的施工方法和项目总工期，并列出施工进度表。

15. 第十五章"工程总概算及资金筹措" 工程总概算编制可根据渔港工程的特点并参照有关规定进行，要对项目工程总概算进行必要说明，并根据工程总投资提出可靠的建设资金筹措方案。

16. **第十六章"效益分析和社会风险影响评价"**   对渔港建设项目的社会效益、经济效益和生态效益进行综合分析与评价，并针对项目建设所涉及的各种社会因素进行社会风险分析，提出相对应的措施和建议。

17. **第十七章"结论与建议"**   对项目实施方案所涉及的主要内容进行归纳总结，并对项目实施中可能遇到的问题提出相关建议。

附录 5　国家级沿海渔港经济区建设试点有关要求

一、基础条件

试点坚持高起点谋划，高标准推进。一般在一个县域内由县级人民政府组织实施，跨县域的试点也可由地级市人民政府组织实施。项目所在区域应满足以下基础条件。

1. 渔港方面

（1）区域内至少拥有 1 座国家级中心渔港。

（2）区域内已拥有或规划建设不少于 50 万 m² 的渔港有效掩护水域、不少于 40 万 m² 的渔港功能配套陆域，满足 1 000 艘以上渔船安全避风需要。

（3）区域内已拥有或规划建设智慧渔港、平安渔港、绿色渔港、产业渔港等相关设施设备。

（4）项目所在地人民政府明确所涉及渔港的权属关系，公布渔港港章，落实渔港管理和驻港监管各项工作要求。

2. 产业方面

（1）区域内已拥有或规划建设满足每年 10 万 t 以上渔获物交易需求的市场和所需设施。

（2）区域内具有产业发展基础，已拥有或规划发展水产品精深加工、冷链物流运输、远洋渔业、休闲渔业等 2 个以上渔业相关特色产业。

（3）区域内至少已拥有或规划创建 2 个地市级渔业相关龙头企业，或 2 个知名渔业相关品牌（如区域公用品牌等），或 1 个地市级渔业相关龙头企业和 1 个知名渔业相关品牌。

二、重点任务

试点主要围绕建设智慧渔港、平安渔港、绿色渔港、产业渔港开展。

1. 智慧渔港　以现代化设施、设备为基础，将先进的信息技术与渔港业务深度融合，支持自主安全可控的北斗智能终端推广应用，在信息全面感知和互联的基础上，实现渔港设施设备管理、渔船动态监控、船员管理、渔获物管理、渔港运营等方面的智能化。主要包括：

（1）渔港在线监测预测功能。配置风浪及气象监测、潮流泥沙监测预测、水质环境监测、视频监控、渔船进出港监控以及渔获物上岸监测等监测设备，构建渔港全景信息监测模块。

（2）渔港通信传输功能。配置 AIS 基站、5G 基站和港区 WiFi 传输设备，构建覆盖渔港的现代化通信网络。

（3）渔港管理服务功能。配置岸上便民自助服务终端、构建渔港公共信息资源库。

2. 平安渔港　实施渔港、避风锚地升级改造和整治维护，进行渔港综合环境整治，提高防灾减灾能力，打造设施完善、功能齐全、生态优美的平安渔港。主要包括：

（1）防波堤、拦沙堤、码头、护岸、系泊岸线、浮筒等水工设施，渔港管理用房等陆

195

域设施，以及港池航道锚地疏浚、沉船打捞等。

（2）防台风应急用房、防污应急设施设备、消防应急设施设备、物资保障设施设备等。

（3）渔业航标建设、维护与养护，主要包括灯塔、灯桩、浮标等。

（4）渔业行政执法机构驻港监管业务用房、执法船艇停靠码头等设施设备。

（5）港区陆域场地及道路硬化、卸鱼装备、供电照明、给排水、港区绿化亮化等。

3. **绿色渔港**　建设垃圾污水收集处理设施，主要包括：

（1）渔船含油污水和垃圾接收处理、港区固体垃圾收集处理、渔具回收处理、水域清污、公共厕所等环境综合治理设施设备。

（2）渔港经济区内建设独立的垃圾、污水收集处理系统，实现污水达标排放，或接入当地城镇污水管网统一处理，实现垃圾、污水统一清运处理。

4. **产业渔港**　在区域内优势或特色产业基础上，建设完善产业发展平台。纵向延伸、横向拓展产业链条，打造培育、做大做强渔业龙头企业和特色品牌，大力发展临港产业，有效带动区域经济发展。主要包括：

（1）供油、供冰、供水、物资补给等生产生活配套设施。

（2）渔获物交易、冷藏加工、冷链物流、渔船修造等设施设备。

（3）海洋生物医药、渔业装备等相关产业研发、制造、服务设施设备。

附录6 国家级沿海渔港经济区建设规划编制参考模板

第一章 总 论

按照国家级、省级相关规划及政策要求，结合本地区实际，对渔港经济区建设规划的背景、意义、规划依据、任务、范围和期限进行阐述，提出规划主要结论、规划实施建议。

第二章 现状分析

开展现状调查，分析渔港经济区所在区域的区位条件、自然条件、资源概况、社会经济概况（渔业经济和渔业村镇概况须重点论述）、渔业设施现状（渔港及管理设施等须重点论述），对相关规划进行解析，提出综合评价（重点论述渔港经济区发展主要优势、要解决的主要问题）。

第三章 总体思路

以问题为导向，梳理渔港经济区建设的总体思路，提出指导思想、规划原则、发展思路、发展定位和建设目标（须列出总体目标和具体目标）等内容。

第四章 产业发展

推动渔业高质量发展是渔港经济区承担的重要任务，认真分析阐述渔港经济区渔业产业发展情况（发展现状、存在问题、支撑条件、渔船及渔获物卸港量发展水平预测等）、产业发展环境（宏观环境、行业发展形势、行业发展政策等）、渔业高质量发展策略（产业发展思路、发展目标等）、优化产业结构方案（近海捕捞业、水产养殖业、远洋渔业、水产品加工业、贸易、冷链物流配送、休闲渔业及渔业配套等）、产业板块等相关内容。

第五章 布局规划

结合国土空间规划，站在充分发挥渔港经济区经济、社会综合效益的高度，合理布局渔港经济区空间，集约节约利用土地、岸线、海域、海岛等资源，在产业发展规划基础上，提出布局原则、总体布局、具体布局以及其他相关内容。

第六章 建设任务

针对渔港经济区要解决的问题和目标，明确智慧渔港、平安渔港、清洁渔港、产业渔港等建设任务；根据渔港经济区建设目标，提出具体的建设方案或项目，明确方案或项目建设内容、建设规模和建设时限。

第七章 交通运输系统

结合当地交通规划，根据渔港经济区具体布局，提出具体陆域、水域交通规划方案。

第八章　环境保护

主要包括环境质量现状、规划依据和标准、主要污染物和污染源，提出环境保护措施、环境监测要求等。

第九章　投资估算及资金筹措

主要包括重点项目概况（总投资金额等）、清单（项目名称、期限、内容、财政资金投资估算、社会资金投资估算等）、资金筹措（筹措办法、途径等）等内容。

第十章　效益分析

主要包括经济效益、社会效益、生态效益分析（应体现相关量化指标）。

第十一章　保障措施

主要在组织领导、协同管理、制度建设、检查督导、宣传引导、营商环境等方面加强谋划，切实保障渔港经济区发挥经济和社会效益。

第十二章　附　　件

主要包括渔港经济区区位图、规划范围图、渔港现状分布图、空间布局图、产业布局图、重点项目布局图、重点项目总体规划图、重点渔港总体规划图、重点项目效果图、水陆交通规划图及其他相关必要图纸。

附录 7　国家级沿海渔港经济区项目实施方案编制参考模板

第一章　概　　述

明确渔港经济区名称、申报单位、总负责人，对项目依据、背景、必要性、条件、目标、方案（包括总体布局、范围、内容）和资金估算、投融资方式、项目期限（三年）、项目效益进行简述。

第二章　基础情况

介绍渔港经济区的地理位置、交通条件、自然条件、资源条件、社会经济等基本情况，统计分析近五年渔业经济发展情况，详细介绍渔港、渔港周边相关情况、美丽渔业村镇情况等，阐述涉渔产业发展的主要优势、主要短板、发展方向，阐明通过渔港经济区项目要解决的主要问题。

第三章　总体思路

围绕乡村振兴战略和渔业高质量发展主题，按照产业深度融合的要求，根据本地实际情况，提出渔港经济区项目的功能定位、发展目标、发展思路，体现高水平、特色化、差异化发展。提出项目具体目标，包括规模、产量、产值、效益等。

第四章　项目布局

以现代化渔港为基础，按照绿色发展和生态循环的要求，结合渔港经济区功能定位，根据当地区位条件、产业基础、城镇发展水平、渔港分布等，对渔港经济区进行功能规划，并确定整体空间布局，推动产业、人流、资金、信息等各种资源要素集聚，带动渔区经济快速发展，打造现代渔业经济区。

第五章　项目内容

对照渔港经济区项目建设规划、发展目标等，提出 3 年内的智慧渔港、平安渔港、清洁渔港、产业渔港等方面的重点项目和内容，列出分年实施计划，明确承担项目任务的责任主体。

第六章　投资估算

做好渔港经济区整体投资和项目内容投资估算，撬动社会资本，明确投资主体、筹资渠道等。明确工程估算，主要包括估算编制说明、项目总估算表等。

第七章　效益分析

从项目实施期以及中远期所能实现的经济效益、社会效益、生态效益，对渔港经济区项目进行分析评价。

第八章　经营管理

明确渔港经济区项目实施期和中远期的组织管理架构、管理机制、运营方式等。明确项目实施过程中的资金、具体单个重点项目管理制度和要求。

第九章　保障措施

提出项目的保障措施，包括加强组织领导、投入保障、政策支持、科技支持、成效考评等。

第十章　绩效自评

制定科学合理的绩效自评表、评价标准和方法。绩效自评表要参照《财政部关于印发＜项目支出绩效评价管理办法＞的通知》（财预〔2020〕10号）附件1《项目支出绩效自评表》制定，并做到可量化、可考核。

第十一章　附　　件

主要包括项目建设单位法人证书，县级以上人民政府颁布的港章和港界，保障项目顺利实施的有关批文或意见（如规划选址、用地审批、用海审批、防洪评价等相关文件）；渔港经济区地理位置图、形势图、项目布局图、现状图、项目方案总平面布置图等必要设计图纸；其他相关文件、图表等。

附录8 沿海渔港污染防治设施设备配备总体要求

沿海渔港污染防治设施设备配备总体要求

(SC/T 6105—2022)

1 范围

本文件规定了沿海渔港污染防治设施设备配备一般要求、水域污染防治设施设备、陆域污染防治设施设备、溢油应急设施设备配备以及管理要求等。

本文件适用于沿海渔港的建设及管理,避风锚地可参照使用。

2 规范性引用文件

下列文件中的内容通过文中的规范性引用而构成本文件必不可少的条款。其中,注日期的引用文件,仅该日期对应的版本适用于本文件;不注日期的引用文件,其最新版本(包括所有的修改单)适用于本文件。

GB 18597 危险废物贮存污染控制标准

CJJ 14—2016 城市公共厕所设计标准

3 术语和定义

下列术语和定义适用于本文件。

3.1

固体废物 solid waste

在生产、生活和其他活动中产生的丧失原有利用价值或者虽未丧失利用价值但被抛弃或者放弃的固态、半固态和置于容器中的气态的物品、物质,以及法律、行政法规规定纳入固体废物管理的物品、物质。

[来源:JT/T 787—2010,3.4]

3.2

危险废物 hazardous waste

列入国家危险废物名录或者根据国家规定的危险废物鉴别标准和鉴别方法认定的具有危险特性的废物。

[来源:GB 18597—2001,3.1]

3.3

含油污水 oily wastewater

船舶运营中产生的含有原油、燃油、润滑油和其他各种石油产品及其残余物的污水,包括机器处所油污水和含货油残余物的油污水。

[来源:GB 3552—2018,3.6]

3.4

生产污水 production sewage

水产品在装卸、交易、加工及储存等过程中产生的污水。

3.5

可绿化面积 available greenable area

渔港陆域除生产和辅助生产设施、建筑、道路、场地外的适宜绿化区域的面积。

4 一般要求

4.1 渔港应根据建设规模及性质，具体落实环境影响报告书（表）及其审批意见中提出的各项渔港污染防治设施设备配备要求，并充分利用所在区域的公共环保设施。

4.2 渔港应根据其污水、固体废物的来源、种类及排放状况配备必要的回收及处理系统，并处于有效的运行状态。

4.3 渔港管理维护单位应按相关规定自行处理渔港污染物，或委托有资质及处置能力的单位对渔港污染物进行处理。

4.4 渔港应从源头控制和消减污染，应采用绿色低碳、节能环保的生产工艺流程和设备。防污染设施设备应选择技术先进、节能高效、使用方便的产品，并符合相关标准所规定的指标要求。

4.5 渔港码头应配备相应的污染防治设施设备。

4.6 渔港水域配备防污染设施设备应包含相应的配套辅助设备，包括清污船、收污船的配套岸基设备、围油栏的附件和垃圾起吊装置等。

4.7 防污染设施设备应妥为存放和维护，存放在具有良好的通风、散热、防潮、隔热等功能的场所内，保持良好可用状态。

4.8 固体废物储存应使用规定的容器并采取防风、防雨、防渗、防漏措施，属于危险废物的应符合 GB 18597 的有关规定。

5 水域污染防治设施设备

5.1 二级及以上等级渔港配备清污船和收污船应符合表 1 要求，也可只配备 1 艘同时具备清污和收污功能的船舶。二级以下等级渔港可根据实际需要选择配备，并满足渔港污染防治要求。

表 1 渔港水域污染防治设施设备配备要求

设施设备名称		配备要求		
		中心渔港	一级渔港	二级渔港
清污船	数量/艘		1	
	有效舱容/m³	≥1.0	≥0.8	≥0.5
收污船	数量/艘		1	
	有效舱容/m³	≥8	≥6	≥3

5.2 清污船、收污船宜采用电力推进装置，有条件的渔港宜采用自动化、智能化技术装备。

6 陆域污染防治设施设备

6.1 二级及以上等级渔港陆域污染防治设施设备配备应符合表 2 要求，二级以下等级沿海渔港可根据实际需要选择配备，并满足渔港污染防治要求。

表 2　渔港陆域污染防治设施设备配备要求

设施设备名称		配备要求		
		中心渔港	一级渔港	二级渔港
卸鱼码头固定式水力冲洗设备套		每 300 m² 配备 1 套		
码头污水收集沟、池		配备		
含油污水专用收集桶或含油污水储存池		配备		
油水分离装置	数量（套）	1		
	处理能力（m³/h）	4	3	1
污水处理站处理能力/(t/d)		≥70	≥50	≥30
码头作业区分类垃圾箱或垃圾桶设置间距/m		≤100		
码头作业区废弃渔具回收箱设置间距/m		≤100		
垃圾清扫车/辆		1		
垃圾转运车/辆		1		
固废收集站/点		配备		
物资储备库		配备		
公厕	数量/座	≥1	≥1	≥1
	固定式公厕建筑面积/m²	≥70	≥50	≥30
绿化面积/占渔港可绿化面积比例		≥85％		
渔港污染防治宣传设施		配备		

6.2　卸鱼码头配备固定式或移动式水力冲洗设备，设置污水收集沟、池，露天交易的中心渔港、一级渔港宜修建卸鱼棚。

6.3　渔港应设置含油污水收集点，配备含油污水专用收集桶或建造含油污水储存池，应配备油水分离装置，对含油污水进行分离，满足污水排放水质要求后，排入市政生活污水管道，分离后的残油由具备相应处理资质的专业机构进行处置。

6.4　渔港生产污水、生活污水应优先考虑纳入市政污水处理系统，渔港加工过程产生的生产污水经处理后水质应满足市政污水处理系统相应的纳入水质标准。港外无接收系统时，港区内应配套处理能力与污水日产生量相当的污水处理站及污水分流收集管网，污水处理标准为达标直排入海标准。

6.5　固体废物应分类收集处置，并纳入所在地市政固体废物接收处置系统。

6.6　渔港应配备分类垃圾桶或垃圾箱、废弃渔具回收箱、垃圾清扫车、垃圾转运车。

6.7　无法实现垃圾 24 h 内清运的渔港应配套固废收集站（点），属于危险废物的应配备危险废物暂存间，危险废物暂存间外悬挂危险废物警告标志牌及危险废物标签。

6.8　渔港应配备污染防治物资储备库。

6.9　港区范围内宜配套固定式公共厕所，受环境条件限制、作为短期应急措施时，可配套移动式环保公厕，并正常运行。厕所以及厕位数量应满足港区作业人员的需要，厕位数量不应低于 CJJ 14—2016 第 4 条的相关要求。

6.10　渔港陆域应根据条件进行绿化，绿化面积不应小于可绿化面积的 85％，宜种植适宜地区气候，具备较强空气净化能力的乔木、灌木或花卉。

6.11 在渔港主干道沿线或者显著位置，设置永久性渔港污染防治宣传设施。

7 溢油应急设施设备

渔港溢油应急设施设备配备应符合表3要求。

表3 渔港溢油应急设施设备配备要求

设施设备名称	配备要求		
	中心渔港	一级渔港	二级及以下渔港
溢油分散剂喷洒装置/套	1		可根据需要选择配备
溢油智能监测报警系统/套	1		
围油栏应急型/m	围油栏长度不低于设计最大船型船长的3倍		
吸油毡/t	≥0.2		
收油机总能力/m³/h	≥1		
油拖网数量/套	1		

8 管理要求

渔港污染防治管理至少应符合以下要求：

a）配备专职的污染防治人员或委托专业化公司负责港区污染防治工作；

b）含油污水处理应做好记录工作，委托处理时，应建立含油污水交接记录及转运联单；

c）及时处理遗留在码头面的废弃渔具、网具等；

d）及时检查水产品运输车辆加盖密封情况，禁止不合格运输车辆进场作业，对虾壳、蟹壳、鱼内脏等下脚料宜进行台账登记，加强管理；

e）定期对渔港污染防治设施设备进行维护和保养，确保正常使用；

f）制定渔港污染防治应急预案，定期开展应急培训和应急演练等工作。

附录9 北京大洋碧海渔业规划设计院有限责任公司

北京大洋碧海渔业规划设计院有限责任公司成立于2002年3月15日，是中国水产科学研究院渔业工程研究所全资国有企业，具有农林行业（渔港/渔业工程）专业甲级工程设计资质。公司所在地：北京市丰台区青塔村150号，邮政编码：100141。

办企理念：重信誉、守合同，竭诚为我国渔业发展服务是我公司的根本宗旨。愿为国内外渔业同行提供下列服务：渔港、冷冻及加工、工业与民用建筑、水产养殖等渔业工程的应用研究与设计；渔业工程项目论证、规划与咨询；渔船及渔业工程标准化、规范的研究编制；渔业经济信息化工程项目论证、规划与咨询，标准化、规范的研究编制。

北京大洋碧海渔业规划设计院有限责任公司二十几年来已经取得了多项重要设计研究成果，包括援外渔业工程项目10余项。其中荣获农业部技术改进一等奖1项、农业部科学技术进步二等奖1项、农业部优秀工程设计二、三等奖各2项、农业部优秀工程咨询成果二、三等奖各1项。

附录10 中海（广州）工程勘察设计有限公司

中海（广州）工程勘察设计有限公司（以下简称设中海设计院）成立于2017年11月，是国务院国资委管理的重要骨干中央企业——中国机械工业集团有限公司（世界500强企业）旗下中海工程建设总局有限公司所属子公司。

中海设计院现拥有水运行业（港口工程、港口装卸工艺）专业甲级、水运行业乙级、农林行业（渔港/渔业工程）乙级等设计资质，建筑工程施工总承包三级、航道工程专业承包三级、港口与海岸工程专业承包三级、港口与航道工程施工总承包三级、通航建筑物工程专业承包三级、环保工程专业承包三级和施工劳务资质等施工资质，以及农业林业工程的咨询资质。

中海设计院本部现有在职员工75人，其中，一级建造师9人，注册造价师5人，注册咨询工程师5人，注册设计类工程师8人，高级以上职称工程技术人员10人。设有港航工程和农业工程两大技术中心，港航工程技术中心主要从事国内外大中型港口与航道工程、生态环保工程、渔港工程的咨询设计、EPC总承包及关键技术与创新等技术服务；农业工程技术中心主要从事农业产业园区、农业（渔业）工程、农业品牌创建等业务的咨

询设计及关键技术与创新等技术服务，并设总承包部、合同预算部、勘察部等业务部门，及市场开发部、综合部、财务部等职能部门，并拥有海南分公司、粤西分公司、重庆分公司等3家分支机构。

中海设计院始终坚持"科技是第一生产力"的理念，是广州市科技型中小企业，成立以来先后获得2项发明专利及3项实用新型专利。中海设计院秉承诚信共赢的经营理念，坚持"以客户为中心"，致力于"中海"品牌的宣传与维护，以创造效益、打造精品工程为出发点，以质量求生存，以效益求发展，以信誉求合作，为工程项目提供勘察设计、工程总承包、全过程咨询、运营维护等全过程一体化服务。

一、国际工程规划设计案例

（一）印尼纬达贝工业园区7.5万t散货码头工程

该工程位于印度尼西亚纬达贝工业园，建设7.5万t级散货码头一座，总长度265 m，码头长度241 m，码头东侧布置系缆墩长9 m，码头平台宽28 m，引桥长24 m，码头前沿配备5台DM4038-00带斗卸船机。

（二）雅石印尼投资有限公司5万t散货码头工程

该工程位于印度尼西亚纬达贝工业园，建设5万t级散货码头一座，总长度218 m，码头平台宽28 m，引桥长24 m，码头前沿配备4台DM4038门机。

（三）青山港口有限公司9.25万t散货船专用码头项目

该工程位于印度尼西亚苏拉威西青山工业园，建设9.25万t散货船专用码头一座，总长度364 m，码头平台宽28～33 m，引桥长35.6 m，码头前沿配备7台DM4038-00带斗卸船机。

二、国内工程规划设计案例

（一）水运工程

1. 信义玻璃（广西）有限公司配套码头工程　该工程位于北海市铁山港东北部的北

暮盐田东面、北海电厂南面海域，距北海市区约 40km。该项目设计年吞吐量 200 万 t，主要建设内容包括码头长 310 m 及引桥长 885.8 m、港池疏浚、装卸工艺设备购置及安装、给排水及消防、供电照明、通信及导航、控制、环保及临时工程等。

2. **徐闻县边港商贸码头改建项目**　该项目位于徐闻边港徐南山镇三塘村委会边港村南侧，建设 5 000 t 级通用码头一座，总长度 154 m，宽 20 m；栈桥布置与码头同向布置，栈桥长约 47.8 m，宽 9 m。

（二）渔港经济区项目

番禺国家级沿海渔港经济区、汕头南澳岛国家级沿海渔港经济区项目是农业农村部第一批国家级沿海渔港经济区试点项目，中海设计院承担了从项目规划、可行性实施方案、初步设计及施工图设计的全过程咨询设计任务。茂名滨海新区国家级沿海渔港经济区项目是农业农村部第二批国家级沿海渔港经济区试点项目，中海设计院承担了项目实施方案和初步设计任务。

（三）其他渔业工程

1. **海南省澄迈马袅湾国家级现代化海洋牧场示范区项目**　该工程位于海南省澄迈县马袅湾海域，示范区面积为 1.1km²，建设人工鱼礁区 1 个，预制运输投放人工鱼礁礁体 968 个，形成礁体总空方量 30 492 m³，覆盖海域面积 1.1km²；建设礁区警示浮标 4 座；礁区陆上警示牌、石碑 2 座；建设礁区在线自动监控系统 1 套。工程总投资 2 264.65 万元。

2. **海南省东方市四更海域国家级现代化海洋牧场示范区项目**　该工程位于东方四更海域八所-昌化江口农渔业区，投放鱼礁海域面积为 1.6km²，本项目建设海洋牧场示范区 1 个，总投礁体数量 1 787 个，总投礁量约 29 060 空方，礁型为 3 种。建设礁区警示浮标 4 座；礁区陆地警示牌 1 座和石碑 1 座。

3. **深圳市大鹏湾海域国家级海洋牧场示范区项目**　该工程位于鹅公湾人工鱼礁区所

在的洋筹湾一鹅公湾海域、金沙湾-大澳湾-水头沙海域，总面积为 7.48 km²。项目建设人工鱼礁区 2 个，建造投放礁体 27 603.6 空方，建设海上警示浮标 8 个、礁区陆地标示牌 1 个和石碑 1 个；建设海底实时在线可视化监测系统 1 套。

（四）生态环保工程

1. 海南省万宁市小海流域水环境综合治理——海草床修复与海藻种植工程　本项目是为了加快小海典型生态系统恢复，通过综合工程措施，重建海草床和海藻场生态系统，提高海草和海藻生物多样性，重建渔业资源的产卵场和育幼场，增强小海及沿岸居民抵御气候变化不利影响的能力的生态环保工程。主要建设内容包括海草、海藻苗种繁育基地和海草床规模化修复示范区等，总投资 7 544.15 万元。

2. 潮州市饶平县汛洲岛重点海湾整治项目　本项目位于汛洲岛，建设区域分为两部分，分别为北码头区域以及三叠石区域。北码头区域建设生态堤岸 435 m、生态景观步道 1 132 m、亲海观景广场 1 760 m²、红树林种植面积约 40 亩、岸滩环境整治面积约 0.35 万 m²。三叠石区域建设生态景观栈道长 545 m、亲海观景平台 620 m²、岸滩环境整治 2.5 万 m²。

3. 雷州市企水镇重点海湾整治项目　该项目位于雷州市企水镇海角村东部，建设生态化海堤 250 m、修复人工护岸 360 m、沙滩整治面积 48 800 m²、改造成青石砖栈道 1 570 m²、改造混凝土便道 287.30 m²、新建 24 m 青石砖栈道及 36 m² 的管理观测平台。

附录11 大连海阳渔业工程规划设计研究有限公司

　　大连海阳渔业工程规划设计研究有限公司成立于2005年，是一家专注于渔港、渔业工程领域的专业设计公司。公司拥有农业行业（渔港/渔业工程）专业乙级设计资质和工程咨询乙级资信［水运（含港口河海工程），农业、林业］，主要承担渔港经济区规划建设、港口工程设计、海洋牧场规划设计、海洋生态保护修复、渔业种业养殖设计和工程咨询等农业渔港渔业相关业务。

　　公司自成立以来，始终坚持"诚实守信、持续创新、追求卓越、奉献社会"的企业精神和"专业、高效、精益求精"的发展理念，一直致力于研究提高我国渔业防灾减灾能力和完善渔业工程功能，力求促进海洋渔业的高质量和持续健康发展。

　　目前，公司拥有12名优秀的设计师和各个专业工程师团队。其中，首席规划设计师上官子昌博士，大连海洋大学教授、硕士生导师，其依托大连海洋大学教学科研、工程实践优势，服务于中国沿海港口工程设计、渔业工程设计、（农业、港口、渔业）工程咨询、评估及相关服务，受到行业主管部门和相关企业的好评与奖励。

　　公司服务范围涉及全国各地，主要完成渔港设计类任务14项，其中国家级沿海渔港经济区规划和实施方案各3项，中心渔港项目3项、一级渔港项目2项，国家级海洋牧场项目4项，海洋生态修复项目2项。此外，还有多项其他系列二、三级渔港的规划设计工作和设施养殖渔业的咨询设计工程。

　　联系电话：15040566728（段经理）

　　邮　　箱：dlhyyygc@163.com

　　单位地址：大连市沙河口区中山路692号辰熙星海国际2417室。

锦州滨海新区国家级渔港经济区　　　　大连杏树中心渔港

锦州中心渔港

长海县红石一级渔港

山东微山县大口门渔港

海口东海岸海洋牧场示范区项目

附录 12　福建省水产设计院/福建海峡建筑设计规划研究院

1. 单位简介

福建省水产设计院/福建省海峡建筑设计规划研究院组建于 1963 年，是福建省唯一的海洋与渔业工程专业规划设计单位。经过近 60 年几代人的不懈努力，现拥有建筑工程甲级、渔业渔港工程甲级以及工程咨询、海域使用论证、工程测量和海洋测绘等资质，具有对外承包工程经营、特种设备（压力管道）设计等资格。主要承担全省渔港、渔港经济区和产业园、水产品冷链加工和物流、渔业种业育苗基础设施以及智慧循环水养殖规划设计等，业务拓展到港湾工程、现代渔业、水产养殖与加工、海洋牧场、人工渔礁、海域使用论证、海岛保护与海域海岛评估、产业园区、冷链物流以及海洋蓝碳等多个领域。

自成立以来，始终秉持为福建省海洋与渔业发展服务的初心，以全面科学的落地解决方案，助力构建福建省海洋与渔业防灾减灾体系，推动传统渔业向现代渔业转型升级，助推水产种业发展保护海洋生态环境，推动海洋开发向循环利用型转变等，为福建省海洋与渔业高质量发展作出了应有的贡献。击鼓催征，奋楫扬帆。为融入福建全方位推动高质量发展超越浪潮，我院立足新发展阶段，贯彻新发展理念，在港湾工程、冷链物流、现代渔业和涉海咨询等四大板块踔厉奋发，强基础促提升，推动设计规划院超常规跨越和高质量发展，搭建科学策划、投资运营、设计规划、建设施工为一体的协同发展架构，力争成为福建省海洋经济发展的有力支撑。因海而兴，向海图强。"做大做强做优海洋经济"号角在福建吹响，我院将继续不懈努力，销定为建设更高水平"海上福建""海洋强国"目标，立足福建、辐射全国，放眼世界，用丰富经验和精湛技术与您携手并进，共同创造美好辉煌的明天！

2. 主要业务

港湾工程：

- 渔港、水运（含港口河海工程）咨询
- 渔港、渔业码头和渔港经济区规划设计
- 海洋牧场及人工鱼礁咨询和设计
- 生态修复及沙滩整治设计

冷链物流：

- 项目咨询、可行性研究报告编制
- 工业及民用建筑工程设计
- 食品交易中心与冷链物流综合体设计
- 食品加工车间（含预制菜加工、中央厨房）与自动化高架冷库设计

现代渔业：

- 渔光互补渔业养殖规划咨询

- 渔旅融合项目规划设计
- 工厂化养殖及育苗育种车间规划设计
- 养殖尾水治理集中连片整治及施工

涉海咨询：

- 海域使用论证、海域价格评估
- 围填海生态评估和海洋生态保护修复
- 无居民海岛开发利用规划、用岛方案论证
- 海洋牧场及深远海装备养殖规划咨询、海洋测绘

3. 精心设计 优质服务 锦绣蓝图 尽您所求

4. 工程案例

港湾工程：

福建平潭东澳中心渔港工程

福建连江长赤一级渔港工程

福建莆田湄洲岛一级渔港工程

冷链物流：

福州海峡水产品交易中心

厦门万纬海投冷链物流中心

石家庄冷链物流城市集配中心

现代渔业：

马来西亚蓝卡威循环水养殖项目

福建省东山海天阅海洋牧场

南方海洋生物种业发展研究项目

涉海咨询：

福建省连江兀屿开发利用
规划项目

福建省连江定海湾生态评估和
生态保护修复方案

福建省海洋牧场建设规划

附录 13 大连水产规划设计研究院有限公司

大连水产规划设计研究院有限公司成立于 1991 年，最初为大连水产学院勘察设计室。经过多年的发展与积累，2005 年正式改制为大连水产规划设计研究院有限公司，具有农林行业（渔港、渔业工程）专业甲级工程设计资质及咨询资质。

设计院作为大连海洋大学下属单位，依托于大连海洋大学的优势学科与特色专业，特别是在水产养殖专业与渔港工程专业方面，科研业绩与对外服务业绩突出，同时不断将教学与科研成果与设计院项目融合创新，为设计院解决复杂问题提供了积极的技术支持。设计院坚持产学研一体化的发展模式，鼓励校内师生与设计院之间的紧密合作，通过实际项目的参与，促进理论与实践的结合，形成校企良性互动、相互促进、协调发展的良好局面。

多年来设计院凭借丰富的设计经验与专业技术力量，在渔港经济区建设、工厂化养殖、现代渔业产业园、海洋牧场、滩涂养殖、深远海养殖、连片池塘改造等领域提供包括项目建议书、可行性研究报告、规划、实施方案、初步设计、施工图设计等方面的编制与设计工作。工程项目涉及十多个沿海省市及内陆地区，为地方经济发展做出了积极贡献。

在未来的发展中，大连水产规划设计研究院有限公司将继续发挥专业优势，秉承"精益求精"的发展理念，为渔港及渔业工程行业的高质量发展提供积极的力量。

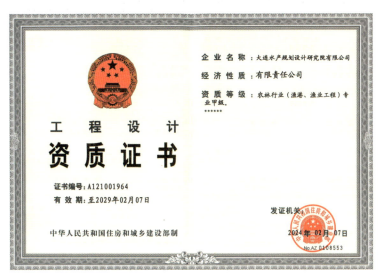

设计资质证书

附录 14　广东建通地理信息集团股份有限公司

　　公司成立于 1996 年，是专业从事高精度空间地理信息数据采集、处理及信息化建设、大数据运营的综合服务提供商。集团为新三板挂牌企业，拥有国家甲级测绘资质、高新技术企业资质，通过了 ISO 9001 质量管理体系认证，是国内机载激光雷达（LiDAR）测绘服务领导者，省级专精特新中小企业，中国地理信息产业百强企业。

　　集团总部位于广州市增城开发区核心区，全国下设 23 家分公司，4 家子公司，现有员工 300 多人，拥有一栋 2 万 m² 的办公大楼，1 架罗宾逊 R44 有人驾驶直升机，5 套大型航空激光雷达系统、3 套大型倾斜航摄系统、1 台水下多波束测深仪和多架旋翼复合翼无人机等高端仪器装备。

　　公司是专注于政府信息化解决方案的高科技公司，致力于推动海洋数智化进程，长期专注于智慧海洋领域的信息化解决方案、软硬件系统开发、大数据平台建设以及海洋规划咨询等服务，拥有十多年海洋信息化领域经验，擅长人工智能、大数据、地理信息系统、遥感系统、数字孪生技术的研发。服务领域涵盖海洋生态环保、海洋渔业、海洋港口、海洋装备等，在智慧渔港、智慧海洋、智慧渔业、应急通信、海洋牧场建设等方面有着丰富的实战经验。

　　智慧海洋深蓝崛起。建通地信充分发挥科技创新在海洋经济高质量发展中的引领作用，自主研发了现代化海洋牧场综合管理系统、海洋牧场监测网、智慧渔港管理平台、自然保护区巡护管理等行业应用解决方案，以 5G、大数据、云计算等信息技术转变海洋管控与海洋开发方式，构建起以海洋信息基础设施为核心的智慧海洋体系。

智慧渔业绿色发展。智慧渔业是渔业高质量发展的重要契机，建通地信积极推动数字技术与渔业生产管理融合，围绕"预警、预测、决策、智能"四大要素，开发了智慧渔业综合应用管理平台、数字渔业综合管理、水质在线监测系统、视频在线监控系统、水产苗种检疫系统、鱼病诊断系统、尾水监测数字化平台、水产品质量追溯系统等多个平台，实现渔业生产智能化、产品绿色化、监管数字化，助力现代渔业转型升级。

渔业装备优化集成。聚焦"先进制造＋海洋＋数智化"的深度融合，建通地信推出海洋监测、自动投喂、水质在线监测站、无人机、智慧展厅、数智基础设施系列产品，建设以信息技术为主导的海洋渔业示范工程，打造海洋经济创新服务新体系。

强化技术推广与服务升级，集成多元化数字系统解决方案，建通地信将在陆海统筹与产业健康发展的道路上乘风破浪，为智慧海洋与智慧渔业贡献科技力量，推进海洋强国建设。

智慧渔港案例分享

番禺国家级沿海渔港经济区智慧渔港管理平台由该公司承建，主要是通过建设现代渔港综合管理信息系统，实现渔港渔船动态监控、渔港全域智能视频监控、渔港应急管理、渔获物管理、渔港环境管理、水产品交易服务、渔港公共信息服务、渔港建设管理等方面的全面提升，建设交易数字平台，推动形成水产交易集散基地。

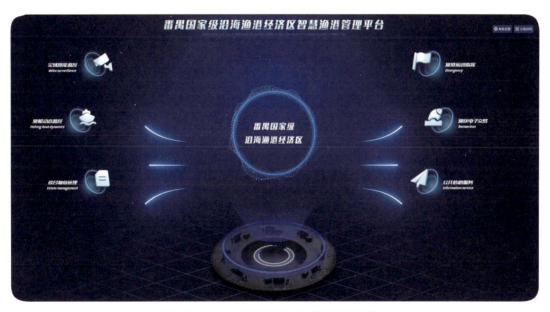

番禺国家级沿海渔港经济区智慧渔港管理平台

番禺国家级沿海渔港经济区智慧渔港管理平台总体架构设计